윤석열을
부르는
대한민국

한국 정치와 윤석열 신드롬

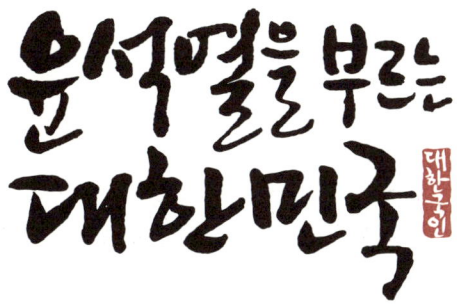
윤석열를 부르는 대한민국

김창영 지음

따뜻한손

0
임금님을 찾습니다

"사슴을 쫓는 자는 토끼를 돌아보지 않고,
천금을 거래하는 자는 푼돈을 다투지 않는 법이다."
"명심하겠습니다."

"사슴을 쫓는 자는 산을 보지 못하고,
천금을 움켜쥔 자는 사람을 보지 못한다.
네가 새겨야 할 말씀은 이것이다."

나의 주인은 나

먼 옛날 어느 마을에 거지가 들어와 밥을 구걸했다. 남루한 행색을 보고 다들 문을 닫았으나 반갑게 손님으로 맞아들인 집이 있었다. 가난해도 심성이 고운 부부가 사는 집이었다. 부인은 먹던 상을 얼른 치우고 새로 소반을 차려 길손을 대접했다. 마침 해도 기울었으니 날이 밝으면 길을 나서라며 자리도 내주었다.

이른 아침 계곡에 나가 몸을 씻고 온 거지가 신세를 갚겠다며 아들의 사주를 물었다. 늦게 얻은 자식의 두상을 살피고, 왼손 엄지로 네 손가락 열두 마디를 짚어가며 간지를 뽑던 늙은 거지가 고개를 갸우뚱하더니 어린 아이한테 대뜸 큰절을 했다.

"귀댁 자제께서 세상을 놀라게 할 운세를 타고나셨습니다."

세상보다 먼저 놀란 것은 주인 내외였다. 노인의 말도 뜻밖이었지만, 눈시울이 붉어진 것을 보니 걱정이 앞섰다.

"거사님, 무슨 연유로 슬퍼하시는지요?"

"귀공자께서 큰 자리에 올라 선정을 베푸실 텐데, 이 몸은 나이 들어 그 좋은 세상을 못 보고 간다는 생각에, 불현듯 소회가 북받쳐 노망을 한 것이니 괘념치 마십시오."

"선정이라니요? 미천한 집안 형편을 뻔히 보신 어른이 무슨 그런 큰일 날 말씀을…"

허리를 굽혀 예를 표하고 노객이 마을을 떠난 다음날, 아비는 자식을 앞세우고 산속 깊은 암자를 찾아갔다. 뒤지를 긁어 서너 말 겨우 채운 쌀 짐이 등 뒤에서 뿌듯했다.

"곁에 두고 혼내가며 잔심부름이나 시켜주십시오. 그래도 소원이 있다면, 그저 저 미욱한 놈 까막눈이나 좀 틔워주시면…"

스님은 아이한테 마당을 쓸고 법당 청소를 하게 했다. 해가 몇 번 바뀌고 몸집이 불자 물 긷고 땔나무를 해오라고 시켰다. 천성이 착하고 바지런해서 아이는 제 몸을 사리지 않았다. 불목하니가 생긴 뒤로 절집에 윤이 났다. 하루는 나뭇짐을 지고 내려와 보니 낯선 행차가 빛바랜 대웅전을 압도했다.

새로 온 아이는 온몸에서 귀티가 흘렀으나 얼굴엔 수심이 가득했다. 스님은 두 아이를 똑같이 대했다. 단지 다른 것은 스님이 지어준 이름 한 글자와 책이 있고 없고, 책상이 있고 없다는 것뿐. 둘 다 영명하여 하나를 가르쳐 주면 둘을 깨쳤다. 초정(樵丁)은 단정히 무릎 꿇고 어깨너머로 문리를 터득해야 했으나 초군(樵君) 못지않았다.

가끔씩 잘 차려입은 여인들이 귀한 음식을 가져왔다. 처음 본 요리를 스님은 초군에게 주지 않고 산기슭에 버렸다. 새가 먹고 산짐승이 먹고, 버둥거리다 죽었다. 창검 든 군졸들을 태운 말발굽 소리가 들리면 불단 바로 아래 깊숙이 파놓은 굴속에 초군을 숨기고 며칠씩, 몇 달씩 나오지 못 하게 했다.

초정이 새벽에 보따리를 쌌다. 사주 하나 믿고 늙은 부모는 자식 뒷바라지에 허리가 휘었는데, 임금의 서자와 생년월일에 시까지 사주가 똑같다면, 한미한 천출에게 천운이 돌아올 리 없었다. 하직 인사를 드리자 노승이 무겁게 입을 열었다.

"너희 둘은 전생에 쌍둥이였다. 머리에 쓴 관이 무거워 초군이 휘청거릴 때, 잡아줄 사람은 너뿐이다."

스승이 능숙한 필치로 여덟 글자를 한지에 쓴 뒤 반쪽을 가위로 잘라 제자에게 주었다.

"'수처작주(隨處作主)'다. 나의 주인은 나다. 내 자신이 없으면 천하가 다 소용없다. 어딜 가든 당당하고, 무얼 하든 의연하게 처신해라."

뜻을 이루거든 진실하라

초정은 더 깊은 산속으로 들어갔다. 불을 질러 산판을 일구고, 간간이 지나가는 나그네를 먹였다. 밤이슬을 피하도록 움막을 짓고, 길 떠나는 뜨내기에게 짚신을 삼아 주었다. 낯선 사람과 아픈 짐승을 가리지 않고 거두자 궁노루가 놀러오고 산꿩들이 날개를 쉬고 갔다.

산사에 몸을 숨기고 때를 노리던 왕자 초군이 드디어 용상에 올라

천지가 개벽했다는 소리가 바람을 타고 메아리처럼 들려왔다. 해가 거듭될수록 입에서 입으로 퍼진 말들이 산중을 드나들었다.

오갈 데 없는 여인들이 새끼들 손을 끌고 와 고단한 삶을 의탁했다. 야반도주한 농사꾼이 오고, 대장장이며 목수가 오고, 갖가지 사연을 숨긴 사내들이 꾸역꾸역 모여들었다. 임금 노릇이 무엇인지도 모르던 임금을 몰아내고 궁궐을 차지한 나무꾼이 해가 갈수록 구태를 닮아간다는 입소문이 돌았다.

조정에 대한 입말이 무성해질수록 초정의 산막이 번성했다. 지붕이 이어져 마을이 되고, 마을마다 사람들이 들끓었다. 말이 많으면 쓸 말은 적어 다 믿을 것은 못 되지만, 선왕에게는 간신이 하나였는데 금상은 간신이 열 명도 넘어 바른말하는 대간들은 손발이 잘렸다는 둥, 백성들이 동요할 때마다 곳간을 풀어 국고가 바닥이 날 지경이라는 둥, 들리는 말이 날로 거칠어졌다.

민심이 흉흉해져 편할 날이 없는데, 역병이 온 나라를 휩쓸었다. 엊그제까지 황소가 걸린 씨름판을 휘졌던 장정도 가쁜 숨을 몰아쉬며 가슴을 쥐어뜯다 숨지는 괴질이었다. 패거리끼리 봉화로 연통하여 쉽게 잡은 권력이라 민생을 돌보지 않는다며 당장 횃불로 뒤엎어버려야 한다는 백성들 불만이 절정에 이르렀을 때, 초정이 사람을 불렀다. 반정 공신이라며 행패를 일삼는 실세들을 사헌부에 고발하고 산막에 은신 중인 임금의 호위무사였다.

"이 글월을 주군께 전해 드려라. 스승께서 남기신 분부라 하면 내치지는 않으실 게다."

임금도 속이 탔다. 조선 팔도에서 용하다는 의원은 다 불러다 처방을 내렸지만, 차도가 없었다. 임금이 몸소 나서 간병을 하고, 사직에 올라가 백성 대신 앓기를 청했으나 기승을 부리는 염병은 꺾일 줄 몰랐다.

초정의 심부름꾼이 궁궐에 다다른 것은 저녁 무렵. 석양을 비껴 앉은 임금이 고의 차림으로 혼자 술상을 마주하고 있었다.

"너는 진관사 초동이 아니더냐. 짐이 그 절을 크게 중창하고 너에게도 섭섭지 않은 벼슬을 내려주었을 텐데 왜 신의를 저버렸느냐?"

"성상께서는 매우 정의롭고 어질어 백성들이 충심으로 우러르는 현군이었습니다. 그러나 간신배들 농간에 성심을 빼앗긴 뒤부터는 선왕이 잘못 들었던 길을 그대로 따라가고 계십니다."

"누가 그 말을 전하라고 하더냐?"

초동이 황금색 보자기를 풀었다. 익숙한 필체가 눈에 들어왔다.

'진정으로 나무꾼 마음을 되찾아라(진심초심 眞尋樵心).'

스승의 글씨였다. 초점을 잃은 눈으로 임금이 후원의 사슴을 내다보았다. '초심을 잃어버린 임금을 찾는다'는 방이 골목마다 나붙어 색출을 지시하다 '초군을 잡아라' 외치는 백성들 함성에 잠을 깬 지난밤 뒤숭숭한 꿈이 뇌리를 스쳤다.

'입처개진(立處皆眞)'

절을 떠나는 날, 누렇게 빛이 바랜 한지 반쪽을 다락방에서 꺼내주며 "뜻을 이루거든 모름지기 진실하라"고 당부하던 노스님의 음성이 떠올랐다. 경전을 읽을 때나 뒤뜰을 산책할 때 '가마꾼이 가마를 타게 되면 가마꾼을 더 볶는다'라든지 '권력에 휘둘릴 위인은 정치를 하면 안 된다'고 혼잣말처럼 툭툭 던진 말들을 귓전으로 다 흘렸는데, 지금 돌아보니 노승이 자신에게 준 훈계였다는 생각이 들었다.

"서찰은 없느냐?"

초동이 그림 한 점을 펼쳤다.

"괴질이 돌 때는 강에 사는 생물이 특효라며 큰스님이 생전에 초정 선생에게 내려주신 비방(祕方)이랍니다."

부활한 임금님

일 년 넘게 실의와 절망에 시달려온 것과 비교한다면 대명천지에 그까짓 물고기 몇 마리 잡는 것쯤은 비방이나 비책이랄 것도 없었다. 당장 신하를 풀고 군사를 닦달하여 어시장과 강과 바다를 훑었다. 웅덩이와 연못의 물을 다 퍼내고, 나이든 어부를 동원하여 희귀어가 나올 만한 곳을 샅샅이 뒤졌다. 그러나 기린 뿔이 꽃송이같이 붉게 돋았다는 고기는 비늘 한 쪽 보이지 않았다.

'금관어(金冠魚)이라는 게, 도대체 있기는 한 것이냐. 개뿔같이, 하늘 아래 존재하지도 않는 허깨비 가지고 스승이 나의 미욱함을 조롱하시는구나!'

임금이 낙담과 비탄에 빠진 순간에도 궁전 밖에서는 신음소리가 끊이지 않았다.

"성상께서는 일찍이 칼에 찔린 기병의 어깨를 곤룡포로 싸매주시고 구더기가 우글거리는 군졸의 등허리 상처에서 손수 고름을 입으로 빨아주신 성군 아니십니까?"

"죽어가는 백성 하나 살리지 못 하는데, 성군이란 게 가당키나 한 소리냐?'

"전하, 제발 그 옛날, 모든 게 힘들던 그 시절 초심으로 돌아가 다시 선정을 베풀어주십시오."

"내 목숨이 군졸의 칼끝에 달려 있던 그 옛날 말이냐?"

임금이 지그시 눈을 감았다. 초군이라 불리던 시절, 초근목피로 끼니를 때우고도 산을 타면 신바람이 나고, 뜻이 같은 사람들끼리 부대껴도 골방이 비좁지 않던 그 옛날이 전생의 일인 양 추억 속에 아련했다. 스승은 인자하면서도 엄격했다. 촛불의 심지같이 뜨겁고 얼음장같이 차가웠다.

"사슴을 쫓는 자는 토끼를 돌아보지 않고, 천금을 거래하는 자는 푼돈을 다투지 않는 법이다."

"명심하겠습니다."

"사슴을 쫓는 자는 산을 보지 못하고, 천금을 움켜쥔 자는 사람을 보지 못한다. 네가 새겨야 할 말씀은 이것이다."

그 시절을 회상하는 임금의 눈에 이슬이 맺혔다.

'사슴을 잡고서도 나는 왜 산에서 헤맸을꼬. 천하의 권력을 두 손에 움켜쥐고도 왜 그것을 나눌 줄 몰랐을꼬.'

'진심초심'이라는 글귀를 뚫어지게 바라보니, 그 옛날 간절하고 순수하던 초심으로 돌아가야 국가적 난국을 극복할 수 있다는 스승의 가르침이 육성으로 들려오는 듯했다.

'은사 스님이 주신 비방이란 게 바로 이거였구나. 겹겹이 몸과 맘을 둘러싸고 있는 껍질을 벗어던지고 근원적인 실체, 내 진면목을 되찾으라는, 그 의미였구나.'

야심한 밤, 임금이 조용히 초동을 불러 옥쇄를 넘겼다. 절에서 거친 밥을 나눠 먹으며 뜻을 키울 때 잔심부름을 도맡았던 막내가 소리 죽여 슬피 울었다.

"전하, 처음부터 다시 시작하십시오. 그 뒤에 체념하셔도 늦지 않습니다. 전하께서는 나라의 명운을 책임진 만백성의 어버이 아닙니까."

"따뜻한 말이다만, 이미 나는 그 옛날 초군이 아니다. 권력의 독에 맛을 들인 순간, 초군은 죽었다. 되돌아보니, 나는 그 시절로부터 너무도 멀리 흘러왔구나!"

여러 날 잠을 못 이뤄 눈두덩이 푹 꺼진 임금의 얼굴에서 흘러내린 눈물이 촛불에 반짝였다.

"옥쇄를 다정했던 내 옛 친구에게 전해드려라."

한결 밝아진 표정으로 임금이 스승의 마지막 비방을 시조처럼 흥얼거리며 미복으로 갈아입었다. 궁을 나서 산길을 올라가는 임금의 거동을 초동이 부축했다.

"착한 일 하지 마라."

"악한 일을 하라는 말씀입니까?"

"착한 일도 하지 말라는데, 하물며 너는 악한 일을 생각하느냐?"

긴 행렬을 이끌고 꿈에 부풀어 산등성이를 넘어 궁궐로 향하던 봄날, 마지막 효시(曉示)를 청하는 제자에게 침묵 끝에 입을 연 스님의 목소리가 발걸음마다 한 마디씩 떠올랐다.

'진실을 보는 눈이 없으면 진주를 주어도 조개껍질만 보고 버린다더니, 내가 꼭 그 모양이었구나.'

스님의 법음이, 스승의 질타가 어제 일처럼 생생했다.

"그 시절이 늘 그리웠습니다."

임금이 정상에 있는 바위 위에 무릎을 꿇었다.

"과거와 경쟁하느라 현재를 경영하지 못한 백치입니다. 나라는 허상에 매몰돼 나라를 돌보지 못한 천치입니다. 천복을 받고서도 한 조각 은혜도 갚지 못한 중생이오나, 마지막 내가 가진 것은 죄 많은 육신뿐입니다. 이 한 목숨 기꺼이 바치오니, 못난 임금 대신 환란을 겪고 있는 가엾은 우리 백성들 부디 한 사람도 잊지 말고 구해주소서."

피 끓던 젊은 시절 절집 뒷산에서 무예를 닦듯 가뿐히 초군이 몸을 던졌다. 서쪽 하늘에서 긴 꼬리를 물고 별똥별이 떨어졌다.

허공에서 사라진 옥체가 이튿날 새벽 어진 어부의 그물에 걸렸을 때는 크고 실한 잉어가 돼 있었다. 동녘에서 막 솟아오른 햇빛을 받아 잉어 몸에 돋은 작은 뿔들이 왕관의 보석처럼 붉게 피어났다.

왕관고기는 썰고 또 썰어도 줄지 않았다, 줄지어 늘어선 환자들이 한 입씩 초군의 살점을 받아먹었다. 천상의 소리인 양 은은한 노래가 방방곡곡에 울려 퍼졌다.

목 차

0 임금님을 찾습니다 / 4

I 흔들리는 대한민국 / 16

    1 혼쭐난 대통령·돈쭐난 사장님

    2 대한민국의 현주소

    3 시대정신과 촛불정권

    4 A4용지를 든 GH·농지증명서를 든 MB

    5 우리들의 일그러진 영웅

    6 탈진실 시대의 리플리 신드롬

    7 문재인을 찾습니다

II 모든 대통령은 왜 실패하는가 / 69

    1 한 번은 비극으로, 한 번은 희극으로

    2 너무 큰 배역을 맡은 작은 배우

    3 국민이 없는 정치·사람이 없는 정책

    4 모든 대통령은 왜 실패하는가

    5 욕망의 역습

III 최고의 정의는 양심이다 / 113

    1 윤석열 죽이기

    2 문재인의 국민·윤석열의 국민

3 빗나간 화살
4 윤석열을 키운 기개·윤석열을 만든 원칙
5 반면교사, 또는 타산지석
6 추락하는 정의에 날개를 달다

IV 송무백열 선우후락 / 160

1 송무백열(松茂栢悅)
2 선택의 자유·선택의 책임
3 윤석열의 얼 말 글 꼴
4 윤석열의 리더십
5 선우-후락(先憂後樂)

V 대한민국의 오늘과 내일 / 195

1 스푸트니크 모멘트
2 시대정신과 비상지인
3 정의와 상식이 통하는 정상국가
4 글로벌 프런트 러너
5 자유롭고 정의로운 나라
6 자유롭고 정의로운 나라로 가는 길

VI 당신이 대통령입니다 / 263

I
흔들리는 대한민국

역경은 보통 사람들도 잘 견뎌낸다.
그러나 권력이 손에 쥐어졌을 때
인격이 변하지 않는 사람은 거의 없다.

— 에이브러햄 링컨

Nearly all men can stand adversity,
but if you want to test a man's
character, give him power.

1 혼쭐난 대통령, 돈쭐난 사장님

■■■
선한 영향력

갑작스레 동네 치킨 집에 주문이 쇄도했다. 전화로, 앱으로 전국에서 배달 요청이 줄을 이었다. 바닥을 치던 불경기 끝에 벌어진 극적 반전이었다. 프랜차이즈 대표에게 학생이 보낸 편지가 방송을 탄 게 코로나 때문에 꽉 막혔던 불황에 봇물을 터주었다. 장사가 잘 되는 것도 기쁜 일이지만, 각박한 세상 한편에는 인정이 살아 있다는 게 더 고마웠다. 사연은 1년 전으로 거슬러 올라간다.

중국 발 바이러스가 급속도로 퍼져나가면서 고객들 발길이 뚝 끊긴 2020년 초봄. 사회적 거리두기가 강화된 뒤부터는 손님이 더 귀해졌다. 대학교 근처라 목이 괜찮은 데도 팬데믹 앞에는 예외가 없었다. 그날도 텅 빈 가게 앞에서 하늘을 보고 있는데, 골목 끝에서 옥신각신하는 아이들 목소리가 들렸다. '치킨'이라는 단어에 쫑긋해진 귀로 '사달라'고 조르는 꼬마와 '안 된다'고 말리는 형의 말이 교차했다.

얼굴은 잘 보이지 않았으나 상황을 짐작하는 것은 어렵지 않았다. 수제 치킨 브랜드 홍대점주 박재휘씨는 아이들을 불렀다. 형이 "5천 원어치만 달라"고 했다. 박 사장은 "돈 걱정하지 말고 배불리 먹고 가라"며 2인용 한 세트를 식탁에 차려 주었다. 머뭇거리는 아이들에게 콜라를 따라주며 "따뜻할 때 먹어야 맛있다"고 권하기도 했다.

형이 주머니에서 두세 겹으로 접힌 지폐를 꺼내 박 사장에게 내밀었다. 두 아이들이 처한 사정은 어려워도 둘 다 표정이 밝고 착해 보였다. "치킨은 많으니 다음에도 먹고 싶으면 언제든지 오라"며 박 대표는 지폐를 다시 소년의 주머니에 넣어주었다.

초등학교 다니는 동생은 그 뒤에도 몇 차례 와서 치킨을 먹고 갔다. 덥수룩한 머리를 깎으면 더 예뻐 보일 것 같아서 단골 미용실에 데리고 간 적도 있다. 원장도 둘의 관계를 대강 눈치 챘는지, 커트 비를 받지 않았다.

까맣게 잊고 있던 일을 상기시켜 준 것은 '철인 7호' 프랜차이즈 사장이었다. 홍대점에서 치킨을 먹고 간 소년이 부산 본사로 감사 편지를 보냈다며 사장이 격려 전화를 했다. 손글씨로 A4용지 두 장을 빼곡히 채운 편지에는 어려서 부모님을 잃고 몸이 불편한 할머니와 살고 있다는 열여덟 살 고등학생의 고달픈 삶이 구구절절이 녹아 있었다.

돈가스 집에 아르바이트 자리를 얻었으나 코로나 여파로 곧 잘렸다는 얘기며, 나이를 속여 택배회사에서 상하차 일을 하는 것이 힘들지만 세 식구가 굶지 않고 살아가는 것에 감사한다는 얘기는, 추운 날 한 시간 가까이 동생과 밤거리를 헤매야 했던 불가피한 사정을 설명하는 말이었지만, 온몸으로 사회와 부닥치며 하루를 살아가는 다른 청춘들의 고통과 다르지 않았다.

미디어가 다양화된 데다 공정성을 잃어 시청률이 많이 낮아졌지만, 공중파의 위력은 대단했다. 요즘 보기 드문 미담으로 MBC 뉴스를 탄 다음날부터 "돈으로 혼쭐을 내줘야 한다"며 전국에서 '돈쭐' 운동이 벌여졌다. 트위터 카카오톡 인스타그램 같은 SNS 공간을 뜨겁게 달구며 온라인과 오프라인을 통해 경쟁적으로 퍼져 나간 감동 스토리는 박 대표의 선행으로 정점을 찍었다.

아이들이 들르면 원하는 치킨 세트를 주라며 손님들이 선결제한 돈과 선물, 봉투에 담긴 성금, 후원 목적으로 배달 가능 지역 이외에서 주문한 치킨 값에 1백만 원을 보태 6백만 원을 서울 마포구청에 기탁했다. "이것은 전국의 마음 따뜻한 분들이 하시는 기부"라며 그는 그 돈이 결식아동 지원사업에 쓰이길 희망했다.

그의 바람은 밝은 얼굴로 형제가 다시 가게를 찾아주는 것이다. 소년들이 어디서 무얼 하든, 형이 편지 말미에 약속한대로 현재의 어려움을 잘 극복하고, 낯선 거리에서 우연히 만난 치킨 집 형이 베풀어 준 따뜻한 손길을 다른 곳에 갚으며 살아간다면, 우리 사회의 체온은 그만큼 더 올라갈 것이다.

승자의 저주

우리 사회 한쪽에서 젊은 층을 중심으로 '돈쭐' 캠페인이 한창이던 3월 12일 '대통령 문재인' 이름으로 짤막한 성명이 페이스북에 공지됐다. 경남 양산 통도사 근처에 마련한 농지를 택지로 변경하는 과정에서 특혜와 불법이 있었다는 지적이 잇따르자 "모든 절차는 법대로 진행되고 있다"고 해명하는 글이었다.

그러나 서두부터 "그만 하시라"는 강압적인 말투나 "좀스럽고 민망하다"는 비아냥은 대중을 자극하고 야당의 반발을 부르기에 충분했다. 다섯 줄짜리 짧은 문장에 '대통령' 호칭을 세 번이나 언급하며 비운에 간 전임자의 사저까지 논란에 끌어들인 것은 더 좀스럽고 민망한 짓이었다. "저도 민망합니다. 11년 경력의 영농인 대통령님." 국민의힘 당대표 경선에 출마하여 돌풍을 일으키기 전 청년 정치인 이준석씨가 쓴 댓글에는 1만 5천 명이 공감했다. 대통령의 평소 포스팅에 '좋아요'를 누르는 지지자 숫자를 능가한 폭발적 반응이었다.

타이밍도 나빴다. 개발 정보를 사전에 빼돌려 돈벌이에 악용한 한국토지주택공사(LH) 임직원들의 비리가 사방에서 지뢰처럼 터져 우리 사회가 모두 격앙된 상태였다. 그런 상황에서 대통령까지 비슷한 의혹을 산다는 것은 국민 앞에 사죄할 일이지, 그만 두라는 불손한 언사로 국민들 감정을 자극할 일은 아니다. 하필 "사태에 책임을 느낀다"며 LH 본부장이 스스로 목숨을 버린 날이라 국민들이 느끼는 당혹감은 가중될 수밖에 없었다.

재산의 반을 사회에 환원하겠다고 선언한 '배달의민족' 창업자 김봉진 의장이 기부 프로젝트에 첫 발을 뗀 것도 바로 그날이었다. "식당을 하던 아버지가 쓰러지신 뒤 어머니가 많이 고생하셨다"는 사연을 털어놓으며 그는 200억 원으로 식당 주인과 자녀들의 생활과 학업을 돕고, 원격수업을 받기 힘든 학생들에게 노트북 1만 대를 별도로 지원하겠다는 공헌 계획을 밝혔다. 현재 가치로 김 의장 부부의 재산은 대략 1조 원 규모다.

한 달 전에는 카카오 김범수 의장이 재산의 절반 기부를 약속했다. IT 창업가 1세대로 10조 원대 자산을 가졌지만, 어린 시절 그는 할머니와 부모 형제 여덟 식구가 단칸방에 살았던 '흙수저' 출신이다. 그에게 영감을 준 건 "내가 사는 세상을 조금 더 낫게(to leave the world a bit better) 만드는 것이 진정한 성공"이라는 미국 시인 랠프 월도 에머슨의 시편이라고 한다. 서울 성북동 고급 음식점을 법정 스님에게 보시하고도 "백석의 시 한 줄에도 못 미친다"던 길상화 보살만큼이나 기부 이유가 겸손하고 거룩하다.

공교롭게도 선한 영향력이 소리 없이 확산되어 우리 사회에 감동이 물결치던 바로 그 시점에 영축산 아래 풍광 좋은 땅을 헐값에 사서 살림집을 지으려고 형질을 변경했으니 대통령의 언과 행이 더 좀스럽고 민망해 보일 수밖에 없었다. 그는 양산시 다른 곳에도 사저를 가지고 있다.

사회적으로 훨씬 더 파급력이 큰 현안에도 침묵으로 일관하여 국민들을 답답하게 만들었던 대통령이 직접 전투의 전면에 나섰다는 것만으로도 3월 12일 포스팅은 대단히 상징적인 사건이다. 지극히 개인적인 사안에 주군으로 모셨던 전직 대통령의 봉화 사저까지 끌어들인 것을 보면, 지금 얼마나 정치적으로, 정신적으로 다급한 상태인지 짐작하기 어렵지 않다.

다 합쳐 100자 남짓 되는 그 글에는 선출된 권력이라는 선민의식과 내로남불, 지지세력을 결집시키기 위한 의도적 편 가르기, 그리고 사소해 보이지만 결코 사소하지 않은 허위사실 등, 현 정권이 보여온 일련의 정치행태가 집약돼 있다. 대통령과 여권 대선 잠룡들의 지지율 동반 하락, 그에 따른 정권 재창출 위기, 퇴임 이후 신변안전에 대한 우려 등 복합적인 심리상태도 행간에서 우러나온다.

땅은 세금 이상으로 폭발성이 강한 정치이슈다. 농경시대 이래 땅은 배고픔을 해결하는 1차적인 수단이었다. '사촌이 땅을 사면 배가 아프다'는 속담이 시사하듯, 남의 땅은 배 아픔의 원인이기도 했다. 아파트 가격이 지속적으로 폭등하는 와중에 조직적인 부동산 투기 카르텔이 발각됐으니 지지율이 최저점을 찍는 것은 당연한 귀결이다.

공직자들의 땅 투기가 지지율 하락에 불을 붙인 것은 사실이지만, 그 이전에 그것은 코로나 정국을 역으로 활용하여 총선에서 대승을 거둔 문재인 정권이 권력에 취해 스스로 불러온 '승자의 저주'다. 우리나라 현대사에 한 페이지를 장식한 정치 9단들도 넘보지 못한 거대 의석을 무기로 국민의 뜻을 거스르고 서민들 삶을 외면한 죄와 벌이기 때문이다.

양산 땅에는 "국민 없는 대통령 없고 주민 동의 없는 사저 없다"는 플래카드가 내걸리고, 플래카드를 철거한 양산시와 시민단체가 마찰을 빚어 상당 기간 공사가 중단됐다. '무단출입 금지' 팻말이 세워진 현장을 취재한 미디어 가운데는 산케이신문도 있다. 세월호 당시 박근혜 대통령의 행적이 불분명한 7시간을 왜곡 보도한 혐의로 지국장이 재판에 회부됐던 일본의 극우 언론이다. 한국의 권력에서 풍기는 피 냄새가 다시 현해탄 건너까지 퍼진 것이다.

2 대한민국의 현주소

▪▪▪ 훌륭한 인생학 교과서

대한민국은 민주공화국이다. 대한민국의 주권은 국민에게 있고, 모든 권력은 국민으로부터 나온다. 대한민국의 영토는 한반도와 그 부속도서로 한다. 대한민국 헌법 제1장 총강 일부다. 대한민국은 통일을 지향하며, 자유민주적 기본질서에 입각한 평화적 통일 정책을 수립하고 이를 추진한다는 조항도 있다. 통일을 이룰 때까지 우리 헌법의 국토 조항은 선언적 의미에 머물 수밖에 없다.

권력이 세습될수록 대한민국의 북반부는 조선시대 왕조문화에 더 가까워졌지만 휴전선 이남 — 자유대한(South Korea)은 르네상스 이후 400년 간 호모 사피엔스가 꽃피운 문화를 집대성하여 성공 스토리를 쓰고 있다. 뼈대만 남은 나라에 거창한 명패를 붙인 대한제국을 현대사의 기점으로 잡아도, 선진국들이 축적해온 근현대적 문명부터 자본주의 팽창 과정에서 불거졌던 식민지 침탈과 전쟁까지, 인류의 지성과 야만을 두루 경험하며 전 세계에 경제성장 모델을 제시했다.

메이지 시대를 연 무쓰히토와 같은 해에 태어나, 무쓰히토보다 먼저 용상에 오르고도 세계정세에 어두운 고종은 500년 종묘사직을 늙은 어부가 잡은 청새치처럼 상어 밥으로 던져주었다. 하지만 "사람은 파괴될지언정 실패하지 않는다(A man can be destroyed, but not defeated.)"는 헤밍웨이의 인간선언을 식민시대 선각자들이 증명했다. 독립 이후 민주국가 시민들이 실천했다. 우리나라는 지금 '대한'이라는 거창한 국호에 걸맞은 글로벌 리더로 성장했다.

3.1운동은 허울뿐인 '제왕의 나라'가 국민이 주인인 나라 — '대한민국'으로 거듭나는 초석이었다. 탑골공원에서 울려 퍼지는 민중들 만세소리를 들으며 민족적 거사를 일제에 통보한 당당함, 조선의 독립과 자주를 선언하며 만국의 평화와 인류의 공존을 같이 염원한 박애주의, 탄압과 핍박 속에서도 문화강국을 지표로 설정한 민족대표 33인의 비전은 오늘의 대한민국을 이룩한 정신적 토양이다.

서구유럽이 250년 걸린 산업화를 독립 이후 반세기 만에 이룩하고, 선진국이 150년 동안 쟁취한 민주화를 산업화와 동시에 성취한 국가는 대한민국뿐이다. 헌법상 국토의 반은 미수복지구지만, 우리나라는 더 이상 대륙세력과 해양세력 사이에 낀 반도국가나 틈새국가가 아니다.

앞으로의 문명은 자연 친화적이어야 한다. 인간 중심적이고, 생명 중심적이어야 한다. 중후장대(重厚長大) 형 대륙문명과 경박단소(輕薄短小) 형 해양문명의 장점을 융합하여 장난감처럼 간편하고(simple) 물처럼 유연하고도 강력하며(soft and strong) 인공지능처럼 능수능란한(smart) 21세기형 첨단문명을 창조할 수 있는 최적 국가가 대한민국이다. 국가운영 패러다임을 전면적으로 혁신하여 인류의 미래를 선도해나가야 할 문명사적 전환기에 우리가 서 있다.

5천 년 역사상 처음으로 중국을 능가한 기술력, 세계 10위권으로 올라선 경제력만 해도 놀라운 성과지만, 우리나라는 이미 1인당 국민소득이 3만 달러를 넘고 인구가 5천만 명이 넘는 '30-50클럽'의 당당한 멤버다. 1인당 소득이 2만 달러를 넘어 20-50클럽에 가입한 간 지 7년 만에 거둔 쾌거다. 우리를 앞선 나라는 일본(1992년) 미국(1996년) 영국(2004년) 독일(2004년) 프랑스(2004년) 이탈리아(2005년) — 단 6개 국가뿐. 대한민국이 실질적인 G7 멤버다.

박정희 정부가 채택한 고속성장 정책은 잠자던 아시아를 깨운 산업혁명의 구동축이었다. 1970년대 리콴유 싱가포르 총리에게 영감을 주고, 1980년대 덩샤오핑의 실용주의로 계승되고, 1980년대 중반 마하티르 말레이시아 총리가 '동방정책(Look-East Policy)'을 펴는 모티브로 이어져 아시아가 세계의 공장으로 발돋움하는 토대가 됐다.

해방이 되고도 남북으로 분단되고, 독립된 지 이태 만에 전란에 휩싸인 나라가 건국 70년 만에 글로벌 경제의 주축으로 등장한 것은 세계사의 유일한 기록이다. 어린 시절 미국이 보내준 구호양곡으로 점심을 때운 베이비부머들은 과학자로, 엔지니어로, 기업인으로 성실한 근로자로 성장하여 신생독립국을 고속성장으로 이끈 주역들이다.

격동기를 거치며 이 땅은 무수한 거인들이 활보한 무용담의 산실이 됐다. 산업화 기간 동안 국가경제를 선도한 이병철 정주영 박태준 구자경 최종현 김우중 회장 같은 걸출한 사업가, 열사의 나라 중동에서, 구로동 수출전선에서, 농어촌과 광산에서 피와 땀과 눈물을 흘린 산업전사들, 권위주의에 저항한 김영삼 김대중 총재 같은 야당 지도

자들, 그리고 감옥에서, 아스팔트 위에서, 광주에서 목숨 걸고 싸운 민주투사들은 모두 우리의 영웅이다.

대한민국 현대사는 훌륭한 인생학 교과서다. 타산지석도 많지만 반면교사는 더 많다. 정치가 모든 분야에 영향을 미치고 대통령의 뜻이 법에 우선하는 나라에서 산업화와 민주화의 스타들이 차례로 권력의 정점에 올랐으나, 해피엔딩으로 정치역정을 마감한 대통령은 단 한 명도 없다. '국부(國父)'로 추앙받던 초대 대통령이 해외로 쫓겨가는 것을 보고도 후임자들이 연달아 비극을 자초했으니 '권력의 맛(taste of power)'은 마약보다 지독한 환각제였던 셈이다.

억만 금을 모으고도 법이 금한 선을 넘어 주머니가 없는 수의(囚衣)를 입은 재벌 오너도 적지 않다. 평생 금고지기 노릇만 하다 주머니가 없는 수의(壽衣)를 입고 맨손으로 돌아간 기업인은 부지기수다. 청와대에 들어가는 순간 초심을 잃고 특권과 반칙에 익숙해지는 정치인이나, 돈의 가치보다 액수에 집착하다 화를 부르는 기업인이나, 세상은 한 사람에게 다 주지 않는다는 사실을 가르쳐주는 반면교사들이다. 권력은 칼끝에 묻은 꿀이고, 귀신도 부리는 돈이 행복을 부르는 열쇠는 아니라는 게 우리 현대사에 선배들이 눈물로 적어놓은 인생노트다.

삐걱거리는 성장엔진

정치가 세상을 움직이는 힘이라면, 경제는 국가를 움직이는 윤활유다. 경제가 경세제민(經世濟民)의 줄임말인 연유다. 국내생산을 확충하여 미국의 옛 영광을 재현하려는 조 바이든 대통령이 문 대통령보다 삼성전자 최고경영자를 먼저 워싱턴에 초청한 이유와, 무항산(無恒産)이면 무항심(無恒心)이라는 맹자의 가르침은 다르지 않다. 지속적인 경제력이 뒷받침되지 않으면 안정적인 지지층도 무너진다는 것은 동서고금의 진리다.

무인 우주선을 달에 쏘아 올려 전 세계를 놀라게 했던 소련이 우주전쟁에서 미국에 진 원인도 경제력 차이였다. 동구권이 와해되는 틈을 노려 서독이 통일에 성공한 밑바탕에도 경제력이 있었다. "마르크화에 대한 숭배, 마르크시즘을 이기다(Markism Beats Marxim)"라는 서방언론의 헤드라인은 서독의 화폐에 백기를 든 동독 공산주의자들에 대한 멋진 풍자였다.

과거의 독일처럼 여전히 이념으로 갈라진 우리나라는 전략적 취약지이자 지정학적 요충지다. 단군 자손이라는 동류의식이 강해 평등에 대한 욕구도 크다. 구조적으로 재정수요가 막대할 수밖에 없다. 정치의 8할이 경제일 수밖에 없는 까닭이다.

해방 직후 남북이 공동으로 직면한 급선무도 국민의 밥을 해결하는 것이었다. 북한에 진주한 직후 김일성이 무상몰수-무상분배 방식으로 토지 소유 개편에 착수하고, 건국의 아버지 이승만이 좌우의 격렬한 대립 끝에 전쟁 직전 토지개혁을 단행한 것도 식량이라는 1차원적 욕구를 해결하기 위해서였다. 산업화의 아버지 박정희는 4번에 걸친 5개년 경제계획의 눈부신 성과로 집권 당시 결여된 절차적 정통성을 보완할 수 있었다.

대한민국의 명과 암을 명징하게 보여주는 것은 숫자다. 국내총생산(GDP)이 단적인 지표다. 경제협력개발기구(OECD)는 한국의 2020년 명목GDP를 1조 6천 240억 달러로 추산했다. 하지만 1인당 국민총소득(GNI)은 2년 연속 뒷걸음질했다. 2008년 금융위기 이후 처음 일어난 현상이다. 우리 국민의 전반적인 생활수준이 하락하고 있다.

경제성장의 엔진이 꺼져가고 있다는 경고음이 곳곳에서 들린다. 저성장이 수년간 반복되더니 아예 '새로운 경제현상(new normal)'으로 똬리를 튼 지 오래다. 장기성장률도 급격히 꺾였다. 문재인 정부는 한국경제가 팬데믹으로 휘청거리는 이탈리아를 곧 추월할 것이라고 자랑하지만, 우리 코가 석 자다. 지난해보다 올해가 상대적으로 나아 보이는 착시현상을 걷어내면, 당장 내년부터 저성장 위기와 마주할 것이라는 게 전문가들의 공통된 우려다.

거시경제보다 더 심각한 분야는 미시경제다. 중소기업 사정은 더 열악하다. 60년 전 5개년 계획을 처음 세울 때부터 한정된 재원을 기간산업과 수출산업에 집중 배분했기 때문이다. 불균형성장 전략이 그것이다. 가난한 집에서 공부 잘하는 장남에게 몰방하고 나머지는 일꾼으로 키우던 방식 그대로다. 재벌 아래 일벌 노릇을 할 수밖에 없는 구조라, 중소기업의 불황과 사회적 양극화는 애시 당초 정부가 순차적으로 해결해야하는 구조적 숙제였다.

수도권에도 공장이 멈춰 선 데가 한두 곳이 아니다. 서울 도심에도 '폐업'이나 '이전' 쪽지를 붙인 상점을 헤아릴 수 없다. 지방경제는 더 암울하다. "IMF 때보다 더 힘들다"는 자영업자들의 한숨이 결코 과장이 아니다. 한국은행 공식 통계를 봐도, 자산보다 빚이 많은 고위험 자영업자 가구가 9개월 만에 1.7배 이상 늘어났다. 기업과 가계가 지고 있는 전체 빚은 GDP의 2배를 넘어섰다. 관련 통계를 작성하기 시작한 1975년 이후 가장 높은 수치다.

가계부채가 많은 상황에서 고용 및 매출 부진이 지속돼 소득여건이 개선되지 않으면 상환능력이 떨어진다. 경기회복이 차별적으로 진행되면 취약가구를 중심으로 부실위험이 현실화될 가능성도 있다. 한국은행의 경고다. 150년 역사를 가진 리먼브라더스를 파산으로 몰아넣은 금융위기 비슷한 사태가 또다시 벌어진다면, 우리 경제의 시한폭탄이 바로 여기에 있는 셈이다.

문재인 정부 4년 동안 전체 국민의 삶의 질은 20계단이나 추락했다. 글로벌 통계 사이트 넘베오의 최신 자료에 따르면, 올해 한국의 '삶의 질 지수(quality of life index)'는 83개 평가 대상국 중 42위에 그쳤다. 2013년 23위에서 마지막 해 22위로 1계단 상승한 박근혜 정부의 성적표와도 대조적이다.

출산율은 38개 OECD 회원국가 가운데 최저인데, 자살률과 산업재해 사망률은 부동의 1위다. 일터에서 변을 당하는 사고가 수십 년간 개선되지 않아 발생 건수가 늘어나고 있다. 부패와 비리가 절망처럼 퍼진 사회에는 마지막 선택으로 내몰리는 사람들이 탈출할 수 있는 비상구가 없다.

"수많은 죽음의 배경은 사회경제적이며 구조적이라는 사실을 우리는 다들 알고 있다. 나는 미국 흑인 조지 플로이드의 죽음처럼 한국의 산업재해 희생자, 자살자들의 죽음도 사회적 제도적 배경을 갖고 있다고 생각한다. 그래서 우리는 조지 플로이드의 마지막 말처럼 '우리는 숨 쉴 수 없다(We can't breathe)'고 외칠 수밖에 없다."

생명안전시민넷 공동대표를 맡고 있는 작가 김훈의 절규다. '사람이 먼저다'라는 구호를 내세우고도 생명을 중시하지 않고, 더불어 사는 정당을 앞세우면서 제 편만 챙긴 것이 원인이다. 실효성 없는 대책만 남발해서 전국적으로 집값이 뛰게 하는 무능력, 자영업자를 몰락시켜 일자리 쇼크를 초래하는 무책임이 원인이다. 그 기저에 이념에 얽매인 채 오기와 독선으로 일관하는 문재인 식 리더십이 있다.

불안한 남북관계, 지배구조 및 회계의 불투명성, 노동시장의 경직성이 초래한 '코리아 디스카운트' 현상도 여전하다. 현 정부 들어 반기업적 규제와 일본의 무역보복 같은 정치-외교적 리스크가 커져 디스카운트 요인도 덩달아 늘어나고 있다. 미국 자본시장에 성공적으로 데뷔한 쿠팡에 이어 마켓컬리가 뉴욕증시 상장을 목표로 주관사를 선정했다. 국내 기업들의 탈 대한민국, 미국 행 골드러시 우려가 가시권으로 들어온 것이다.

기초체력이 튼튼하지 않은 한국경제는 지금 코로나19와 포퓰리즘 같은 정치적 악재가 가중돼 저성장의 늪으로 빠져들고 있다. 기업하기 좋은 환경을 만들고 기업가정신을 북돋아주는 '사회적 에토스(social ethos)'를 조성해야 할 때 통계가 만족스럽지 않다고 통계청장을 바꾸는 대통령, 장사가 안 돼 걱정하는 상인에게 "손님이 적어 편하시겠다"는 국무총리가 경제전문가를 자처했으니 국가경제의 근간이 흔들리는 것은 예정된 결과나 다름없다.

3 시대정신과 촛불정권

■■■
대통령의 딸 vs. 대통령 비서실장

2012년 대선은 역대 어느 선거보다 여권과 야권의 대결구도가 선명했다. 후보들도 특징이 분명했다. 집권여당과 제1야당 후보 — 두 주역이 모두 해방 이후 세대라 모국어로 교육을 받았다는 것부터 선거 사상 처음이었다. 여당 후보는 여성으로 전직 대통령의 외동딸인 반면, 야당 후보는 변호사 출신으로 대통령 비서실장을 지냈다는 것도 닮은 듯 다른 점이었다.

월드컵 열기를 정치로 연결시켜 2002년 대선판을 뒤흔든 정몽준 후보가 막판에 '스포일러(spoiler)' 역할을 접고 노무현 후보와 단일화하여 여당에 승리를 안겨 주었듯이, 10년 뒤에는 부산 출신 안철수 후보가 스포일러 노릇 끝에 동향의 야당 후보 문재인 손을 들어 주었다. 그러나 그 직후 미국으로 떠나는 바람에 승패를 뒤집는 데는 뒷심이 부족했다.

국민들은 친형의 땅 투기와 부동산정책 실패 등으로 집권 4년차 지지율이 12%까지 떨어졌던 노무현 대통령의 비서실장 대신 '5천 년 보릿고개' 역사에 마침표를 찍고 농업국가를 공업국가로 전환하는 데 성공한 박정희 대통령의 영애를 선택했다.

18년 박정희 정권의 아우라는 강렬했다. 이명박(MB) 정권의 견제에도 불구하고 보수의 요람인 대구-경북(TK)을 발판으로 여당 안에 자신의 계파를 형성한 것도, '선거의 여왕'이라는 화려한 왕관을 쓸 수 있었던 것도 부친의 후광 덕이었다. 비리 의혹이 끊임없이 제기됐지만 집권 4년 차에도 32% 지지율을 유지한 MB의 도움도 적지 않았다.

큰 게임일수록 전략이 단순해야 한다. 전임자가 인기가 있으면 따라 하기. 인기 없는 전임자와는 차별하기. 라이벌과는 반대로 가기. 미국도 마찬가지다. 고희를 바라보는 현직 대통령 조지 허버트 워커 부시와 맞붙은 46세 후보 빌 클린턴은 건강을 한껏 뽐내며 저 유명한 선거 구호로 바람을 일으킨다. "바보야, 문제는 경제야(It's Economy, Stupid.)." 고등학생 때 백악관에서 만난 대통령에게 매혹되어 정치를 꿈꾼 케네디 키드다운 발상이었다. 32년 전 노회한 리처드 닉슨을 꺾은 43세 케네디의 비결도 역발상 접근법(contrarian approach)이었다.

아들인 조지 워커 부시는 직전 대통령 클린턴을 겨냥하여 'ABC' 정책으로 응수한다. "클린턴을 제외한 모든 것(Anything But Clinton)"은 경제실적은 나무랄 데 없었으나 스캔들로 얼룩진 클린턴에 대한 공화당 식 야유이자 부친이 받은 모욕에 대한 텍사스 사나이 식 설욕이었다.

빛이 강하면 그림자도 짙다. 박정희 정권 내내 지속된 압축성장은 빛나는 금자탑만큼이나 깊은 골을 남겼다. 불균형성장 정책에서 파생된 수출 주도형 대기업과 내수용 중소기업과의 차별 대우, 부유층과 빈곤층의 소득 격차, 인간의 존엄성 훼손과 소외계층의 삶의 질 저하는 지금까지도 미완으로 남은 우리 사회의 고질병이다. 부족한 재원을 핵심산업에 집중 투자하여 국가경제는 쾌속 질주했으나, 수혜 기업군에서 흘러내려오는 '낙수효과(trickle-down effect)'로 사회 전반을 골고루 적셔주기에는 양이 너무 미미했다.

18대 대선에서 승리한 박 대통령에게 시대가 요구한 것도 부친의 업적을 이어받아 경제와 안보를 반석 위에 올려놓고, 섬세한 여성 캐릭터를 살려 미제로 남은 현안들을 풀어달라는 것이었다. 미시적으로는 경제성장의 노하우를 살려 기업 간, 계층 간의 격차를 줄이고, 사회안전망을 촘촘히 구축하여 인권과 복지 분야에도 성과를 거두는 것. 야당 시절부터 보여준 결기와 여당 내에서의 역량을 고려한다면 지나친 기대도 아니었다.

"국정을 세심하게 살펴서 국민통합을 이루고, 민생경제를 살려서 통일기반을 마련하시라"고 덕담을 한 것을 보면, 김종필(JP) 총재도 비슷한 생각이었던 것 같다. 가까운 인척이자 정치적 뿌리가 같은 데도 오랫동안 관계가 원만하지 않았던 JP는 2013년 1월 7일 저녁, 미수연이 열리고 있던 워커힐호텔 연회장으로 축하전화를 걸어온 박근혜 당선자와 통화를 끝내며 혼잣말처럼 중얼거렸다. "성숙하게 국정을 운영해서 박 대통령께서 못다 이룬 꿈을 마무리해줬으면 좋겠구먼."

집권 이후 보여준 리더십은 국민의 기대와 거리가 멀었다. 야당에서 붙여준 '수첩 공주'라는 이미지를 벗어나지 못하고 메모지 없이는 공개석상에서의 발언을 힘들어했다. 언론을 통해 대중에게 투영되는 모습도 '고집 센 노처녀' 캐릭터와 별반 다르지 않았다.

분열의 틈은 국회에서 벌어졌다. 청와대 집무실을 둘러싼 '문고리 권력(inner circle)'에 질린 의원들의 반란이었다. 권력의 그립이 약해지던 집권 3년차 봄날 "증세 없는 복지는 허구"라는 유승민 원내대표의 폭탄발언이 분란의 도화선이 됐다. 경제학자 유승민으로서는 논리적인 지적이었지만, '정당 대표 연설'에 삽입된 주장이었다는 점에서 보면 정부와 조율 없이 반기를 든 '배반'이었다. 청와대가 여당 위에 군림하며 국정을 총괄하는 한국 상황에서는 역린을 건드린 셈이다.

5선 의원을 거친 원숙한 정치인답게 마무리할 수 있었던 사안에 기름을 부은 것은 대통령이었다. 그 무렵 만난 청와대 수석비서관이 비화를 들려줬다. "VIP께서 증세는 절대 안 된다며 재정으로 풀어보라고 지시하셔서 어안이 벙벙했는데, 감히 내가 나설 수 있는 분위기가 아니었어요." 박 대통령의 지시는, 세금으로 공공정책을 집행하는 것이 '재정(fiscal policy)'이라는 경제학의 기본개념을 모른다는 고백과 다름없었다.

여권 안팎에서 꼬인 정국이 풀릴 기미가 안 보이자 정권을 만든 주역들은 더 답답해했다. 한남동 자택에서 한동안 창밖을 내다보던 김용환 '7인회' 의장이 가슴에 묻어둔 비밀을 털어놓았다. "쓸 만한 사람 몇몇 천거했더니 '이런 일 하려고 저 도와주셨느냐'고 묻더군." 자질 부족이든 포용력 부족이든, 리더십 부재를 초래한 것은 본인이었으니, 결국 여권 갈등의 원인을 제공한 장본인은 박 대통령이었던 셈이다.

민주화 이후의 민주화

"보수는 부패로 망하고, 진보는 분열로 망한다." 정치권의 오랜 속설이다. 전두환이 집권한 5공화국까지 국한하면 대체적으로 맞는 말이다. 4.19 학생혁명으로 물러날 때까지 내각제 대통령 윤보선과 실세 총리 장면이 이끌었던 2공화국만 빼면, 그 당시까지 정권은 보수의 차지였고, 정경유착의 온상인 권력 주변에는 늘 부패가 기생했다. 집권 가능성이 높지 않으니 진보는 계파의 이익에 따라, 정치적 상황에 따라 이합집산을 거듭했다.

이명박-박근혜 두 정권의 기반을 훼손한 것은 계파 간의 자중지란이었다. MB 때는 '친이'와 '친박'의 알력이 끊이지 않더니, 박 대통령 집권 이후에는 '친박'과 '가박'으로 분화된 것도 모자라 '친박'과 '진박'이 감별 논쟁을 벌였다. 둥지는 같은데, 실제로는 동일한 이념과 목표를 공유한 정치결사체가 아니고 금배지와 장관 자리를 놓고 경쟁하는 이익집단이라는 반증이었다. 청와대로 불러 다독이고 아우르면 풀릴 문제를 공개적으로 제기하여 분열을 촉발한 것이 결정적인 패착이었다.

2015년 11월 10일, 박 대통령은 국무회의를 주재하는 자리에서 "진실한 사람을 선택해 달라"고 호소한다. 총선을 5개월 앞두고 친박의 주류였던 TK 출신 의원들과 불화를 빚은 데다 역사 교과서를 정부에서 편찬하겠다는 방침 때문에 여론이 악화되던 시점이었다. 자기편을 뭉치게 만들어 수세에 몰린 국면을 타개하려는 전략이었지만, 다분히 감정적인 대응이었다. 부친의 카리스마와 모친의 '국모' 인상을 합친 '강하고도 부드러운 정치적 페르소나'가 이미지 조작이었음을 스스로 증명하는 순간이기도 했다.

새정치민주연합 문재인 대표는 허점을 놓치지 않았다. "국민이 총선에서 열린우리당을 압도적으로 지지해줄 것을 기대한다"는 말 때문에 11년 전 탄핵의 문턱까지 갔던 노무현 대통령을 국민의 기억 속에서 끄집어내 여론을 환기한 것이다. 그러나 탄핵 깃발을 들었던 보수 야당이 도리어 역풍을 맞았던 과거를 의식하고 그는 '탄핵'이라는 말은 의도적으로 삼갔다.

돌이켜보면, 그때 이미 서울장안을 촛불로 뒤덮을 장엄한 민의의 행렬이 예비되고 있었던 셈이다. 하지만 바로 1년 뒤 그 행렬에 밀려 현직 대통령이 물러날 것이라는 사실은 당사자도, 문 대표도 예감하지 못했을 것이다.

촛불은 불의를 이기는 정의의 무기다. 참여와 연대로 꽃 피우는 풀뿌리 민주주의 축제다. 우리나라 시위문화는 촛불 이전과 촛불 이후로 나뉜다. 작고 여리고 금방 꺼질 것 같은 것들도 함께 모이면 크고 강하고 무서운 폭력을 이긴다는 것은 직접민주주의 정신과 맞닿아 있다. 촛불은 곤봉과 최루탄을 몰아내고 돌과 화염병을 대체했을 뿐 아니라, 피와 눈물로 얼룩졌던 공포의 현장을 웃음과 노래가 흐르는 교감의 장으로 변화시켰다.

촛불의 힘을 빌려 박 대통령을 야인으로 만들고, 촛불혁명으로 집권한 문재인 정부의 시대적 책무는 한마디로 '박근혜와 반대로 하기(Anything But Park)'다. 법규에 정해진 시스템에 따라 국가를 운영할 것. 친분이나 충성도에 따라 공직이나 공천을 주는 정실인사와 밀실공

천을 지양할 것. 국정원이나 재벌기업에 손 벌리지 말고 불법과 비리를 삼갈 것. 검증되지 않은 측근을 멀리하고 공적 조직을 활용하여 정책을 짜고 미래의 비전을 제시할 것. 한마디로 정의와 상식이 통하는 나라, 나라다운 나라로 만들라는 요구였다.

그 중에서도 대통령부터 자신을 철저히 관리하여 국가의 기강을 바로 세우는 일, 인명을 제일로 인식하고 안전을 완벽하게 담보하는 일, 위기관리 능력을 제고하여 급변하는 국내외 상황에 기민하게 대처하는 일은 촛불정부가 당면한 최우선 과제였다. 요약하면, 사조직처럼 운영되는 나라를 법과 원칙에 충실한 정상국가로 되돌리라는 것이 시대의 요구였다.

우리나라는 산업화와 민주화에 성과를 거두고 보수정권과 진보정권이 교차하여 집권했지만, 사회에는 아직도 산업화가 남긴 숙제와 민주화가 남긴 명제가 상존하고 있는 게 사실이다. 산업화에 명과 암이 공존하여 산업별 격차와 계층별 격차가 여전하듯, 실질적인 민주화는 여전히 미완성이다.

민주화의 영웅들과 인권변호사가 잇따라 권력을 잡아 민주제도를 도입하고 정착시키는 것까지는 완료됐지만, 국가경영 시스템을 민주화하고 각급 기관 책임자들의 의식을 민주화하는 데까지는 나아가지 못했다. 민주당 소속 시도지사들이 앞 다투어 성추행을 저지르고, 서열과 지위를 앞세운 '갑질'이 도처에서 자행되는 것도 그 때문이다. 민주화된 제도를 민주적으로 운영하는 것 — 이것이 한밤중에 자녀들을 앞세우고 시민들이 촛불을 든 첫 번째 이유요, 촛불정권에 내린 국민의 '준엄한 명령(mandate)'이었다.

4 A4용지를 든 GH, 농지증명서를 쥔 MB

■■■
자존보다 생존

2002년 12월 대선에서 극적으로 승리를 거머쥔 노무현 당선자 측에서 한 달 뒤 서울대 정운찬 총장에게 만나자는 연락이 왔다. 직선제 선거에서 당선되고 6개월쯤 지난 뒤라 정 총장이 한창 입시제도 개혁에 열을 올리고 있을 때였다. '기성 정치권과 인연이 적고 빚이 많지 않은 노 당선자야로말로 국정운영의 패러다임을 뜯어 고치고 사회전반을 혁신할 적임자'라고 생각한 그는 2시간 가까이 이어진 면담에서 노 당선자에게 다음과 같은 요지로 조언을 한다.

"자주외교는 옳은 방향이 아니라고 봅니다. 어느 정권이 '자주'라는 말을 싫어하겠습니까. 그러나 분단국에 사는 우리 국민에게는 자존보다 생존이 먼저입니다. 남북한 문제든, 한미 간의 문제든 국가의 안위를 우선해야 합니다. 일본에 대해서도 속으로는 경계하고 미워하더라도 글로벌 마인드를 가지고 실용외교를 펴는 게 국익에 도움이 됩니다."

외교는 당선자의 기존 스탠스보다 보수적으로 접근하되, 내정은 더 개혁 쪽으로 방향을 잡으라는 주문도 이어졌다.

"정치 경제 사회 문화 등 국정 전반에 걸쳐 아직도 남아 있는 낡은 틀을 과감히 깨뜨리고 시대정신에 부합하는 체제를 구축해야 우리나라가 거듭날 수 있습니다. 요컨대, 내치(內治)는 진보적 시각에서 개혁 드라이브를 더 강화하고, 외치(外治)는 보수적 입장에서 실용노선을 추구하는 것이 국가발전에 더 도움이 될 것입니다."

그 다음 달 사석에서 들려준 정 총장의 언급은, 워터게이트 사건을 특종 보도한 세계적인 저널리스트 밥 우드워드가 아들 부시의 아프간 전쟁을 파헤친 신간 『부시는 전쟁 중(Bush at War)』을 번역한 뒤 옮긴이의 말을 고민하던 나에게 훌륭한 글감이 돼주었다.

정 총장의 건의가 당선자의 마음을 얼마나 움직였는지는 알 수 없다. 그러나 취임 이후 지지층의 반발을 무릅쓰고 한-미 FTA를 체결하고 제주에 해군기지 건설을 재가한 것을 보면, 국제관계는 보수적으로 접근하라는 주문을 무시한 것 같지는 않다. 그럼에도 1년 뒤 '서울대 폐지' 바람이 불고, 바람의 진원지가 청와대였던 점을 감안하면, 서울대에 대한 열등감은 상당히 깊었던 모양이다.

내가 노무현 후보를 만난 것은 그 이전이었다. 충청권에 행정수도를 건설하겠다는 공약을 발표한 직후라 기대가 컸다. 강렬한 눈빛과 서글서글한 미소가 인상적이었다. "막판 승자는 후보님일 테니 열심히 뛰세요." 입에 발린 인사치례가 아니었다.

진심이 통했는지, 노 후보가 두 손으로 내 팔을 잡더니 책에 서명을 해주었다. 내 정치적 감으로는, 행정수도 공약을 내세워 충청권을 집중 공략한다면 국민회의와 자민련이 공조했던 1997년 'DJP(김대중-

김종필) 연대'효과와 다름없는 실적을 거둘 수 있을 것 같았다.

캠프에서 '왕특보'로 통했던 노 후보의 정치적 동지는 내 셈법과 달랐다. "3자가 대결해야 정몽준이 보수표 일부를 가져가서 노 후보가 2등을 할 수 있다. 그러면 당권을 장악해서 다음을 기약할 수 있다"는 것이 이강철 조직특보의 계산이었다. 이회창과 정몽준 — 두 후보가 선두경쟁을 벌이는 사이 노 후보는 지지율이 뒤쳐져 당내에서도 '후보 교체'와 '후보 단일화' 목소리가 요란하던 상황이었으니 '당신 견해는 틀렸다'고 우길 여건도 아니었다.

그로부터 15년 뒤인 2017년. 대선을 한 달 앞둔 4월 초, 당 대표직을 내려놓고 두 번째 대선에 도전하는 더불어민주당 문재인 대통령 후보가 정운찬 총리를 긴밀하게 만나고 싶어 한다는 전갈이 왔다. 메신저는 15년 전 이강철 특보와의 회동을 주선했던 진보 정치인.

공식 선거운동이 시작되기 4일 전 늦은 저녁, 서울 방배동 막걸리집에서 마주앉은 문 후보에게 정 총리는 "대기업과 중소기업, 영남과 호남 간은 물론 빈-부 남-녀 남-북 간에도 동반성장을 추구하여 사회통합을 이루고, 공정하고 정의로운 사회를 건설하여 국격을 향상하라"는 요지로 응원을 대신하며 회동을 마무리했다. 대선보다 넘기 어려운 벽이 탄핵 이후 갈라진 이념의 벽이므로, 집권 이후를 염두에 둔 비전 제시가 필요하다는 뜻이었다.

1주일 뒤인 13일, 유세를 끝낸 문 후보가 한밤중에 정 총리 자택 앞으로 다시 찾아왔다. 사전에 조율되지 않은 방문이었다. "대학 총장을 지낸 사람이 특정 후보를 돕는 것은 적절치 않다"며 지원을 완곡히 거부하자 삼고초려 하겠다는 결의를 보인 것이다. 문 후보는

2012년 대선 당시에도 정 총리를 방문한 적이 있다. '동반성장'은 선거운동 기간 동안 텔레비전 광고로 등장한 이후 망각 속으로 사라졌지만, 아파트 경비실 문을 손수 열고 경비원에게 정중히 인사를 건넨 뒤 천천히 인터폰을 누르는 후보의 모습이 따뜻하고 성실해 보였다.

쉬웠던 게임

19대 대선은 현행 헌법이 제정된 이후 두 번째 맞는 혼전이었다. 4자가 대결한 1987년 대선은 1여-다야 구조인데 반해, 이번에는 여당이 유고 상태라 캠페인에 본격적으로 돌입하기도 전에 승부가 결정된 것이나 마찬가지였다.

보수는 궤멸된 데다 후보가 나뉘고, 진보 후보는 적수가 되지 않았다. 싸움이 되려면 정치적 포지션이 같은 후보끼리 단일화 같은 깜짝 쇼라도 벌여야 하는데, 국민에 의해 탄핵된 앙시엥 레짐에 그것을 추동해낼 만한 여력이 있을 리 만무했다. '킹크랩'이라는 불법 조연도 여론을 조작하는 데 한몫했다.

문 후보의 득표율은 41%에 불과했지만, 1987년 4자 대결을 벌인 노태우 후보가 '보통 사람들의 시대'라는 슬로건을 내걸고 획득한 표보다 많았으니, 준수한 결과였다. 홍준표-안철수-유승민 후보 표가 문 후보보다 많으므로 보수가 이겼다는 주장도 있지만, 투표 이전에 합쳐지지 않은 표가 선거에서 무슨 의미가 있나.

승자는 국민이었다. "기회는 평등할 것입니다. 과정은 공정할 것입니다. 결과는 정의로울 것입니다." 취임사는 감동적이었다. 바야흐로 우리 국민이 "한 번도 경험해 보지 못한 나라"로 떠나는 유쾌한 여행의 출발선이었다.

취임식 직후 열린 5.18 기념식장에서 정치권은 '임을 위한 행진곡'을 제창했다. 신임 대통령도 같이 불렀다. 군사정부 시절에도 언론사 노동현장에서 불렸던 노래를 이명박-박근혜 정부는 공식 행사장에서 부르지 못하도록 금했었다.

이튿날에는 국정원 댓글 수사를 하다 좌천됐던 윤석열 대전고검 검사를 서울중앙지검장으로 발탁했다. 하나둘 정상국가로 되돌아오는 모습이 국민에게 새로운 시대가 열렸다는 믿음을 주었다.

7월에는 '국민의 나라, 정의로운 대한민국'을 국가 비전으로 제시하며 "모든 제도가 '정의'의 원칙에 따라 재구성될 것"이라고 천명했다. 국민이 주인인 정부, 더불어 잘사는 경제, 내 삶을 책임지는 국가, 고르게 발전하는 지역, 평화와 번영의 한반도 등 5대 과제를 실천하고 '소통으로 통합하는 광화문 대통령'이 되겠다는 약속도 했다.

말은 따뜻했고, 표정은 밝았다. 점심시간에 테이크아웃 커피 잔을 들고 수석비서관들과 청와대 경내를 산책하는 모습은 글로벌 자이언트로 우뚝 선 '주식회사 대한민국(ROK Inc.)'의 최고경영자로 손색이 없어 보였다.

국정의 공백이 민의로 선출된 대통령으로 채워지자 거리에 생기가 돌고 시민들 얼굴에 웃음이 돌아왔다. 기나긴 겨울이 가고 드디어 이 땅에 봄이 찾아왔다.

어려운 숙제

새봄은 짧았다. 활짝 핀 꽃이 지기도 전에 정치가 먼저 시들어갔다. 장밋빛 공약과 신선한 이벤트는 곧 실체가 드러났고, 세월호 진상규명을 요구하는 텐트가 광화문에서 사라지기도 전에 촛불정신이 하나둘 사그라들었다.

문재인 대통령은 인성이 너무 곧아서 현실정치에 잘 안 맞거나, 눈이 어둡고 감각이 둔해 정치를 못하거나, 둘 중의 하나였다. 미소 뒤에 숨겨뒀던 이념적 편향성이 강하고 고집이 세서 현실적이고 실용적인 판단에 장애가 되는 경우도 점차 많아졌다.

"이게 나라냐"고 묻던 사람들이 어느새 "이건 나라냐"고 개탄하기 시작했다. 감동적이었던 취임사 구절은 '아빠 찬스'로 대학 간 딸, '엄마 찬스'로 휴가를 연장한 아들, '정신대' 할머니들까지 돈벌이에 내몬 여당 실세들 비리가 연달아 터지면서 국민들 가슴속에 배반감만 키워주었다.

어느 나라, 어느 시대나 정의와 공정으로 가는 길은 멀고도 험하다. "(19)80년대에는 반드시 민주주의를 이룩하여, 이 나라에 자유가 들꽃처럼 만발하고, 정의가 강물같이 흐르는 민주주의 선진국가를 우리가 합심해서 만들어야 한다는 것을 여러분에게 당부하고 싶습니다."

대중연설에 천부적 재능을 가졌던 DJ의 사자후다. 그는 1980년대는 고사하고 1980년이 저물기도 전에 — YWCA 초청 연설이 있은 지 불과 2개월 뒤 — '광주 내란음모 사건' 주범으로 체포된다.

그의 민주화 동지이자 정적인 김영삼(YS) 총재는 13년 뒤 대통령 취임식장에서 "정의가 강물처럼 흐르는 사회"를 건설하겠다고 공언한 뒤 '하나회'를 뿌리 뽑아 군부 내 정치세력을 제거하고 금융실명제를 도입하여 정의의 기틀을 마련한다. 그러나 권력이 멀쩡히 살아있는 동안에도 '소통령'으로 행세하던 아들이 사법처리 되는 광경을 바라볼 수밖에 없었다.

중도 실용주의로 금융위기를 넘긴 뒤 '공정한 사회'를 새로운 슬로건으로 내걸었던 MB 역시 '공정'이라는 용어 한마디에 부쩍 높아진 사회적 기준을 넘지 못해 총리후보와 장관후보가 줄줄이 낙마하는 것을 지켜봐야 했다. 재력과 권력으로 온몸을 치장한 그에게 공정은 어울리는 화장이 아니었다.

문 대통령도 예외가 아니다. 무대 의상을 벗어던진 그의 실체는, 수첩 대신 A4용지를 손에 든 박근혜, 다스 주식 대신 경작증명서를 손에 쥔 MB, 그 이상도 그 이하도 아니었다. 그가 약속한 '한 번도 경험해 보지 못한 나라'는 간판에 페인트도 채 마르기 전에 두 번 다시 경험해 보고 싶지 않은 나라로 전락했다.

한겨울 촛불이 성급하게 불러온 2017년 서울의 봄이, 본질적으로는 보안사령관 전두환의 등장으로 물거품이 된 1980년 '서울의 봄'과 같이 '춘래불사춘(春來不似春)'이라는 실체가 드러나는 데에는 긴 시간이 걸리지 않았다.

5 우리들의 일그러진 영웅

■■■
흔들리는 대한민국

쉽게 잡은 정권은 쉽게 무너져 갔다. 현장을 외면한 비전은 공허했고, 현실을 외면한 어젠다는 국민의 피부에 와 닿지 않았다. 집권 이후에도 정치를 정쟁으로 오인하여 정책적 목표는 공격적이고, 레토릭만 화려해서 내실이 없었기 때문이다. 대표적인 것이 소득주도 성장과 탈원전 정책이다.

소득주도 성장이라는 것은 세상에서 한 번도 시도되거나 검증되지 않은 정체불명의 정책이다. 근본적으로 성장 정책이 아니고, 분배 정책이나 복지 정책의 일환이다. 최저임금을 인상하고 비정규직을 정규직으로 전환하는 것은 옳은 방향이다. 문제는 현실성과 적시성 여부다. 어느 정책이든 대상과 폭과 타이밍에 대한 철저한 사전 검증과 정밀한 시뮬레이션 없이 정치적 계산을 앞세우면 부작용을 낳을 수밖에 없다.

과학을 정치로 접근한 전형적인 케이스가 탈원전이다. 의제 설정 자체가 잘못된 무지의 표본일 뿐 아니라, 숫자로 계산할 수도 없는 폐해를 국가경제에 끼친 매국노 짓이라 해도 과언이 아니다. 원전은 모든 첨단 과학이 응용된 기술의 총아다. 우리에게 원전은 단순한 산업이 아니라, 가난한 부모들이 허리띠를 졸라매고 가르친 이 땅의 영재들이 이역만리에서 산업스파이 작전하듯 크고 작은 기술을 배워 와서 완벽하게 퍼즐을 맞춘 땀과 눈물의 소산이다.

미국과 프랑스, 일본과 중국은 원전을 새로 짓고 수명을 연장하고 있다. 산업이 고도화되어 전력 수요가 폭증하는 상황에서 탄소 배출을 줄여 기후변화에 대응해야 하는 모순적 조건을 해결하는 기술은 원전이 유일하다. 스캔들이 불거지는 바람에 이미지는 상당히 퇴색했지만, 최고의 사업가에서 최고의 사회사업가로 변신한 빌 게이츠가 올해 초 출판된 책에서 원전을 옹호하는 것도 그 때문이다.

대한민국은 설계부터 운전까지 대-중-소형 원전 기술을 완벽하게 갖춘 유일무이한 국가다. 크고 작은 부품을 생산하고 조달하는 서플라이 체인이 완비되어 가격 경쟁력도 우수하다. 안보적 측면을 고려해도 우리나라에는 필수불가결한 산업이다. 현 정부가 의문을 제기하는 원전의 안전성 문제에 대해서는 일찍이 노무현 대통령이 해답을 주었다.

"우리 원전은 400여 개의 원자력발전소 중에서 최상위권의 이용률을 자랑하고 있습니다. 도시 가까운 곳에 위치하고 있기 때문에 '안전성'에 있어서 세계적인 수준이 될 수밖에 없습니다. 원자력 발전을 시작하려는 나라에게 저는 항상 이 점을 강조해서 자랑합니다."

남북 정상 간의 판문점 회동을 두 달 앞둔 2018년 2월, 소형 원전을 미끼로 던져 남북관계를 풀고, 원전 수출로 불황을 돌파하라는 제안을 한 것은 사단법인 '원전수출국민행동'이다. 아집이 강한 문 대통령에게 탈원전 노선을 포기하라고 요구하면 즉각 거절할 것이 분명하므로, 가장 관심이 큰 분야인 남북 해빙의 실마리를 먼저 제공하고, 그 다음에 수출을 유도하여 중장기적으로 원전 문제를 해결하려는 우회 전략이었다.

올해 2월, 산업부 삭제 파일에서 그 문건이 발견되자 국민의힘 김종인 비대위원장이 '이적 행위'라고 비난하고 청와대는 '북풍 공작' 운운하며 법적 대응을 예고한 것은 척박한 정치현실을 그대로 보여주는 한 편의 블랙 코미디다. 건의문 형식으로 대통령과 산업부 장관에게 직접 전달된 그 문건은 국민행동 홍보위원장 자격으로 내가 작성한 것이기 때문이다.

대한민국이 흔들리고 있다. 청년들의 천국을 만들겠다는 현 정부는 알바 천국을 만드는 데에도 실패했다. 정부정책과 반대로 아픈 청춘들은 밤낮없이 아르바이트로 내몰리고, 자리와 시급을 놓고 아버지 세대와 경쟁하고 있다. 번듯한 직장은 구하기 어려운데 주거비가 치솟아 '3포(연애 결혼 출산 포기) 세대'가 'N포 세대'가 된지 오래다. 박근혜 시절 '헬조선'이라며 조국을 저주했던 청춘들이 '이생망(이번 생은 망했다)'을 호소하는 게 작금의 현실이다.

미래는 더 불투명하다. 권력에 눌려 기업들이 기를 펴지 못하니 양질의 일자리가 줄어들고, 중산층이 얇아져서 사회의 중심축 역할을 못하고 있다. 직종과 직장 간에도 양극화가 극심하다. 같은 세대 남녀 간에도 갈등이 첨예하다. 인식 차이 이전에, 경쟁이 심해진 탓이다. 영혼까지 끌어다 집을 마련하고, 가상화폐 같은 불확실한 자산에 매달리는 것 역시 미래는 불안한데 정부는 믿을 수 없기 때문이다.

불신과 무책임보다 더 큰 문제는 편을 갈라 갈등을 증폭하는 이간질이다. 한여름 땀이 범벅이 된 채 코로나 바이러스와 싸우는 의료진을 의사와 간호사로 갈라치기하여 정권에 집중되던 비판을 떠넘긴 전략은, 각자를 적으로 만들어 '분할통치(divide and rule)'하던 식민지 수법과 다를 바 없다. 백인과 흑인, 당원과 비당원으로 나누어 증오와 분노를 자극하는 트럼프와 김정은의 통치술이 바로 그런 식이다.

25번 부동산 대책을 발표하고도 아파트 값을 못 잡은 무능보다 더 심각한 것은 30번 넘게 야당이 비토 한 인물을 장관으로 임명한 오만과 독선이다. 힘과 숫자로 민주주의의 토대를 흔드는 폭거는 또 있다. 각종 범법행위로 이미 교도소에 발이 반쯤 걸친 자들을 충동질하여 대한민국의 근간을 흔드는 입법 만능주의다. 이러한 행태야말로 독재로 가는 지름길이다. 시대와 나라만 다를 뿐, 카이사르가 그랬고, 나폴레옹이 그랬고, 히틀러가 그랬다.

무능과 무책임, 위선과 독선, 노골적인 민주질서 파괴, 그리고 그것을 은폐하기 위한 거짓말과 남의 탓 — '절대권력(absolute power)'으로 질주하는 현 정권의 주요 증상이다. 그 뒤에 도사린 것은 절대적인 부패의 유혹이다. 편 가르기와 '내로남불'은 자기편의 몫을 더 챙기고 기득권을 방어하기 위한 수단일 뿐이다. 멀쩡한 원전을 세운 채 눈에 불을 켜고 태양광과 풍력발전을 추진하는 것도 돈벌이 때문이다.

문 대통령이 재난 영화 '판도라' 때문에 탈원전을 결심했다고 보는 것은 순진한 시각이다. "LNG 발전소를 늘려 온실가스를 줄이겠다"고 비상식적인 발언을 한 것도, 에너지 공급을 독점하여 거대자본을 형성하려는 부패 카르텔의 정치논리에 넘어간 결과다.

노 대통령이 경북 경주에서 한국 원전의 안전성을 강조한 2007년 11월 9일은 국내 최초로 방사성 폐기물 처리장 공사의 첫 삽을 뜨는 날이었다. 국내 원전산업이 방폐장 사업까지 진출하는 도약의 날이자, 원전이 가동을 시작한 이래 역대 정부에서 해결 못한 저준위 방폐물을 처분하는 길을 연 기념비적 날이었다.

마지막 비서실장으로 대통령을 수행하여 박수를 치고 현장을 둘러본 문 대통령은 취임한지 한 달 뒤 "원전은 안전하지도 않고, 저렴하지도 않고, 친환경적이지도 않다"며 노 대통령을 매도한다. 대체에너지를 새로운 산업으로 집중 지원하기 위해서다. 임종석 조국 허인회 같은 실세들이 에너지산업에 파리 떼처럼 달라붙은 것도 그때부터다.

고조선 이래 모든 패망의 뒤에는 임금의 방종과 부패가 있었다. 청일전쟁이 일어난 1894년부터 고종이 황제로 셀프 영전한 1897년까지 네 차례 조선 땅을 밟은 영국의 여행작가 이사벨라 비숍의 눈에 비친 구한말 풍경도 "조선인은 일본인이나 중국인보다 잘 생기고 머리도 영리하지만 정치는 썩었다"는 것이었다. 수단과 방법은 조금씩 달랐지만, 역대 정권의 발목을 잡은 것도 부패였다. 현 정권은 얼마나 같고, 얼마나 다를까.

■■■ 미란다와 크레덴다

사람의 마음을 얻어야 한다는 점에서 사랑과 정치는 같다. 사랑은 사람의 마음을 얻는 것이 목표지만, 정치는 그것이 시작이라는 점에서 정치는 사랑과 다르다. 정치의 동의어가 인간에 대한 연민과 동족에 대한 사랑이라는 점은 새삼 강조할 필요도 없다.

감성적으로 어필하여 타인의 관심을 끌고, 꿈과 희망을 심어주어 자발적인 존경과 지지를 이끌어내야 권력의 정당성을 획득할 수 있다. 미국의 정치학자 찰스 메리엄의 용어를 빌리면, 미란다(miranda)와 크레덴다(credenda)가 뒷받침돼야 한다. 심순애가 김중배 다이아몬드에 눈이 먼 것은 이수일에 대한 미란다가 크레덴다로 발전하지 못한 데 원인이 있다.

산업화와 민주화는 전 국민이 한마음으로 이룩한 성과지만, 오늘날 그 혜택을 누리고 있는 국민은 산업화와 민주화를 앞장서 이끈 지도자들에게 크고 작은 빚을 지고 있는 게 사실이다. 오랫동안 나도 부채의식이 컸다. 뒤늦게 대학에 들어가 학생운동에 거리를 두었던 탓에 민주화세력에 대한 막연한 미란다를 숨길 수 없었다. 5.18 직전, 서울역으로 진출한 학생들과 똑같은 심정으로 시위를 취재했던 견습기자 기억이 지금도 생생하다.

1995년 7월 초, 아태평화재단 임동원 사무총장이 DJ가 만드는 새정치국민회의 발기인으로 참여해 달라고 부탁했을 때, 목숨 걸고 투쟁한 분에게 다소간 부채를 갚는 것 같아 가슴이 뿌듯했던 것도 그런 연유다. 임 총장이 1991년 남북 총리회담 대변인을 맡고 있을 때 평양에서 인터뷰 한 것이 인연이 되어, 그 뒤에도 가끔 연락하는 사이였다. 상당 기간 일본 교도통신에 칼럼을 쓴 것도 국내 언론에 다루기 어려운 민주화 노력을 해외에 널리 알리겠다는 것이 첫 번째 이유였다.

그 뒤 나는 고향에서 쉽게 당선되기 위해 자민련에 둥지를 틀었지만 — 결과적으로는 이것이 오산이었지만 — 김용환 자민련 수석부총재에게 DJP 연대 아이디어를 낸 것이나, 그분 손을 뿌리칠 수 없어 노무현 캠프로 몸을 옮길 수는 없었지만, 엘리트 법조인의 길을 걸은 이회창 후보보다 어려운 환경을 맨몸으로 헤치고 지방에서 인권변호사로 활동한 노무현 후보의 선전을 바란 것은 다 같은 맥락이다. 문재인 후보의 승리가 순리라고 생각한 것 또한 궤를 같이한다.

박정희 정부에서 경부고속도로를 착공할 때 '고속도로는 망국 도로'라는 붉은 띠를 어깨에 걸고 시위를 하고, 베트남에 군대를 보내 자유민주주의를 지킬 때는 '젊은 피를 판다'며 산업화에 반대로 일관한 YS와 DJ가 대통령이 될 수 있었던 배경에는 산업현장에 몸을 담고 있어 민주화운동에 소홀할 수밖에 없던 사람들의 동정과 연민이 있었다. 좌파들은 보수를 '토착왜구'라고 모독하며 '죽창가'를 불러도, 보수의 가슴에는 "혼자만 잘살면 무슨 재민 겨" 하는 공동체 의식과, 염치와 수치를 아는 기본적 인성이 숨 쉬고 있었던 것이다.

문 대통령이 취임한지 불과 4일 만인 5월 14일 북한은 대륙간 탄도미사일을 발사했다. 21일에는 중장거리 전략탄도탄을 발사했다. 엄중한 도발이 계속되는데도 그는 9일 뒤 사드 발사기 4기 추가 도입에 대한 진상조사를 지시했다.

6월 2일 UN 안보리가 대륙간 탄도미사일 발사에 대한 대응으로 대북제재를 결의한 날, 통일부는 인도적 지원과 종교 교류를 위한 민간단체의 대북 접촉 요청을 무더기로 승인했다. 3일 뒤, 북한은 이들의 방북을 거부하며 어깃장을 놓았다.

남과 북의 엇박자는 그 뒤에도 계속된다. 오늘날까지도 늘 수세다. 80%가 넘는 국민의 지지를 바탕으로 기선제압을 해도 시원찮을 판에 초반부터 기 싸움에 밀린 탓이다. 물론 몇 차례 국제적 이목을 집중시킨 이벤트도 있었고, 지자체 선거 직전 트럼프와 김정은 사이에 싱가포르 회담이 이루어져 정권 차원에서는 이문이 남는 장사를 한 적도 있다. 그러나 양쪽은 속셈이 판이하다. 문재인 정부는 북한에 미란다와 크레덴다를 모두 가지고 있는데, 김정은은 남한이 가진 현찰이나 미국의 대북 제재 해제와 같은 김중배의 다이아몬드에만 관심이 있다.

일방적 구애에 대한 북한의 반응은 폭력적이고 도발적이다. 단적인 사례가 지난해 6월 16일 개성공단 안에서 벌어진 남북공동연락사무소 폭파다. 김정은 동생 김여정이 "비참한 광경을 보게 될 것"이라고 예고한지 사흘 만이었다. 2018년 4월 남북 정상이 합의한 '판문점 선언'에 따라 그해 9월 문을 연 화해의 상징에 대한 자의적 파괴는 문재인 정권에 대한 공개적인 망신 주기였다. 170억 원의 세금과 함께, 모처럼 조성됐던 화해 무드도 허공으로 사라졌다.

'삶은 소대가리'니 '특등 머저리니', 시정잡배들 싸움에서나 나올 만한 쌍소리로 일국의 국가원수를 폄훼하는 것은 예삿일이다. 최근에는 '미국산 앵무새'라고 표현을 바꿨다. 마거릿 대처 총리가 남긴 18년 장기집권의 흔적을 '제3의 길'로 일신하여 최고의 인기를 누리다 미국의 이라크 공격에 가담하는 바람에 '부시의 푸들'로 불렸던 토니 블레어를 연상시키는 모욕이다.

대통령은 묵묵부답이다. "문 대통령은 김정은 수석대변인"이라는 외신기사를 인용한 야당 원내대표의 국회 연설을 막은 여당이나 '북조선의 개'라는 전단을 뿌린 청년을 모욕죄로 고소한 청와대의 태도와는 달라도 너무 다른 대응이 아닐 수 없다.

대통령 문재인이 보이지 않는다. 퇴근길에 남대문시장에 들러 소주잔을 기울이겠다던 후보 문재인은, 필요할 때만 잠깐 나타나 서툰 아나운서처럼 적어준 글 몇 줄 읽고 푸른 커튼 뒤로 사라진다. 청와대를 옮기겠다던 광화문에는 지금 그의 양산 사저를 설계하고 있는 경남고 동기 승효상이 791억 원짜리 공사를 벌이고 있다. 4년 동안 한 것이라고는 적폐 청산과 남의 탓뿐. 서울중앙지검장 윤석열이, 검찰총장 윤석열이 대한민국 대통령보다 더 커 보일 수밖에 없던 근원적인 이유다.

6 탈진실 시대와 리플리 신드롬

■■■
#1 당신의 조국 vs. 우리의 조국

'그놈은 멋있었다'

내가 그를 처음 만난 건 안철수가 한창 뜰 무렵, 법륜 스님이 마련한 자리에서였다. 샌님처럼 묻는 말에나 겨우 대답하는 안철수보다 맞은편에 앉은 그가 훨씬 상품성이 있어 보였다. 키 크지, 잘생겼지, 스펙 좋지, 서울대 교수, 그것도 그 나이에 로스쿨 정교수지. 게다가 '조국'이라니, 조부나 아비가 작심하고 지은 이름이 분명했다. 옆에 있던 윤여준 장관한테 물었다.

"스님은 왜 상품(上品)을 두고 하품을 팔려고 하지요?"

고개를 꾸벅하며 그가 대신 대답했다.

"저는 정치적 근육이 없습니다."

그를 먼발치에서 다시 본 것은 대선이 있던 날 점심나절. 국회 앞 금산빌딩 지하에서 캠프 후배들과 국밥을 먹고 스타벅스에서 카페라테를 마시고 있을 때였다. 고생한 얘기를 주고받다 언뜻 보니, 파릇파릇하게 돋아나는 신록을 배경으로 키가 훤칠한 사내가 하얀 팀

블러를 들고 문 밖으로 나가고 있었다. 두세 명 여성들에 둘러싸여 환하게 웃는 모습이 여전히 멋졌다.

X맨, 또는 지능안티

그는 지금 정국의 핵심에 서 있다. 이것이 조국의 대선 프로젝트라면 노이즈 마케팅에는 성공한 셈이다. 그러나 정치현상 이면의 진실은 이미 그를 문재인 정부를 해코지하는 X맨으로 변질시켰다. 그가 트위터로 날렸던 주옥같은 글들은 거꾸로 그 자신을 찌르고, 비리와 비위와 허언과 과장은 평등과 공정과 정의로 상징되는 촛불정부의 진정성을 비웃고 있다.

공인으로서의 자질과 도덕성 문제를 진영의 논리로 탈바꿈시켜 세대결로 몰고 간 것부터가 진보 논객들의 패착이었다. 독재정권도 못 이긴 게 민중의 힘, 분노의 함성이라는 사실은 거리에서 청춘을 불태운 시위 전문가들이 더 잘 알 것 아닌가.

이번 싸움의 발단은 정의냐 불의냐, 공정한 인사냐 계파 챙기기냐다. 애당초 팻감도 안 되는 싸움이다. 승패는 결정됐다. 나날이 떨어지는 지지율이 그것을 증거하고 있다. 보라! 그가 버티면 버틸수록, 막판에 누가 더 크게 웃고 있을지. 조국 문제가 커질수록 속 타는 건 민주당 간판으로 내년 총선에 나가려는 사람들일 것이다.

대통령의 시간

검찰총장 임명장 줄 때는 살아 있는 권력도 수사하라더니 두 달 만에 찍어내려는 건, 큰 그릇을 포용하기에는 대통령의 그릇이 너무 작다는 반증이다. 사법개혁의 요체는 대통령 눈치 보지 말고 청와대 실세나 민주건달이나 똑같은 잣대로 법을 적용하는 것 아닌가. 잠재적 피의자들이 사법개혁을 할 수 있는가. 고름은 살이 될 수 없다. 빨리 버리고 새 판을 짜야 한다.

대통령의 임기가 머지않아 반환점을 돈다. 그에게 주어진 시간은 훨씬 짧다. 총선에서 실패한다면, 그날로 레임덕 신세다. 잡탕까지 섞어 과반을 넘기더라도 이른바 잠룡들은 여당을 휘젓고, 정국을 주도하려고 경쟁할 것이다.

촛불정신으로 돌아가 정국을 장악할 수 있는 골든타임은 총선 전까지 딱 6개월뿐이다. 정기국회가 끝나면 현역의원들은 고향으로 달려가 총선 정국이 펼쳐지게 된다. 실질적 대통령의 시간은 두 달 남짓이다. 그 안에 새 출발하는 자세로 총리를 바꾸고 경제와 안보에 올인 해야 한다. 서초동 촛불로 나라를 둘러싼 위기상황을 돌파할 수 없다는 건 자명한 사실이다. (2019년 10월 5일)

#2 정직은 매우 비싼 선물

겉 다르고 속 다른 당신

'문파'들의 아이돌이 다시 정국의 전면에 등장했다. 검찰의 칼날이 번뜩일 때는 여인네 치마폭 뒤로 숨었던 그가, 때 묻은 승용차까지 닦아주는 열성 팬들에 힘입어 부지런히 트위터 질을 해대고 있다.

자작극이든 역할극이든 대선 프로젝트치고는 가성비 높은 캠페인인데, 정권에 미치는 피해는 크다.

한때는 '도로 친박당'이라는 말이 언론에 나돌더니 드디어 '더불어 조국당'이라는 용어가 등장하자, 가을날 메뚜기처럼 조국이 다시 선거판에 뛰어들었다. 그러나 맨얼굴이 다 드러난 상황에서 대중이 한 번 더 속아줄까.

정치 이면의 진실은 이미 그를 문재인 정권을 흔드는 내부의 적으로 변질시켰다. 솔로몬의 판결처럼 명쾌하던 그의 설교는 자신의 목을 겨눈 비수가 되고, 현란한 불법과 비리 행각은 기회가 평등한 나라를 염원했던 촛불정신에 먹칠을 했다.

훌륭한 반면교사

우리 국민은 산업화의 영웅 박정희 대통령의 딸에게 집권 기회를 줌으로써 산업화의 빚을 갚았다. 김대중 대통령과 후계자들까지 청와대에 입성시킴으로써 민주화 빚도 갚았다. 이제는 경험과 경륜, 실력과 공감 능력을 갖춘 테크노크라트를 앞세워 국가발전의 동력을 회복하고 자유민주주의를 복원할 때다.

조국과 그의 호위무사들이 보여준 '아시타비'는 좌파의 실체를 몰랐던 국민들의 정치적 눈을 뜨게 해준 각성제였다. 오죽하면 군사계엄 아래에서 목숨 걸고 민주화 투쟁을 벌였던 장기표 같은 분이 칠십대 나이에 핑크색 점퍼를 입고 선거판에 뛰어들었겠나.

혹시라도 이번 선거가 조국스러운 자들을 심판하는 명예혁명으로 귀결된다면, 조국은 되레 우리 조국이 자유롭고 정의로운 나라로 거듭나는 데 살신성인한 공로자로 재평가 받을 수도 있겠다. 나 같은 늦깎이들까지 좌파의 이중성을 실감하게 해준 1등 공신이니. (2020년 4월 11일)

#3 리플리 세계의 대표선수들

'당신의 조국 vs. 우리의 조국'이란 글은 조국에 대한 사법처리를 앞두고 국론이 둘로 나뉘어 격렬한 비난전이 전개될 무렵, '자유롭고 정의로운 조국을 위하여'는 구속을 겨우 면한 조국이 총선을 앞두고 대중을 선동할 무렵, 내 페이스북에 끼적거린 소회다. 매번 잘 맞는다고 스스로 기꺼워했던 선거예측이 완전히 빗나가는 바람에 망신을 자초한 글이다.

불과 6개월의 시차에도 현 정권에 대한 애증에 변화가 느껴진다면, 그것은 전적으로 조국이 보여준 '살롱 소셜리스트(salon socialist)'의 진면목과, 그런 이중인격자에게 '마음의 빚'이 있다는 문 대통령의 공인의식 결여 덕분이다. 두 사람은 나에게 '진보'의 실체를 보여주고, '민주'라는 말 앞에 늘 마음의 빚을 느껴온 심리적 왜곡을 치료해준, 훌륭한 반면교사였다.

'그놈은 멋있었다'는 소제목은 2000년대 나온 하이틴 소설 제목에서 따온 것이다. 조국에게 받은 첫인상이 바로 그랬다. 미란다식 심미안에 비해 크레덴다 쪽의 감식안이 떨어지는 내 눈에 그의 용모와 재주는 명품 영화 '태양은 가득히(Plein Soleil)'에서 눈부신 지중해를 배경으로 거짓말쟁이 리플리 역을 완벽하게 소화해낸 알랭 드롱 못지않았다.

1960년 르네 클레망 감독이 만든 프랑스 영화 '태양은 가득히' 원작은 미국 작가 퍼트리셔 하이스미스의 소설 『재주가 뛰어난 리플리 씨(The Talented Mr. Ripley)』다. 제목이 시사하듯, 가정환경은 보잘 것 없지만 재주가 뛰어난 리플리가 현란한 언변으로 거짓말 왕국을 건설한 뒤, 그 안에서 부유한 친구를 살해하고 요트와 사랑을 가로챈다는 것이 대강의 줄거리다.

노무현 시절만 해도 권력 주변을 맴도는 리플리는 신정아 정도였다. 문재인 시절에는 청와대와 국회 안팎에 리플리가 즐비하다. 젊은 시절 '공평무사(公平無私)' 해야 한다고 배웠던 언론계에도 조국 부류의 리플리가 수두룩하다. 시청료로 수지를 맞추는 공영방송 KBS부터 해마다 시민 세금이 300억 원씩 들어가는 TBS에 이르기까지 다양한 미디어를 장악한 채 거짓말의 달인들이 가짜 뉴스 바이러스를 끊임없이 전파하고 있다. 거짓과 음모로 허위의 성을 쌓아올린 유시민이나 김어준은 리플리 세계의 대표선수다.

진실과 허위의 경계가 허물어진 시대, 감성과 감정이 앞서 진실과 사상이 모호해진 '탈진실(post-truth)' 시대에는 약간의 진실에 솜사탕 같이 거짓말을 부풀린 음모론이 '팩트'처럼 유통된다. 정보 수용자들이 보고 싶은 것만 보고, 듣고 싶은 것만 듣고, 믿고 싶은 것만 믿기 때문이다.

내가 믿는 것만 진실인 사회에는 리플리가 히어로다. 온갖 흠결에도 불구하고 무대연출가 탁현민이 청와대에서 실세 노릇을 하는 이유다. 대권에 도전한 중진들조차 설설 기는 문파라는 팬덤도 한 겹 벗겨보면 리플리들에게 놀아나는 허수아비들이다.

조국(Cho Kuk)은 이미 국제적 명사다. 미국이 해마다 발행하는 정부 간행물에 2년 연속 등재된 '유명(notorious)' 인물이다. 우리 조국, 대한민국의 명예를 더럽힌 대가로 그는 3월 30일 공개된 '2020 국가별 인권보고서'에도 당당히 이름을 올렸다. 한국의 중대 문제로 '부패와 정부 투명성 부족'을 꼽은 국무부는 "조(Cho)와 그의 처 정경심, 그리고 가족과 관련자들에 대한 부패 수사가 계속되고 있다"며 "2019년 12월 검찰은 그를 뇌물 수수와 부당 이득, 직권 남용, 공직자윤리법 위반 및 기타 범죄혐의로 기소했다"고 적시했다.

보고서에는 재산 축소신고 논란을 빚은 DJ의 3남 김홍걸, 오랫동안 '정신대' 단체를 운영하며 업무상 횡령을 저지른 혐의로 같은 달 기소된 윤미향의 이름도 보인다. 국무부 보고서는 "성추행이 중대한 사회적 문제였다"고 지적하며 서울과 부산 시장 이름도 거명했다. 사건이 발생했을 당시 이들 넷은 모두 민주당 소속이었다.

현 정권은 범법자 천국이다. 같은 편이라는 정체만 확인되면 권력이 알아서 지켜준다. 준법이 생명인 법무부만 해도 전-현직 장관 4명이 모두 재판을 받고 있거나 기소된 상태다. 정의와 공정을 모토로 내세운 대통령이 여러 분야에서 다양한 종목으로 '한 번도 경험해보지 못한 나라'를 만들었다. "정직은 매우 비싼 선물(gift 하늘이 준 재능)이다. 싸구려 인간들에게는 그것을 기대하지 말라"는 오마하의 현인 워런 버핏의 경고는 한국에서 더 잘 들어맞는 격언이 됐다.

7 문재인을 찾습니다

■■■
야누스 정권

"재석 187인 중 찬성 185인, 기권 2인으로 법안 가결을 선포합니다." 지난해 7월 30일 박병석 국회의장이 의사봉을 두드리자 민주당 원내대표 김태년이 주먹을 치켜들고 환호했다. 제1야당 의원들은 전원 불참했다. 이날과 8월 4일, 두 차례 본회의에서 민주당이 강행 처리한 부동산 관련 법안만 13개였다.

만면의 환희가 뼈아픈 후회로 돌아오는 데 걸리는 기간은 단 8개월. 그 사이에 당대표 대행을 겸하게 된 그는 4월 1일 "집값 폭등과 부동산 불패 신화 앞에 개혁은 무기력했다"고 인정하고 "그 원인이 무엇이든 민주당이 부족했다"는 대국민 성명을 발표하며 고개를 숙였다. 엿새 앞으로 다가온 서울과 부산 시장 보선을 앞두고 '무한 책임'을 지겠다고 사죄한 이낙연 상임선대위원장에 이어 연이틀 여당 지도부가 납작 엎드린 모양새다.

그동안 무슨 일이 벌어졌던 것일까.

자고 일어나면 여기저기서 아파트 값이 뛰던 7월 말, 민주당은 주택임대차보호법 일부 개정안을 일사천리로 단독 처리했다. 법사위와 본회의 통과에 단 28시간이 걸렸으니, 군사정부 시절 뺨치는 '날치기' 솜씨였다. 전국의 임대인을 묶으려던 오랏줄에 맨 처음 걸려든 것은 엉뚱하게도 김상조 청와대 정책실장과 박주민 의원 — 둘 다 여권이 청렴결백의 상징으로 내세운 인물이었다.

김 실장은 그 일로 경질되기 직전까지 정부의 부동산 정책을 총괄한 책임자다. 박 의원은 개정안의 대표 발의자다. 이들은 법이 개정되기 직전에 사전 정보를 악용하여 사리사욕을 챙겼다. 여론의 질타가 끊이지 않고 있는 LH 임직원들과 동일한 수법이다. 국민을 더 분노하게 만든 것은, 두 사람 모두 '청빈' 이미지를 팔아 명예와 공직을 양손에 거머쥐었다는 점이다.

교수 시절 들고 다니던 김 실장의 낡은 가방은 촛불정부의 성격을 서민적으로 홍보하는 데 안성맞춤이었다. 정권 초기 공정거래위원장 임명식 자리에 굳이 그 가방을 들고 나온 것이나, 사진기자들 앞에서 대통령이 잊지 않고 그것을 보여 달라고 한 것이나 프로파간다 목적으로 쓰기에는 더 없이 훌륭한 소품이었다.

박 의원은 '거지 갑'이라는 별명을 얻었을 만큼 노숙자 코스프레에 능했다. '힘없는 자들의 힘'이라는 슬로건을 내걸고 초선 때 도전한 최고위원 경선에서 득표율 1위 기록을 세운 것도 정치적 화장술 덕이 컸다.

입법을 추진할 당시 "전월세 가격이 급등하는 부작용이 생길 것"이라며 개정안을 반대했던 야당의 우려를 법이 발효되기도 전에 입증한 것이 법 개정을 주도한 청와대 핵심 인사와 친문 핵심 의원이니, 의도적으로 시도해도 만들어내기 쉽지 않은 역설적 결과였다. 민주당 소장파 사이에서 "지도부가 의견 수렴을 충분히 거치지 않고 지나치게 밀어붙인 게 자업자득이 됐다"는 비판이 나오는 이유다.

선거가 다가올수록 지지율 격차가 더 벌어지자 모처럼 민주당이 저자세를 취했지만, 속내까지 반성한 것은 아니다. 사과하는 자리에서도 김태년은 "집값 폭등과 투기에 대한 분노 때문에 집값을 올리려는 토건 투기세력을 부활시켜서는 안 된다"고 덧붙였다. 민주당의 주특기인 떠넘기기 작전이다.

레임덕 현상이 진행될수록 권력으로 누르고 있던 비리가 줄줄이 수면 위로 드러날 것이다. 정권에 타격을 입히는 사건들도 사방에서 튀어나올 것이다. 문재인 정부 안팎에는 두 얼굴을 가진 야뉴스나, 겉과 속이 다른 지킬 박사와 하이드씨가 즐비하다. 코로나 핑계로 마음껏 현금을 살포한 덕에 자격도 없고 깜냥도 안 되는 후보들이 총선에서 손쉽게 배지를 주운 데다, 박정희 대통령도 다루지 못한 거대여당을 이끌 만한 리더십이 여권에는 없기 때문이다.

■■■
문재인 시대의 변종 페르소나

7년 단임을 규정한 5공화국 헌법에 따라 전두환의 임기가 다가올수록 '대통령을 내 손으로 뽑겠다'는 국민들의 요구가 강해졌다. 서울역에서 광화문까지 대로를 점거한 시민들의 민주화 요구에 군사정권이 무릎을 꿇기 직전까지 6개월 남짓, 권력의 폭력성은 극에 달했다. 도도한 시대정신을 '호헌 선언'으로 틀어막은 전두환의 심리는 "한번 밀리면 끝장"이라며 강경진압을 명령한 박정희 대통령 마지막 경호실장 차지철과 다를 바 없었다.

국가안전기획부에서 열린 대책회의에 참석하고 돌아오는 민정당 사무차장 현홍주 얼굴에 그림자가 가득했다. "저 사람들, 위수령을 발동할 가능성도 농후해요. 그 이전에 우리가 정권 재창출에 성공한다는 확신을 줘야 위기상황이 풀릴 텐데 걱정입니다." 현 차장은 안기부 1차장을 역임한 비례대표 초선 의원이었다. 5공세력은 서울 한복판에서 '광주 학살'이 다시 벌어져도 정권은 내놓지 못하겠다는 배짱이었다. 수도방위사령부 주변에는 밤마다 캐터필러 소리가 들린다는 소문도 돌았다.

한국일보 동기인 김주언씨 부인이 다급한 목소리로 전화를 했을 때, 나는 민정당 기사를 쓰고 있었다. "주언씨가 그제부터 안 들어오는데 낌새가 이상하다"는 말을 듣고 가장 먼저 내가 한 일은, 집에 전화를 해 "'마르크스(Marx)'나 '소셜리즘(Socialism)'이라는 단어가 들어간 원서는 무조건 멀리 내다버리라"는 것이었다. 내 일생 가장 부끄러운 기억이다.

학창시절부터 민주화 운동에 앞장섰고, 지금도 민주언론 운동을 이끌고 있는 김 기자는 몹시도 춥던 1986년 12월 퇴근길에 쥐도 새도 모르게 남영동 대공분실로 끌려갔다. 5.18 당시 광주에서 저지른 계엄군의 만행이 보도되지 못하도록 군부에서 만든 '언론 보도 지침'을 진보 월간지에 빼돌린 혐의였다.

포승줄에 묶인 채 재판을 받고, 이듬해 6월 민주항쟁이 한창일 때

집행유예로 나온 그가 퍼렇게 언 손으로 두부를 먹으며 극적인 순간을 술회했다.

"밤낮 안 가리고 자행되던 고문이 어느 날부터 뜨막해지더라고. 며칠 뒤 소문으로 들으니, 나보다 먼저 들어온 학생 하나가 물고문으로 숨져 나갔다는 거야. 내가 참을성이 더 강했다면 순서가 뒤바뀌었을지도 모르지. 사람 목숨이란 게 파리와 다를 게 없었거든, 일단 고문실로 끌려가면. 그랬으면 그 친구는 살아서 나오고, 나는 이 자리에 못 나왔겠지."

6월항쟁 당시 경향 각지에서 돌과 화염병으로 전두환과 맞섰던 학생들과, 그들을 응원했던 넥타이 부대는 마침내 노태우 민정당 대표의 6.29선언을 이끌어낸다. 야당이 환호하고, 국민이 안심하고, 모두의 일상이 평온해졌지만 '3김씨(YS DJ JP)가 모두 출마할 것이 확실하고, 출신지역에 따라 표도 분산될 것이 뻔하므로 여당이 필승한다'는 정치공학적 발상이 도출한 결과였다.

계산은 적중했다. 6.10대회를 성공으로 이끈 시민들은 1971년 이래 중단됐던 대통령 직선제를 되살려냈으나, 민주 인사가 정권을 잡는 것은 5년을 더 기다려야 했다. 6.25 종전 직후 태어나 뼈저린 가난을 겪고, 청년시절 군사독재를 경험하여 산업화와 민주화 열망이 높은 베이비부머들. 10년 뒤 외환위기 속에서 실업의 대열로 내몰리기도 하고, 9년 뒤 다시 글로벌 금융위기를 겪은 역사의 산 증인들. 산업화 세대의 눈으로 보면 아픈 손가락이고, 우리나라 전체로 보면 오늘의 대한민국을 만든 주인공이 바로 이들이다.

그해 제정된 제6공화국 헌법은 몇 차례의 개헌 움직임을 뿌리치고 우리 헌정 사상 가장 긴 수명을 누리고 있다. YS와 DJ의 알력이 4년 중임 대통령제 대신 5년 단임 대통령제를 채택하게 만들었지만, 그때 이미 60대에 접어든 민주화 1세대 리더들이 돌아가며 집권하고, 빠른 정권 교체를 통해 전임 대통령이 남긴 잔재를 씻어내고 5년마다 새 출발할 수 있었던 것도 1987년 헌정체제가 준 선물이다.

6월의 전설이 된 박종철씨, 7월의 별이 된 이한열씨 같은 열혈 학생들의 희생 위에 민주화 나무는 꽃을 피우고, 민주화의 과실을 독식한 386 '젊은 피'는 이제 586 기득권층이 되어 권력을 향유하고 있다. 민주와 진보로 포장하고 있지만, 그들의 의식은 여전히 김일성 정권을 한반도 정통으로 여기고 주체사상을 학습하던 시절에서 한 발짝도 앞으로 나아가지 못했다. 이벤트와 퍼포먼스, 포퓰리즘과 리플리 같은 장기와 잡기로 대중의 눈을 속이는 데 능해 선거에는 연승을 거두었지만, 국가를 견인하는 데에는 실패한 것이 그 때문이다.

G7 반열에 오른 국력이 뒷받침해주는데도 코로나 백신조차 확보하지 못한 것이 그들의 국정운영 능력의 실태다. 국민의 건강과 국가경제가 달린 최우선적인 과제임에도 적기에 적량을 계약 못하고, 다른 나라보다 뒤늦게 시작한 접종도 속도가 나지 않는다. 무역으로 일어선 나라, 수출로 먹고 사는 대한민국의 현실이라고는 상상조차 할 수 없는 문제인 정부의 한계다. 삼성이나 현대 같은 민간기업에 맡겼으면 대한민국은 지금쯤 미국을 능가하는 백신 천국이 돼 있을 것이다.

우리나라는 한 달 이상 접종하고도 1백만 명을 밑돌아, 세계 순위를 따지기도 민망한 수준이다. 이명박 시절인 2009년 신종플루 때도 하루 평균 8만 명 넘게 접종한 나라에서 하루에 고작 11명 접종하고 그친 날도 있다. 지금의 의료 역량을 감안하면, 확보된 백신은 1주일 주사 분량도 안 되는데 매일 뉴스에 접종 장면을 내보내려니 할리우드 액션을 할 수밖에 없다.

대통령이 갈피를 못 잡으니 도처에 구멍이 뚫렸다. LH를 감독해야 할 국토부 장관은 탈법과 편법, 불법과 비리가 뒤범벅된 사건을 예방하기는커녕 아파트를 무려 15채나 싹쓸이한 직원에게 표창장을 주었다. 부정을 척결해야 할 서울중앙지검장은 휴일 오후 공직자비리수사처 신임 처장이 제공한 관용차를 타고 황제 조사를 받았다. 대통령과 대학 동문이라는 이유만으로 요직을 독점하며 진골 행세를 해온 이성윤다운 처사다.

대선에 뜻을 두고 있던 2017년 벽두에 문재인은 '재조산하(再造山下)'를 새해 모토로 정했다. "임란 때 서애 류성룡에게 충무공이 적어준 글귀로, 폐허가 된 나라를 다시 만들지 않으면 죽을 자격도 없다고 생각했던 충신들의 마음으로 대한민국 대개조에 절박하게 나서야 한다는 뜻"이라는 간곡한 설명도 곁들였다. "상식대로 해야 이득을 보는 세상을 만들겠다"고 공언한 것도 그해였다.

4년 만에 이 나라에는 '나만 옳고 너는 틀렸다'는 문재인 식 정치가 판을 쳐 정의와 상식이 사라졌다. 검찰 총수를 적으로 돌리고 손발을 묶은 결과다. 새로운 특권층으로 등장한 주사파의 이념에 대한민국 대통령이 포로가 돼 있다는 것은 국가적 불행이다. 지위와 명성과 부와 권력을 한 손에 쥔 법무장관 편에 서서 검찰을 매도하고 촛불 정신을 모독할 때 이미 그의 안중에는 국민이 없었다.

후보 시절 인간 문재인은 사라진 지 오래다. 칼을 쥐어주면 본성이 드러나고 권력을 쥐어주면 인성을 알 수 있다더니, 대통령에 당선된 순간 탈을 바꿔 쓰고 '변종 페르소나'로 돌변했다. 그의 얼굴에 충무공의 얼 대신, 충무공을 핍박하여 결국 죽음으로 내몬 선조의 얼굴이 어른거리는 것은 어제와 오늘 말이 다르고, 말과 행동은 더 다른 그의 다중적 행태 때문이다.

II
모든 대통령은
왜 실패하는가

과거와 현재를 놓고 논쟁을 시작하면
멀리 달아난 미래는 되찾을 수 없다.

— 윈스턴 처칠

If we open a quarrel between past and present,
we shall find that we have lost the future.

1 한 번은 비극으로, 한 번은 희극으로

■■■
좌파정권 시즌 I

200개 가까운 국가가 각축하는 지구상에서, 1세기도 채 안 되는 현대화 과정을 거치는 동안 '사우스 코리아'라는 이름은 두 번이나 세계의 이목을 집중시켰다. 한 번은 6.25 전쟁, 또 한 번은 1988년 올림픽 때다. 전쟁은 우리나라 국민의 의사에 반해서 일어났고, 우리나라 대통령의 의사와 관계없이 끝이 났다. 장병만 헤아려도 70만 명의 사상자를 내며 3년 넘게 지속된 6.25는 민간인에게 훨씬 더 큰 피해를 입혔지만, 정전협정에 서명하는 판문점 행사장에는 대한민국 대표의 자리가 없었다.

올림픽은 우리가 전쟁의 상흔을 딛고 중견국가로 성장했음을 만방에 선포하는 글로벌 축제였다. 정치적 이유로 한 차례씩 올림픽을 보이콧 한 미국과 소련이 분단국 수도에서 동서의 화합을 다지는 평화의 무대에 같이 섰다는 것만으로도 데탕트의 의미가 컸다. 노태우 대통령이 '북방정책(Nordpolitik)'을 통해 금단의 땅을 대한민국 경제지도에 편입하고, 동유럽에 자유의 바람이 불어 독재정권이 잇따라 무너지는 디딤돌을 놓은 계기가 된 것도 서울올림픽이었다.

국제적 측면에서 보더라도, 자유민주주의의 기세에 억눌려 있던 공산주의가 두 번의 세계대전을 전후하여 산업화에 뒤진 두 나라 — 소련과 중국 — 에 거대한 진지를 구축한 뒤 혁명역량의 수출을 획책한 것이 6.25라면, 공산국가 중에서도 가장 뒤쳐진 두 나라 — 북한과 쿠바 — 만 빼고 모든 나라가 참여한 88올림픽은 자본주의가 통제경제를 이긴 승리의 팡파르였다.

2001년 11월, '9.11테러 이후 세계질서의 변화'를 주제로 충청포럼 창립 1주년 기념행사를 서울에서 개최했을 때, 주제발표자로 참석한 미하일 고르바초프 소비에트연방 대통령은 "올림픽 당시 텔레비전에 비친 코리아의 모습은 대단히 인상적이었다"고 술회하고 "북한의 본질적 변화 없이는 한반도에 진정한 화해와 평화, 통일로 가는 길은 쉽게 열리지 않을 것"이라고 전망했다.

부친과 같이 온 영애는 훨씬 더 솔직했다. 롯데호텔에서 "맨해튼 못지않은" 서울 야경을 굽어보며 유창한 영어로 사회주의가 얼마나 뒤떨어진 정치체제인지 설명하던 이리나가 "민주주의를 위하여!" 건배를 청했다.

"수교 전에 코리아가 30억 달러를 소련에 지원한다는 말을 듣고 믿을 수 없었어요. 가난하고 통제되고 모스크바에 구걸하러 오는 나라가 우리를 지원하다니. 나는 치과의사라 정치에 별로 관심이 없었고, 솔직히 그때까지도 사우스 코리아에 대해선 잘 몰랐어요. 우리에게 코리아라 하면 당연히 노스 코리아였으니까요. 당신네 나라와 외교관계를 맺지 않고 코뮤니스트 코리아와 정치적 행보를 같이해온 것만 봐도 도그마라는 것이 얼마나 국가를 망치는 것인지 알 수 있을 거예요. 멍청한 공산당이 정보를 통제하고 인민의 창의성을 제한하는 나라에는 미래가 없어요."

무미건조한 헤겔의 명제를 간략히 수정하여 셰익스피어 대사처럼 문학적 향기를 입힌 것은 카를 마르크스다. "헤겔은 세계사적으로 위대한 사실과 인물들은 모두, 말하자면 두 번, 반복된다고 어딘가에서 언급한 적이 있다. 그러나 그는 다음과 같은 말을 덧붙이는 것을 잊었다. 처음에는 비극(Tragödie)으로, 다음엔 소극(笑劇 Farce)으로."

마르크스도 한가지 덧붙이는 것을 잊은 조건이 있다. '역사로부터 교훈을 얻지 못하는 국가나 민족에게.' 비극이 고대 그리스 시대부터 대중의 사랑을 받은 정통 예술이라면, 소극은 막간에 무대에 등장하는 싸구려 익살극이다. 로마 공화정의 몰락을 부른 카이사르가 비극의 주인공이라면, 옥타비아누스는 장중한 작품을 익살극으로 리메이크한 후속편의 주인공이다.

1799년, 군대를 동원하여 500인회를 해산하고 10년 만에 프랑스 대혁명에 종지부를 찍은 보나파르트 나폴레옹과, 반세기 뒤 삼촌의 업적을 재현하겠다며 입술에 루주를 바르고 중앙정치에 뛰어든 루이-나폴레옹 보나파르트는, 시대적 배경만 다를 뿐 마르크스의 말을 실증하기 위해 정치무대에 올린 두 가지 같은 역사 드라마의 다른 주인공이었다.

대학 도서관에서 읽은 마르크스 구절이 맨 처음 현실로 다가온 것은 유신정권이 궁정쿠데타로 막을 내린 1979년 10월 26일 이튿날 새벽, 한옥 대문에 던져진 한국일보를 주워들기도 전에, 주먹만 한 글자로 '박 대통령 유고'라고 인쇄된 제목이 내 눈길을 사로잡았을 때였다. 퍼뜩 내 뇌리에 떠오른 그의 최후는 장기집권 끝에 타국에서 눈을 감은 이승만 드라마의 리플레이였다.

마르크스의 역사관이 또 다시 빛을 발한 것은 공화당 권력이 결국 '신군부'의 손으로 넘어갔을 때였다. "한 번은 정통연극으로, 다음엔 길거리 익살극으로." 황당한 국민들의 심정을 시쳇말로 풀이하면 '파출소 피하다 경찰서 만난 격'이었다.

그 뒤에도 정치적 변곡점을 맞을 때마다 그의 말이 떠올랐다. 노무현 대통령이 부엉이바위에서 뛰어내렸다는 뉴스를 접했을 때, 박근혜 대통령이 탄핵의 늪으로 떠밀려갈 때. 전두환 정권이 박정희 정권의 짝퉁이라면, 박근혜 정권은 박정희 정권의 실패 버전이다.

지금 나는 다시 마르크스의 경고를 반추하고 있다. 혈통 상 문재인 정권은 김대중-노무현 정권을 계승한 민주정부 시즌 Ⅲ다. 나약한 리더십, 무능한 정책 집행력, 위기대응력 부재를 감안하면 윤보선-장면의 민주당 시즌 Ⅱ와 더 가깝다. 삼권분립을 유린하고 친중-친북 일변도로 나가는 것을 보면 여태까지 단 한 번도 경험해보지 못한 좌파정권 시즌 Ⅰ으로 비춰질 때도 있다. 이념적 좌표는 분명한데 DNA에 따라, 행태에 따라, 이념에 따라 정체성이 달라지기 때문이다.

인간을 앞서는 이념은 없다

전쟁은 인류에 대한 최악의 범죄다. 무력으로 인간의 존엄성을 파괴하고 평화와 질서를 깨뜨려 약자의 이익을 강탈한다. 2000년 9월 자본주의의 상징이던 세계무역센터 빌딩을 파괴한 죄를 물어 전쟁을 개시하라는 행정명령에 사인하기 전에 아들 부시는 전문가들에게 자문을 구한다. 민간에 대한 '부수적 피해(collateral damage)'가 인간에 대한 존엄성을 최고의 가치로 치는 미국의 헌법과 법률에 어긋나지는 않는지 살펴보기 위해서였다. 불혹의 나이가 되고서 비로소 인생을 진지하게 성찰한 늦깎이 정치인도 법은 무서웠던 것이다.

인명의 살상과 희생이 뒤따르는 쿠데타가 범죄인 이유도 다르지 않다. 문민정부가 임기 말에 점령군처럼 진주한 IMF에 곳간 열쇠를 내주고도 무너지지 않은 것은 국군의 '문민통제(civilian superiority)'를 제도적으로 확립하여 군의 정치개입을 차단한 업적 덕분이다. 해리 트루먼 대통령이 확전을 주장하는 UN군 총사령관 더글러스 맥아더를 해임한 이유도, 해외에서 찬사를 한 몸에 받은 전쟁영웅이 미국에서는 인기가 없었던 이유도 문민통제에 대한 도전이었다.

반공을 국시(國是)로 삼았던 군사정부가 퇴장한 뒤, YS는 민족을 전면에 내세웠다. "어느 동맹국도 민족보다 더 나을 수는 없다"는 취임사는 5년 내내 빌 클린턴과 갈등을 빚은 불씨였다. 인도네시아를 강타한 외환위기가 태평양 조류를 따라 북상하자 '아시아 판 IMF — AMF' — 를 만들어 한국을 지원하겠다는 일본 제안을 콘칩을 먹으며 농담으로 치부한 것은 '월가의 신화'로 불린 로버트 루빈과, 28세에 하버드 교수가 된 래리 서머스 등 클린턴이 발탁한 재무부 1, 2인자였다.

민주주의 지도자라면 '민족을 앞서는 이념은 없다'고 선언하기 전에 '인간을 앞서는 이념은 없다'고 선언해야 한다. 북한 정권과 대화와 협력을 재개하기 전에 인권 문제를 따지는 게 정당한 태도다. 인류의 보편적 가치는 미래 지향적인 관계정립의 전제다. 북한 동포의 고통을 외면하고 핵무기를 쥔 김정은의 피 묻은 손을 덥석 잡는 것은 자유를 희구하는 8천만 겨레와 평화를 염원하는 인류의 기대를 저버리는 경솔한 선택이 아닐 수 없다.

추석을 열흘 앞둔 지난해 가을, 연평도 인근 해상에서 탈진한 대한민국 국민이 표류하고 있었다. 해양수산부 소속 공무원으로, 집에는 두 아이를 둔 가장이었다. 북한군은 그를 밧줄에 묶어 끌고 다니다 충격을 가한 뒤 시신에 기름을 붓고 태워버렸다. 전시에도 민간인 사살을 금지한 제네바협약을 정면으로 위반한 중범죄다. 더구나 살해 장소는 9·19 남북군사합의서에서 일체의 적대행위를 금한 완충해역이다.

차가운 바다에서 40여 시간 표류하는 공무원을 발견한 북한 선박이 처참한 범행을 저지르는 과정을 손 놓고 구경만 한 군인들이 있다. 국민의 생명보호라는 존재이유를 저버린 문재인 군대다. 그러고도 월북을 시도하다 살해됐다며 주홍글씨를 목에 달아 희생자의 명예까지 추락시켰다.

청와대는 더 가관이다. 피살 직후인 9월 21일 밤 10시30분쯤 관련 첩보를 입수하고 3시간 만에 국가안전보장회의(NSC)를 소집한다. 그만큼 사안이 급박했다는 방증이다. 그런데도 그 직후 화상으로 진행된 제75차 유엔총회 기조연설에서 문재인은 남북 종전선언을 제안했다. '종전' 이벤트에 집착해 국민의 생명을 뒷전으로 미룬 명백한 증거다.

그뿐 아니다. 피살 시점부터 대통령 직접 대면 보고까지 10시간 가까이 걸린 점, NSC에 대통령이 불참한 점, 국방부의 공식 발표까지 36시간이나 경과한 점, 사건 이후에도 군 장성 진급 및 보직 신고식에서 북한에 대한 경고 한마디 없이 평화를 강조한 점, 사건 공개 당일인 24일 오후 아카펠라 공연을 관람한 점 등등, 꼬리에 꼬리를 무는 의혹이 한두 가지가 아니다.

모든 의혹의 정점에 문재인이 있다. 세월호 침몰 당일 박근혜 대통령 일정 가운데 공백으로 남은 7시간을 끈질기게 물고 늘어져 '식물대통령'으로 만들었던 야당 대표 시절 문재인과는 180도 다른 인격체다.

북한의 반응도 12년 전 금강산 민간인 피살 사건 당시와 완전히 다르다. MB 시절, 북한은 사건 발생 다음날 바로 '명승지종합개발지도국' 대변인 명의로 담화를 내고 사고를 인정하며 유감을 표명했다. 8월초에는 군부대 대변인 '특별담화'를 통해 "날이 채 밝지 않은 이른 새벽의 시계상 제한으로 침입대상이 어디서 나타났는지, 그가 남자인지 여자인지조차 식별할 수 없는 조건"이었다고 변명했다.

MB 정부는 금강산 관광을 전면 중단시켰다. '통일은 대박'이라고 선언한 박근혜 정부도 일정한 가이드라인을 가지고 북한을 대했다. 이번 정부는 알아서 먼저 저자세를 취하니, 가해자가 기고만장해져 한반도 주인인 양 설치는 형국이다. 좌파정권 시즌 I이 아니라면, 상상도 하지 못했을 진풍경이다.

2 너무 큰 배역을 맡은 작은 배우

■■■
대한민국을 작은 나라로 만든 대통령

경희대학교 법대 학생 문재인은 민주화운동을 하다 강제징집 됐다. 청춘이 꼬이고 고시는 늦어졌다. 정치권에 입문한 뒤에는 그것이 훈장이 됐다. 학생운동과 '인권변호사'라는 경력은 산업화의 잔재를 청산해야 할 시대정신으로, 특전사 제복에 총을 든 사진은 안보가 최우선 과제일 수밖에 없는 분단국 유권자에게 신뢰의 아이템으로 각인됐다. '강하고, 따뜻한, 남자'는 '세월호' 참극으로 상징되는 박근혜와 정반대의 상징자산이었다.

취임 전후의 모습은 어떨까?

부산에서 변호사로 활동하던 1997년, 그는 해상 반란사건의 항소심 변론을 맡는다. 의뢰인은 남태평양 참치잡이 어선에서 한국인 선원 7명을 포함한 11명을 잔인하게 살해한 6명의 조선족. 온 나라를 충격에 빠뜨렸던 '페스카마15호' 사건의 주범들이다. 그들을 위해 문 변호사는 "어로 경험이 없어 일이 서툴고, 평등주의가 강한 중국식 사회주의 문화와 달라 (한국 선원의 지시를) 멸시로 받아들이면서 우발적으로 발생한 폭력 사건"이라는 요지로 변론을 했다.

대법원은 주범에게 사형을, 나머지 5명에게 무기징역형을 확정했다. 11년 뒤에는 주범도 무기징역으로 특별감형 됐다. 그 무렵 지방지에는 "우리나라는 사형 집행을 안 해 실질적인 사형 폐지국이고 (주범) 전씨도 무기징역을 살게 됐으니 결과적으로 변론이 결실을 본 것"이라는 그의 자랑이 보도됐다. "극악범인 데다 형평성에 문제가 있다"는 법무부의 반대를 물리치고 노 대통령이 마지막 특별사면을 단행한 2008년 1월, 그는 청와대 비서실장이었다.

인권은 모든 인간에게 평등하게 부여된 권리다. 외국인에게도 내국인과 동일한 기준을 적용해야 문명국가다. 일찍이 그러한 사실을 행동으로 증명한 그에게 우리가 기대하는 것은 강한 안보의식과 자국민에 대한 보호다. 조선족 흉악범도 "동포로서 따뜻하게 품어야 한다"던 변호사, 노무현 정부 마지막 비서실장이 된 뒤에는 옛날 고객의 사면까지 챙긴 왕년의 변호사. 그런 사람이 국군통수권자가 된 뒤에는 빈사상태의 대한민국 공무원을 적들의 손에 방기했다.

그 일이 있기 1년여 전에는 동료들을 살해하고 탈북한 어민 2명을 곧바로 송환해 처형장으로 던져버렸다. 국민을 버리고, 북한동포를 버리고, 독재자 김정은 편에 선 것이다. 그 무렵 서울에서는 숨진 지 두 달 된 탈북민 모자가 발견됐다. 집 안에 먹을 수 있는 것이라고는 고춧가루 밖에 없는 데다 은행 잔고가 '0'원이었다. 세상이 다 '아사'라고 추정했지만, 국립과학수사연구원은 사인(死因) 불명으로 결론 짓고 정부는 외면했다. 변호사와 대통령 — 앞과 뒤가 너무도 다른 문재인의 두 얼굴이다.

목숨 걸고 국경을 탈출했다 공안에게 잡혀 중국에 억류돼 있는 동포들도 적지 않다. 탈북민이다. 중국은 난민 보호를 규정한 국제조약을 위반하고 이들을 북한으로 강제 송환해 처형당하게 했다. 코로나가 반전을 가져왔다. 북한은 감염을 우려하여 이들을 데려가라는 중국의 요구를 거부하고 있다. 중국에 코로나가 한창이던 지난해 10월, 미국 인권운동가 수전 숄티가 "절호의 찬스를 놓치지 마시라"고 문 대통령에게 건의했다.

그녀는 신문에 기고한 공개서한을 통해 "시진핑 주석에게 인도주의적 선처를 요청하고 이들이 한국에 안전하게 도착할 수 있도록 부탁한다면, 중국 구치소에 수감 중인 수백 명의 남녀와 어린이의 생명을 구할 수 있는 엄청난 기회가 될 수 있다"고 강조했다. 11월 2일에는 리처드 닉슨 대통령 이후 모든 미 행정부를 대표하는 전직 고위 공직자 20명이 서명한 편지를 대통령에게 보냈다.

"우리는 대통령께서 이전 한국 정부들이 매우 조용하고 성공적으로 해왔듯이 중국과 접촉할 기회를 놓치지 말 것을 촉구합니다. 현재 중국에 억류된 북한 여성 남성 그리고 어린이들에 대한 인도주의적 배려를 요청하고, 그들이 한국 혹은 제3국으로 안전하게 갈 수 있도록 허락해 달라고 중국 당국에 요청해 주실 것을 요망합니다."

올해 3월말, 그녀가 다시 조선일보에 칼럼을 썼다. 작년 9월 이후 중국 수용시설에 갇혀 있던 "젊고 아름다운 북한 여성 두 명이 풀려났지만, 그들이 간절히 원했던 한국이 아니라 그들을 노예로 삼고 학대했던 중국인들에게 넘겨진" 다음날이었다.

문 대통령은 국제적인 인권운동가의 호소를 묵살하고, 북한 동포들의 목숨을 건 투쟁에 등을 돌렸다.

숄티는 대통령에게 "중국에 갇힌 탈북민을 도와달라는 요청을 숙고하지 않을 거라면 가톨릭 신자로서 최소한 구약성경 잠언 24장 11-12절 말씀을 떠올려 보라"고 권고했다. 그녀가 인용한 구절에는 이런 말씀이 있다.

"죽음에 사로잡힌 이들을 구해내고 학살에 걸려드는 이들을 빼내어라. '이봐, 우리는 그걸 몰랐어'라고 네가 말해도, 마음을 살피시는 분께서 알아보시지 않느냐? 영혼을 지켜보시는 분께서 아시고 사람에게 그 행실대로 갚으신다."

■■■
고르디우스의 매듭

코로나 상황을 활용해 중국에 억류돼 있는 탈북민을 구하자는 수잔 숄티 미국 디펜스포럼 회장의 제안은 위기가 기회라는 의미, 그 이상을 함축한 혜안이다. 김정은에게 양해를 구하고 시진핑을 설득하는 일은 버거운 과제임에 틀림없지만, 동포의 생명을 구하는 일이자 잘만 성사되면 동북아에 평화의 토대를 구축할 수 있다. 남-북-중 관계에도 돌파구를 마련하고, 그가 사모하는 시진핑과 더불어 노벨상 공동수상도 기대할 수 있다. 다목적 빅 프로젝트가 아닐 수 없다.

전쟁 중에 용케 부모가 미군에게 구출되어 자유대한에서 인생을 출발할 수 있었고, 번영하는 나라에서 대통령에 선출된 문재인은 그 프로젝트에 가장 적합한 정치인이다. 탈북민은 중국이나 북한 모두에게 골칫거리다. 그들에게도 자신이 누렸던 것과 같은 기회를 갖게 해달라고 설득한다면, 도리어 인간적인 지도자로 인식되어 존경을 받을 수도 있다.

지난 수십 년 동안 역대 정부는 북한을 탈출한 3만 3천 명의 난민을 정착시켰다. 그 과정에서의 활동을 인정받아 숄티는 2008년 서울평화상을 수상했다. 그녀의 노력으로 미 의회에서 2004년 북한인권법이 통과됐다. 2006년부터는 매년 '북한자유주간' 행사를 주관하며 북한 인권 문제를 국제사회에 공론화하는 데 주력하고 있다.

농부의 아들이 임금이 된 날을 기념하여 고르디우스는 신전 기둥에 복잡한 매듭을 지어 전차 한 대를 묶어 놓는다. 일종의 자축 이벤트였다. 그리고 "이 매듭을 푸는 자, 아시아를 정복할 것"이라고 예언한다. 많은 사람들이 도전했지만 모두 실패했다.

기원전 334년, 알렉산드르 대왕이 고르디움에 도착했다. 아시아를 정복하러 가는 길이었다. 그는 단숨에 칼을 빼내 번개처럼 매듭을 자르고 그리스 면적의 50배가 넘는 거대한 제국을 세웠다. 아직도 시간은 있다. 코로나는 지속 중이고, 붐비던 하나원에는 현 정부 들어 빈 방이 남아돈다. 문제는, 문재인은 알렉산드르가 아니라는 것뿐.

"인사가 만사다." YS의 국가경영론이다. "머리는 빌릴 수 있어도 건강은 빌릴 수 없다"는 소신으로 아침마다 조깅을 하고, 민주화 투쟁을 '국민운동'이라고 명명한 대통령다운 견해다. 문재인 정부의 인사는 망사(亡事)의 원인이 되고 정권의 이미지는 만신창이가 됐다. 청와대에서 공직자 인사를 총괄하는 수석비서관은 문 대통령이 변호사 시절 같은 로펌에서 한 솥밥을 먹던 동료다.

옛날 의뢰인을 막판까지 챙기고 사무실 인연까지 소홀히 하지 않는 대통령이 망망대해에서 애가 타는 공무원의 구조를 외면한 것은, 먼발치에 김정은이 버티고 있었기 때문이다. 생사의 갈림길에 선 탈북자를 외면하는 것은 시진핑이 두렵기 때문이다. 김정은 앞에만 서면 그는 늘 작아졌고, 시진핑 앞에만 서면 그는 늘 비굴해졌다.

대통령에 취임한 그해 12월 중순, 지지율이 70%를 넘던 시절에도 그랬다. 중국을 공식 방문하여 시 주석과 회담을 하기 몇 시간 전, 취재기자 2명이 공안에게 폭행을 당했다. 외교적 결례 이전에, 심각한 인권 유린이자 언론자유에 대한 침해였다. 뉴욕타임스와 월스트리트 같은 외신들까지 관심을 보였다. 문명국가에서는 있을 수 없는 일이 벌어진 것이다.

그는 이 문제를 거론조차 하지 않았다. 협상도 시작하기 전에 오른쪽 무릎을 꿇고 백기를 든 모양새다. 중국의 푸대접은 베이징에 도착하는 순간 시작됐다. 필리핀 대통령 로드리고 두테르테도 외교부장 왕이의 영접을 받았는데, 문 대통령 앞에는 차관보가 나타났다. 그것도 하필 경북 성주에 배치된 고고도미사일(THAAD)을 담당하는 외교관이었다. 문 대통령을 대하는 중국의 속내는 그때 이미 드러났다.

시 주석과 만찬장으로 들어가며 문 대통령은 만면에 환한 미소를 띠었지만, 중국이 '국빈'으로 대우한 것은 그날 만찬뿐이었다. 우리 현대사에 처음으로 '혼밥 외교'라는 용어가 선을 보였다. 정상회담이 끝난 뒤에는 공동성명조차 발표되지 않았다. 한국 길들이기가 끝나지 않았다는 시그널이었다. '혁명동지'로 예우했던 김일성 이래 그의 아들과 손자가 누리는 극진한 영접과는 비교조차 할 수 없을 만큼 허술했다.

잇단 수모에도 불구하고 중국은 '높은 산봉우리', 한국은 '작은 나라'라는 표현을 그는 서슴지 않았다. 반만년 유구한 역사에서 처음으로 중국을 능가한 대한민국을 비하하고, 한밤중에 촛불을 들어 그를 국민의 대표로 뽑은 민주시민을 부끄럽게 한 것이다.

이것이 끝이 아니었다. "한국은 작은 나라지만 대국의 '중국몽(中國夢)'에 함께하겠다"는 발언도 서슴지 않았다. 조선 임금이 명나라 황제에게 보냈던 동지사에게나 어울릴 법한 사대조공 외교요, 혈맹과 우방을 적으로 돌리는 망언이었다. 결국 그는, 너무 큰 배역을 맡은 작은 배우였다.

3 국민이 없는 정치·사람이 없는 정책

■■■
미워도 미국, 싫어도 일본

노무현 정부의 '3불 정책'은 본고사와 고교 등급제, 기여 입학제를 금지한 교육 정책이다. 취지는 평등한 교육 기회를 통해 개천에서 용이 나는 환경을 만드는 것이었다. 하지만 실제로는 스펙 품앗이가 가능한 조국과 제2, 제3의 조국 아류에게 스펙 위조를 통해 학력과 재력을 물려주는 길을 터주고 말았다.

문재인 정부의 3불 정책은 외교 정책이다. 사드 추가 배치와 미국 미사일방어체계 편입, 한-미-일 군사동맹 등에 반대하여 중국과의 분쟁을 풀겠다는 것이 3불 정책의 목표다. 사드 배치 이후 계속된 중국의 한국 기업 때리기는 정상회담이 끝난 뒤에도 상당 기간 지속됐다.

사과와 보상을 요구해야 하는 쪽은 한국이다. 북핵을 제어하지 못한 중국이 사드 배치의 원인을 제공했기 때문이다. 역사적으로 약자에 강하고 강자에 약한 중국은 이번에도 한국을 비난하고 기업들을 제재했다. 저자세 외교 탓이었다.

한-중 간 비대칭 외교의 첫 걸음은 2015년 9월, 박근혜 대통령의 중국 전승 70주년 행사 참석이었다. 여야 의원 연구단체인 '미래혁

신포럼'이 2019년 6월 5일 주최한 세미나에서 주제발표를 맡은 이성현 세종연구소 중국연구센터장의 견해다. 전승절 참석 이후 북한에서 4차 핵실험을 실시했고, 다급한 박 대통령은 "한-중 공조를 위해 시진핑에게 전화를 걸었지만 시 주석은 응하지 않았다"는 것이 그의 논거다.

미군과 전투현장에서 피를 나누고, 미국의 원조로 경제개발의 밑돌을 놓은 대통령의 딸이 대통령이 된 뒤 시진핑과 푸틴 — 사회주의 강대국 독재자들 옆에 서서 열병식을 지켜본 대가는 컸다. 박근혜 정부의 '친중국' 행보가 동북아시아의 질서에 변화를 초래할 것으로 우려한 오바마는 정상회담에서 화를 낸 것도 모자라 친서까지 보내 2015년 '위안부' 합의와 2016년 한일군사정보보호협정(GSOMIA) 체결을 종용했다. 일본과의 결속을 통해 친중 행보를 제어하려는 전략이었다.

일본 전문가의 증언도 맥을 같이한다. "한-미 동맹을 유지하려면, 일본과의 관계를 개선해 한-미-일 안전보장협력을 해나가지 않으면 안 된다고 오바마 대통령과 오바마 정부가 (한국을) 강하게 압박했습니다." 2019년 8월 1일 jtbc가 인용한 호소야 유이치 게이오대 교수의 증언이다. 그는 NSC 자문위원을 지내 당시 상황에 밝다. 사드는 2017년 4월 배치됐다. 세월호 사건으로 진보진영의 총공격을 받고, 전승절 참석으로 보수의 신뢰를 잃은 박 대통령이 수감된 직후였다.

'친(親)'이라는 접두어가 붙으면, 좋은 게 별로 없다. 친일이나 친북은 이미 국민적 컨센서스가 이루어진 '주홍글씨'다. 친미나 친중은 다른 한 쪽을 적으로 만드는 위험한 레테르다.

박근혜라는 훌륭한 반면교사, 구체적인 실패학 교과서를 바로 앞에 두고도 왜 후임자는 같은 길을 걷고 있을까. 성장과정과 사회경력이 다르고, 이념이나 정치적 지향점은 정반대인데도 자기 사람만 중용하고, 측근만 의지하여 편협하게 국정을 운영할까. 서울-부산 보선에서 참패한 뒤에도 '마이 웨이'를 고집하며 국민의 소망을 배신하는 이유는 뭘까.

미국은 원자탄 두 방으로 일본의 압제를 벗어나게 했고, 맨주먹 붉은 피로 고군분투하자 UN군을 결성하여 자유대한을 지켜주었다. 구호물자를 보내주어 '조국근대화'를 앞당기게 해준 은인이다. 아이 어른 할 것 없이 가난에 지친 시대, 태극기와 성조기를 두른 두 개의 손이 악수하는 그림이 인쇄된 밀가루 부대는 희망의 상징이었다.

제1야당 총재이던 YS가 "미국은 국민과 끊임없이 유리되고 있는 정권, 그리고 민주주의를 열망하는 다수의 둘 중에서 어느 쪽을 선택할 것인지를 분명히 할 때가 왔다"고 NYT를 통해 카터 행정부를 압박했던 1979년까지도 미국은 한국의 안보와 국민의 열망을 지켜주는 — 적어도, 지켜줄 것으로 믿어지는 — 민주주의의 수호자였다.

인권을 기치로 내세운 카터와 갈등을 빚고 있던 박정희 대통령은 미국의 압력을 종용하는 인터뷰를 '사대주의적 발언'으로 규정하고 YS의 의원직을 박탈했다. 이것이 부마항쟁과 10.26 사건으로 이어져 박정희 시대가 종말을 고하는 도화선이 되었다. 서울에서 타전된 YS의 NYT 인터뷰는 태평양 건너에서 반짝 서울의 봄을 부른 나비의 날갯짓이었던 셈이다.

'양키 고 홈'은 '독재정권 타도'와 함께 1980년대를 풍미한 '가투(가두 투쟁)' 구호였다. 1970년대에도 신흥개발국들은 미국의 매판자본에 예속될 수밖에 없다는 남아메리카 정치학자들의 '종속이론(dependency theory)'이 학생들의 반미 감정을 부추긴 적이 있다.

잠재적인 반미감정이 극단적인 행동으로 표출된 논리적 거점은 전두환이 전투부대를 빼내 권력을 잡을 때 전시작전권을 가진 미군이 통제를 하지 않았다는 쿠데타 책임론이었다. 보안사령관 전두환 소장의 쿠데타는 결과론일 뿐, 인권탄압을 문제 삼으며 박 대통령과 갈등을 빚었던 카터와는 무관한 국내문제였다. 종로에서 뺨 맞고 한강에서 화풀이한 꼴이었다.

일본은 35년 간 우리나라를 잔인하게 수탈하고 국민을 핍박했지만, 그에 대한 배상과 보상 및 상업차관 명목으로 수교 이듬해인 1966년부터 10년 동안 무상공여 3억 달러, 유상자금 2억 달러, 민간차관 3억 달러를 제공했다. 수교 협상 시작 전부터 거센 반대에 부딪치고, 지금까지도 여진이 지속되고 있지만, 그 돈은 1인당 국민소득이 100달러에 불과했던 나라가 야심찬 경제개발계획을 집행할 수 있는 원동력이 되고, 기간산업을 일으키는 밑천이 된 것 또한 사실이다.

'중국몽'이냐 '쿼드'냐

역사의 전면에는 부각되지 않았지만, 현대사의 변곡점마다 배후에 등장한 외국인이 있다. 영국에서 태어나 캐나다에서 수의학을 공부한 뒤 1916년 조선에 와 세브란스 의학전문학교에서 의학을 가르친 프랭크 윌리엄 스코필드 박사다. '석호필'이라는 한국식 이름을 좋아한 그분은 구내약국에서 근무하던 이갑성 선생에게 '민족자결주의(self-determination)'를 가르쳐주어 3.1운동의 불꽃을 지피고, 경기도 화성 제암리 주민들을 교회에 몰아넣고 학살한 사건을 외국언론에 알려 일제를 궁지에 몰아넣은 푸른 눈의 애국자다.

이승만 대통령의 초청을 받고 석호필 박사가 평생 그리워하던 대한민국 땅에 다시 발을 디뎠을 때는 제암리 사건을 회상해달라는 언론의 요청에 일체 응하지 않았다. 식민지시대에는 일본이 적이었지만, 독립된 이후에는 "세계에서 가장 강력한 두 공산국가를 머리에 이고 있는 한국은 미국과 일본을 우방으로 삼을 수밖에 없다"는 세계관이 확고했기 때문이다.

보수는 미국만 바라보다 민족주의를 잃어버리고, 진보는 북한만 바라보다 휴머니즘을 잃었다. 개인의 자유와 국가의 안위를 최우선으로 하는 보수가 민족주의를 진보에 빼앗긴 것은 결정적 손실이다. 탄생할 때부터 국제적인 연대를 추구했던 사회주의자들이 지금까지도 일본을 주적으로 삼고 민족에 매달리는 것은 이율배반이다.

청춘을 거리에서 바친 운동권이 권력 엘리트로 등장한 뒤에도 한반도 정권의 정통성을 김일성에게 찾았던 학생시절 도그마에서 한 발짝도 앞으로 나아가지 못한 것은 수치가 아닐 수 없다. '토착왜구'와 맞선 '토착공비' 노릇에 만족하는 것은 진보의 행태가 아니라 수구적인 퇴행일 뿐이다.

일제 강점기 보상 판결에 항의하여 2019년 7월초 일본이 한국에 대한 수출규제 조치를 발표하자 조국은 한 달 동안 40차례 넘게 반일감정을 조장하는 글을 페이스북에 올렸다. 정부를 비판하는 야당과 일부 보수언론을 '매국' '이적' '친일파'로 부르며 문파에게 투쟁의 좌표를 찍어주었다. 그런 그가 법무부장관 후보자로 기자간담회에 나왔을 때, 그의 손에는 '제트스트림' 펜이 들려 있었다. 청와대가 극일 의지를 강조할 때 불매운동 리스트에 오른 일본 제품이었다.

외교는 내치의 연장이다. 국력과 경제력, 정권에 대한 지지도 등이 어우러진 소프트파워가 뒷받침돼야 한다. 외교는 다면적인 협상과 조정이 요구되는 종합예술이다. 외교에는 적과 동지라는 이분법이 통하지 않는다. 어제의 적이 오늘의 동지가 되는 것이 다반사다. 독도를 일본 땅이라고 트집 잡는 것이나 김치의 원조를 중국이라고 우기는 것과 다름없는 죽창 민족주의로는 세상 어느 누구도 이길 수 없다.

이념에 충실한 코드 외교를 버리고 쿼드(Quad)에 참여해야 안보가 튼튼해진다. '중국몽'은 같이 갈 길이 아니다. 미국 인도 일본 호주와 공조하여 '딘 에치슨 라인' 안에 진입해야 제2의 6.25를 예방할 수 있다. '중국몽'은 꿈에서 본 나비가 나인지, 내가 나비인지 알 수 없더라는 장자의 '호접몽'이 아니다.

시진핑에게 중국의 꿈이란, 동북아의 지배적인 나라를 넘어 세계의 지배적인 나라로 우뚝 서겠다는 패권적 개념이다. 그것의 전제는 공산당 독재체제요 자신의 권력 강화다. 대한민국이 지향하는 목표와는 정반대 방향이다.

세계전략을 짜고 있던 바이든 행정부가 한국과 일본의 안보실장을 매릴랜드주 해군사관학교로 불러 대북 정책과 대중국 정책을 논의하던 4월 3일, 정의용 외교부 장관은 중국 샤먼에서 왕이 부장과 만났다. 미국과 중국의 갈등이 고조되는 가운데 한국이 양강(G2) 사이에서 '줄타기 외교'에 나선 모양새다.

회담 장소 자체가 한국과 미국, 한국과 중국이 처한 오늘날의 국제상황을 상징하고 있다. 해군사관학교는 두 말할 필요도 없고, 샤먼 역시 지척에 있는 타이완 소유의 섬 진먼다오와 포탄 55만 발을 주고받았을 만큼 군사적 성격이 강한 도시다. 더구나 타이완과 중국 사이에는 최근 들어 긴장이 다시 고조되는 상황이다.

백악관은 회담 직후 "3국 간 조율된 협력을 통해 북한의 비핵화를 이루고자 하는 의지를 재확인했다"고 발표했다. 한국과 중국 외교부는 각기 다른 발표문을 냈다. 우리 정부는 중국이 시 주석의 방한 의지를 재차 표명했다고 했으나, 중국은 그 문제에 대해 일언반구 언급이 없었다. 문재인 정부는 시진핑 초청에 갖은 공을 들이고, 베이징은 그런 상황을 즐기며 판돈을 키우는 형국이다.

외교는 실질적인 성과 이전에 의전과 시기와 형식이 성공의 반 이상을 차지하는, 총성 없는 전쟁이다. 정 장관이 취임 뒤 첫 출장지로 중국을 선택한 것이나, 샤먼을 회담 장소로 합의해준 것은 위험한 도박이 아닐 수 없다. 그 이전에도 문 대통령은 바이든이 취임 이후 첫 전화를 하기 직전에 시진핑과 통화하여 우방과의 관계에 불필요한 분란을 야기했다.

한-미 양국은 북한에 대한 제재와 전시작전권 전환을 놓고 이견을 보이고 있다. 노골적으로 편을 들라는 요구는 없지만, 한국은 여전히 시험대에 올라 있다는 사실을 시사하는 대목이다.

중국의 전승절 행사에 참석하여 국내의 정치적 외연을 진보로 확장하려고 시도한 것이 박 대통령에게 오히려 독이 됐다. 2020년 총선 전에 시진핑의 방한을 성사시켜 국내정치에 활용하려다 코로나에 초동 대처할 골든타임을 대통령은 대선정국에 활용하려고 그에게 또다시 매달리고 있다.

영국의 유력 주간지 이코노미스트는 한국을 길들이는 중국의 정책을 '개집 접근법(dog house approach)'에 비유했다. 마음에 들지 않으면 태도를 바꿀 때까지 괴롭힌다. 그래도 말을 안 들으면 개집에 가둬 벌을 준다. 끝내 거부하면 방치했다가 개집에서 꺼내주면 개는 고마워한다. 2017년 11월 11일자 기사였으니, 청와대 기자 2명이 정상회담 직전 공안들에게 폭행당하는 일이 벌어지기 한 달여 전의 예언이었다.

주적에 대한 의도적 혼동과 인권유린에 대한 의도적 외면이 지속되는 한, 한국의 외교적 시험은 끝나지 않을 것이다. 자유민주주의에 대한 확고한 신념과 인류의 보편적 가치에 대한 정치철학이 내재돼 있지 않으면, 양대 강국이 각축을 벌일 때마다 가랑이 찢어지게 양다리를 걸칠 수밖에 없다. 미국과 중국에 대한 일본의 외교에서 우리가 배워야 하는 것이 바로 정책의 일관성과 신축성이다.

4 모든 대통령은 왜 실패하는가

■■■
제3의 길과 DJP 연대

2002년 봄날 김용환 의원을 면담하러 국회로 들어가다 이낙연 의원과 마주쳤다. 이 의원은 첫 선거에서 당선돼 민주당 대변인으로 활약하고 있었다. "이번 대선은 누가 돼도 결국 충청도가 먹겠어요." 언론계 경력이나 나이로나 나보다 위인데, 그가 먼저 말을 붙였다. "두 분 다 잘 알죠?" 제1야당에서는 이회창 총재, 여당에서는 이인제 예비후보가 한창 각축을 벌일 때였다. 의중이 담긴 대화가 아니라 모처럼 만나서 반갑다는 뜻이었을 것이다.

자민련을 탈당하여 한국신당을 만든 김 의원은 한나라당과 합당한 뒤 국가혁신위원회 위원장을 맡고 있었다. 이회창 총재가 겸직하고 있던 자리다. 이름은 마치 힘깨나 쓰는 대통령 직속 기구 같은데, 야당의 집권 전략을 짜는 한시적 조직이었다. 시중에서는 대선에 재도전하는 이 총재를 가장 유력한 미래권력으로 꼽고 있었다. 김 위원장은 그해 6월에 치러질 지자체 선거에서 대전-충남-충북을 총괄하기로 했다며 나에게 대변인을 맡아달라고 요청했다.

국회 앞에서 만난 정치 전문가들 의견도 "윤보선 이래 두 번째로 충청권에서 대통령이 나올 것"이라는 것이 대체적인 중론이었다. 그 자리에서 처음 대면한 분이 흥미로운 얘기를 했다. "한 사람은 국운이 없어서 안 되고, 한 사람은 개인 운이 없어서 안 돼!" 화제를 미루어 짐작하면 '이회창과 이인제 모두 대운은 없다'는 뜻이었다.

자리가 파한 뒤, 동석했던 지인에게 물어보니 "노태우가 9사단장이던 시절 '왕기(王氣)를 타고났으니 동기생을 잘 모시라'는 조언이 고마워 노태우가 당선된 뒤에도 청와대로 부르던 국사님"이라고 그분을 소개했다. '국사님'은 대선 직전 사무실로 찾아와 "50만 표 이상 차이로 노무현이 이길 것"이라며 나에게 한 자리 숫자까지 예상 득표수가 적힌 쪽지를 주고 갔다.

그로부터 5년 전인 1997년 봄, 자민련에서 부대변인 겸 정세분석위원으로 일하던 나는 김용환 수석부총재에게 페이퍼를 하나 제출했다. 앤서니 기든스가 어느 외국 미디어에 기고한 『제3의 길(The Third Way)』을 간추린 글이었다. 같은 제목으로 책이 나온 게 이듬해니까 개괄적인 컨텐츠를 소개한 칼럼이었던 것 같은데, 집권 가능성이 낮은 데다 보수 색채가 너무 강해 이미지를 쇄신해야 하는 정당에는 심 봉사 눈이라도 뜨게 할 수 있을 만큼 신선한 아이디어였다.

김 부총재가 대뜸 "JP한테도 드렸느냐"고 물었다. 그렇다고 하자 반응을 물었다. 4~5페이지짜리 문건을 두어 번 훑어본 JP는 내 얼굴을 바라보며 무슨 말을 할 듯싶더니 "잘 정리했다"는 말로 코멘트를 대신했다. 활용방안을 놓고 다각도로 의문점을 짚어보던 김 부총재가 며칠 뒤 사무실로 부르더니 목소리를 낮췄다.

"김 대변인이 지난번 국민회의와 선거공조 방안을 예기했을 때 솔직히 좀 놀랐어요. DJ 쪽에도 은밀히 공조 움직임이 있거든. '제3의 길'을 원용하여 대책을 짜보세요. JP를 설득하는 게 1차적인 관문이니, 그쪽으로 포커스를 맞추되 일단은 모든 걸 극비로 하고."

그 전에, 자민련이 기든스의 구상을 활용할 수 있는 방안을 묻는 김 부총재의 질문에 나는 대략 이런 요지로 답변을 했다.

"JP의 단독 집권은 현실적으로 불가능하다. DJ와 연대하면 보수와 진보의 색채가 중화되어 중도층을 견인할 수 있고, 박정희 정권 당시에 민주세력을 핍박했던 과오도 씻을 수 있으니 일석이조다. 무엇보다 지역과 이념이 비슷하여 지지층이 겹치는 이회창의 대세를 꺾을 수 있는 확실한 전략이다. 게다가, 지지율 1위를 달리는 이 총재에게는 물 한 바가지 퍼주는 효과라면, 지지율 격차가 큰 DJ에게는 샘을 파주는 효과를 기대할 수 있어 공조할 경우 JP의 몸값을 최대한 올릴 수 있는 이점도 있다."

김 부총재의 주문을 염두에 두고 페이퍼를 다시 만들었다. 'JP가 주장하는 내각제는 개헌을 전제로 하므로 제3당이 추진해서는 현실성이 없다. 다른 당에서는 대선주자를 띄우는 판에 내각제를 주장하면 '후보 없는 정당'으로 비춰져 당의 지지도까지도 떨어질 수밖에 없다. 그 이전에 DJP 연대의 조건으로 내각제를 관철한다면 JP에게는 명분과 실리가 동시에 보장되고, DJ에게는 평생의 꿈이 이루어지므로 보수와 진보, 충청과 호남을 하나로 묶을 수 있는 필승 카드'라는 게 대강의 얼개였다.

반년 가까이 물밑에서 밀고 당기던 논의가 공개로 전환된 7월 이후에도 김용환-한광옥 두 부총재가 주도한 후보 단일화 협상은 진퇴를 거듭했다. 자발적으로, 또는 지침에 따라 내가 만든 비밀문건도 자주 협상 테이블에 올라갔다.

11월 초 DJ가 단일 후보로 결정된 뒤 "축하 저녁이나 같이하자"던 김홍일 의원이 식사 말미에 '긴밀한 부탁'을 했다. "총재님(DJ)이 박(정희) 대통령 생가를 방문할 계획인데 근혜씨의 동행을 원한다"는 것이었다. JP의 영애에게 뜻을 전했더니, 이태원 카페로 박 대통령 영식을 불러주었다.

지만씨는 말귀를 금방 알아들었다. 즉석에서 선선하게 "누나가 정치할 뜻이 있으니 상의해보겠다"고 약속했다. JP의 반응은 의외였다. "자기가 대한민국을 위해 뭘 한 게 있다고 정치를 해!" 박정희 정권 말기, 근혜씨와 최태민과의 관계를 대통령에게 직보를 한 것이 빌미가 돼 사촌형부와 처제 사이에 빚어진 갈등이 여러 번 해가 바뀌었어도 다 풀리지 않은 것 같았다.

DJ의 구미 생가 방문에는 지만씨가 동행했다. 오랫동안 자연인으로 살았던 근혜씨는 이듬해 보선에서 당선되어 공인으로 변신했다. DJ가 집권한 뒤 비서실장을 했던 한광옥씨는 박근혜 정권 말기에도 비서실장을 맡았다.

"정치판은 광야와 같아서 상대가 약속을 지키길 바라면 안 돼요. 언제든 부도나기 십상이거든. 안 지킬 수 없게 강제해야 해야 겨우 지킬까 말까 한 게 정치권의 약속이란 거요."

3당 합당이 파국을 맞은 것이 불과 3년 전이라 김 부총재는 올가 미같이 촘촘히 이행조건을 달았다. 그러나 대통령과 국무총리로 정권을 분점한 뒤, 내각제 약속을 풀어준 것은 JP였다. JP의 정치적 약점을 교묘히 파고든 DJ의 승리였다.

JP가 비설실장이던 이동복 의원을 통해, 경기고-서울대 선배인 이회창 총재와도 깊숙이 공조 방안을 협의하고 있었다는 사실을 김 부총재가 전해준 것은 DJP 단일화 협약에 서명하기 직전이었다. 그분도 그 직전까지 까맣게 몰랐던 것 같았다. 그 이전에 JP는 사석에서 "교활한 토끼는 굴을 세 개 뚫는다"는 맹상군과 식객 사이의 교토삼굴(狡兎三窟) 고사를 인용하며 "귀신을 속이려면 자신을 먼저 속여야 한다"는 말로 5.16 거사의 성공 비결을 털어놓은 적이 있다. 고금의 역사에 해박한 JP는 과연 노련한 정객이었다.

■■■
'Naeronambul'

정치인 문재인은 천복을 타고난 사람이다. 그의 멘토 노무현 대통령도 DJ 사단이 호남 중심의 청년조직 '연청'을 동원하여 이인제 예비후보 대신 키운 기획상품이었으니 후보 경선은 손쉽게 통과했으나, 서울과 부산에서 당선과 낙선을 반복하며 전국적 인물로 떠오르는 과정은 파란만장했다. 문재인 후보는 정치를 '운명'으로 받아들인 뒤 첫 도전에 패했지만 '육참골단(肉斬骨斷)'의 결기로 박근혜 정부를 무너뜨리고 정상을 쉽게 밟은 운명의 총아다. 그를 생각하면 미국의 행운아 트루먼이 떠오르는 이유다.

미주리 주 시골에서 농민의 아들로 태어난 트루먼에게 인생의 로망은 이웃동네 처녀 엘리자베스와 결혼하는 것이었다. 평범한 꿈을 바꾼 계기는 갑작스럽게 결정된 미국의 1차 대전 참전. 드넓은 미국 땅에는 포탄 한 발 떨어지지 않지만, 조국이 파병을 하는 전쟁을 외면하는 것은 사나이로서 수치였다.

전역 이후 한직을 거쳐 상원의원이 되고, 부통령으로 당선되어 백악관에 들어간 뒤에도 고졸 학력과 보잘 것 없는 이력 탓에 워싱턴 기득권층에게 무시당하기 일쑤였다. 실업률이 25%에 이르고 200만 명이 집 없이 거리를 떠돌고 있던 최악의 불황을 '뉴딜정책'으로 극복하고 4선이라는 전무후무한 기록을 세운 프랭클린 루스벨트는 그에게 몇 주 동안이나 상견례 할 기회도 주지 않았다. '맨해튼 프로젝트'에 대해서는 들어본 적도 없었다.

그러나 "하늘에서 해와 달이 떨어진 듯" 별안간 서거한 루스벨트에 이어 대통령에 취임한 뒤에는 모든 것이 달랐다. '꼬마(Little Boy)'와 '뚱보(Fat Man)' 두 방으로 2차 대전을 끝내고, 펜타곤과 CIA를 만들어 오늘의 미국을 만드는 주춧돌을 놓았다. 국제적으로는 NATO와 UN을 창설하여 공산주의의 팽창을 막고 세계평화의 기틀을 마련했으며, 우리에게는 독립을 선물하고 남침을 막아주어 오늘의 대한민국을 건설하게 해준 은인이다.

시골 청년 트루먼을 만든 것은 프랑스 전장에서 터득한 인내와 예지였다. 그를 위대한 정치인으로 만든 것은 책임감이었다. 그가 앉는 책상에는 언제나 "책임은 내가 진다(The Buck Stops Here)"는 문구가 명패처럼 놓여 있었다. 1천 페이지가 넘는 데이비드 매컬로의 역작

『트루먼(Truman)』은 학력이 길지 않고 사회적 경험이 풍부하지 않아도 사려 깊고 근면하고 성실한 사람이 애국심과 공인의식으로 무장하면 얼마나 큰일을 해낼 수 있는지를 보여주는, 진실한 인간에 대한 방대한 헌사다.

대통령이 된 뒤에도 문재인에게는 복이 따라다녔다. 국민의 버림을 받은 전임자가 비교대상이라 조금만 잘해도 두드러지는 여건이 무엇보다 호재였다. 보수는 궤멸 상태인 데다 야당은 존재감도, 투쟁력도 없었다. 언론과 여론은 우호적이고, 정부의 입김이 작용하는 공중파는 스피커 노릇에 충실했다. 조금이라도 불리한 여론이 형성될 기미가 보이면 거칠고 사나운 팬들이 여지없이 기선을 제압했다.

일이 잘 풀리려니까 코로나까지 도움을 줘, 마스크 몇 장 사려고 주민증 들고 길게 줄을 늘어섰던 유권자들이 몇 푼씩 나눠주는 돈에 화를 풀었다. 사회적 거리를 지키라는 방역 지침은 부정적인 여론이 형성되는 것을 막았다. '모범 방역국'이라는 해외 언론 보도에 국내 언론들이 맞장구를 쳐 국민의 눈과 입을 가렸다. 보수의 요새라던 TV조선까지 전국에 트로트 열풍을 불러일으켜 국민들 분노를 알아서 삭혀주니 태평성대가 따로 없었다.

함정은 축복에 있었다. 길흉화복은 동전의 양면이었다. 분에 넘치는 축복이 재앙이고, 복이 화가 되는 게 한순간이었다. 촛불의 환희는 순식간에 환멸이 됐다. 민주정권이라는 판타지로 임기를 시작했지만, 책임감도 반성도 없이 남의 탓에 이골이 난 탓에 국민의 신뢰는 바닥으로 떨어졌다. 끊임없는 편 가르기로 화해와 통합이라는 시대적 요청은 일찌감치 물건너갔다. 안타깝게도 현 정권은 역대 대통령들의 오류와 실책을 다 모은 실패의 완결판으로 변질되고 있다.

중국 눈치 보고 북한에 아부하느라 안보는 오래 전에 무장 해제되고, 소득주도 성장을 고집하다 경제가 추락하고 빈부 격차는 커졌다. 울산 시장이 무슨 대수라고, 대통령의 30년 친구에게 벼슬자리 하나 마련해주려고 국가기관을 해결사 조직으로 동원하고, 청와대로 번져오는 탈원전 수사를 막으려다 보니 30여 년 키워온 법치가 유린되고 민주주의는 망가졌다.

하늘의 그물은 성기지만 놓치지 않는다. 서울과 부산 보선에서 여당이 참패한 것은 4년간의 국가운영에 대한 냉엄한 심판이다. 원인을 아파트 값 폭등과 LH 사태로 돌린다면 안이한 분석이다. 작년 총선에서 폭발했어야 할 민심이 코로나 사태로 1년 유예된 것뿐이다. 그럼에도 여권은 보선 참패를 언론 탓, 검찰 탓, 20대 청년들 탓으로 돌리고 있다.

문재인 정권의 표상이 된 '아시타비(我是打非)'라는 이중 잣대는 서구의 좌파 지식인들이 우파를 타도할 때 동원해온 단골 구호다. "타인은 지옥(L'enfer, c'est les autres.)"이라는 레토릭으로 비판자를 모두 지옥의 악마로 규정한 장 폴 사르트르가 선구자다. 소련의 현실을 현장에서 목격하고서도 그는 『수용소 군도』에서 참혹한 실상을 고발한 알렉산드르 솔제니친을 '시대착오적 인물'이라고 힐난했다.

마오쩌둥과 김일성에 도취되어 북침을 옹호하다, 남침을 입증하는 증거들이 나오자 "미국의 유인 전략에 말려든 전쟁"이라는 궤변을 늘어놓은 사르트르. 자본주의가 생산한 물질적 풍요를 누리면서도 사회주의를 진보라 포장하는 그의 행적에서 문 정권 실세들의 실체가 보이는 것은 바로, NYT에도 등장하여 조국을 망신시킨 좌파 특유의 'naeronambul(내로남불)' 때문이다.

델포이의 신탁이 된 박 대통령 취임사

국민들이 밝힌 촛불 덕에 대통령이 된 사람이 왜 중국과 북한의 독재자들 편에 서서 외교와 안보의 기축을 흔들고 있을까. 자기편만 챙기다 경제와 민생을 망치고 '반쪽 대통령'으로 위상이 추락한 것은 무슨 이유일까. 팔만대장경같이 아름다운 말들을 쏟아내던 지성인이 파렴치범으로 밝혀지고, 험난한 시절 민주화 투쟁에 나선 386 혁명가들이 타락의 길을 걸은 것은 무엇 때문일까.

현 정권은 촛불을 들었던 시민들을 배반하여 다시 회초리를 들게 만들었다. 대한민국은 역대 대통령의 무덤이었다. 건국 이래 모든 정권이 초심을 잃고 절대권력을 추구하다 결국 민심을 잃고 패퇴의 길로 접어들었다. 시작은 창대했으나 종말은 초라한 용두사미 패턴은 12명의 대통령이 바뀌는 동안 예외 없이 되풀이된 권력의 생-장-소-멸 루틴이다.

직전 대통령 윤보선과 힘겨운 싸움에서 이기고 1963년 말 취임한 박정희 대통령이 "독선과 횡포를 자행하여 소수의 의사를 유린하면 이 나라 민주주의 전도에는 또 다른 비극의 씨가 배태될 것"이라는 단 한 구절의 취임사만 지켰더라도 16년 뒤의 비극은 없었을 것이다. '지렁이도 밟으면 꿈틀한다'는 속담만 흉중에 간직하고 있었더라도 '조국 근대화의 아버지'라는 찬사가 빛을 잃지는 않았을 것이다.

문 대통령이 또다시 전임자들이 깔아놓은 전철을 그대로 밟는 것은 '나만은 예외'라는 선민의식과, 누구도 피하지 못한 권력의 덫 때문이다. 우리나라 대통령에게는 견제장치가 없다. 무력으로 권력을 잡은 전두환이 임기를 마치고 제 발로 청와대를 걸어 나온 첫 번째 대통령이니 대한민국 정치현실은 얼마나 지독한 패러독스인가. 육군사관학교에서 만난 친구에게 대통령직을 넘겨주고도 백담사로 쫓겨 간 전두환이나, 전두환-노태우 두 동기생을 나란히 법정에 세운 YS를 보면, 대한민국 대통령제는 얼마나 아이러니한가.

"소수의 의사를 유린하면 비극의 씨가 배태될 것"이라는 박 대통령의 경구는 자신을 포함한 모든 대통령에게 '델포이의 신탁(Delphic Oracle)'처럼 들어맞았다. 자신의 외동딸까지 소수의 의사를 유린하다 임기도 마치기 전에 교도소로 직행했으니, 그의 예언은 오늘날까지 어느 후임자도 비껴가지 못한 권력의 숙명이었다.

헌법의 정신은 행정-입법-사법이 견제와 균형을 이루어 민주주의를 지탱하는 것이다. 그러나 현실적으로는 헌법상의 삼권분립 자체가 유기적으로 얽혀 있는 데다 대통령에 의한 인치(人治)가 법치를 앞서는 것이 사실이다. 여당이 야당보다 의석이 적은 여소야대 구조 아래서는 입법부가 상당한 견제를 할 수 있지만, 그나마도 폭주하는 기관차에 브레이크를 밟는 역할에 지나지 않는다.

단임제 아래서는 어느 대통령이나 초보일 수밖에 없다. 제도적 한계 이외에도 문 대통령에게는 구조적 결함이 있었다. 좌회전밖에 안 되는 차량을 끌고 온 것이 문제의 발단이지만, 인수위원회를 설치하고 국정을 파악할 시간적 여유도 없었다. 애당초 정치에 뜻이 없었기 때문에 공인의식이 부족하고, 세계 10위권 경제국을 선도할 만한 '국가경영능력(statecraft)'을 보여주지 못하는 것 역시 치명적 하자다.

대통령이 국정운영 경험이 부족하면 유능한 엘리트에게 기획을 맡기고, 최고의 전문가들에게 행정을 위임해야 하는데 지인지감(知人之鑑)이 떨어져 숨은 인재를 발굴하지 못한다. 도량이 협량(狹量)이라 자신보다 뛰어난 인물은 발탁하지도 않는다. 단 두 명의 예외가 검찰총장 윤석열과 감사원장 최재형이다.

적폐가 청산된 공간을 새로 채울 역량이 없으니 새로운 폐단이 독버섯처럼 자랄 수밖에 없다. 잘못을 인정하는 대신 과거 탓으로 돌리고, 노선을 바꾸는 대신 이벤트로 때우다보니 취임 당시의 초심으로부터 점점 멀어질 수밖에 없다. 게다가 학생 시절부터 몸에 밴 투쟁심과 이념성 탓에 타협의 예술인 정치를 타도의 과정으로 오해하고, 국정의 한 축인 야당을 타기(唾棄)의 대상으로 매도하는 데 이골이 났다. 제도적으로, 구조적으로, 타성적으로, 현 정권은 대한민국 대통령제가 가지고 있는 내재적 한계를 벗어나기 어려운 운명이었다.

5 욕망의 역습

■■■
갈라진 집, 갈라진 나라

에이브러햄 링컨은 어려운 환경과 사회적 역경을 근면과 야심으로 극복했다. 변호사 시절 파트너가 "그의 야망은 쉴 줄 모르는 작은 엔진"이라고 평했을 정도다. 당선보다 낙선에 더 익숙했지만 인간의 평등한 권리와 국민이 주인이라는 소신을 잃지 않았다. 그에게 기사회생의 기회가 된 것은 1856년 노예제 반대와 사회적 약자 보호를 표방한 공화당 창당이었다.

2년 뒤 치러진 연방 상원의원 선거는 처음부터 불리했다. 승산이 있었다면 애당초 출마 기회도 잡기 힘든 상황이었다. 링컨의 상대는 스티븐 더글러스. 링컨은 상대를 분열주의자로 공격하고 미국인의 단결을 호소하며 정치의 전면에 혜성처럼 등장한다.

"갈라진 집은 바로 설 수 없습니다. 어떤 주는 노예제를 고집하고 어떤 주는 이를 반대하는 한 우리 정부는 오래 갈 수 없습니다. 나는 연방이 해체되는 것을 원치 않습니다. 우리의 집이 무너지는 것을 원치 않습니다. 분열을 더 이상 방치해서는 안 됩니다. 이쪽이든 저쪽이든 하나가 돼야 합니다."

선거에는 패했으나, 7회에 걸친 공개토론으로 무명에 가깝던 그의 명성이 전국에 자자했다. 여세를 몰아 1860년 대통령후보로 지명된 그는 본선에서 더글러스를 다시 만나 보기 좋게 설욕한다. 그의 말에는 나라를 하나로 묶어야 한다는 신념이 담겨 있었다. 변함없는 신념이 유권자들에게 신뢰와 감동을 주었다.

통합적인 리더십은 당선 이후에 더 빛났다. 공화당과 민주당을 가리지 않고 대선 과정에서 경쟁을 벌인 유능한 '정적들을 한 팀(team of rivals)'으로 묶어 미국 역사상 가장 강력한 정부를 구성했다. 전쟁부 장관을 맡아 남북전쟁을 승리로 이끈 에드윈 스탠턴은 링컨을 '숲속의 고릴라'라고 놀렸던 민주당 출신 변호사다. "우리는 국민을 통합해야 한다. 나는 국민들이 그들의 봉사를 받을 권리를 박탈할 권리가 없다"는 것이 링컨이 밝힌 이유다.

웅변보다 더 큰 장점은 경청이었다. 남북전쟁 중에 링컨이 유력 정치인의 기분을 맞춰주려고 연합군 1개 연대의 이동 명령을 내렸다. 스탠턴은 "총사령관은 바보"라고 조롱하며 명령을 거부했다. "스탠턴이 나를 바보라고 했다면 틀림없이 맞을 것이다. 그의 판단은 거의 항상 옳다." 링컨은 자신의 결정이 실수라는 것을 깨닫고 주저 없이 명령을 철회했다. "미련한 자는 스스로 옳다고 생각하지만, 지혜로운 자는 조언을 듣는다"는 잠언 그대로였다.

150년 뒤, 링컨이 '갈라진 집(house divided)'이라는 비유로 분열된 미국의 현실을 비판하며 연방 상원의원 선거전에 나섰던 일리노이주 바로 그곳에서 40대 중반의 초선 상원의원이 대선 출정식을 갖는다.

2004년 여름 민주당 전국대회에서 "미국인은 모두 같은 국민(We are one people)"이라는 연설을 해 스타덤에 오른 버락 오바마였다. 당은 달랐지만, 가난한 환경에서 변호사가 되고, 존경받는 대통령이 된 링컨의 이미지를 차용하려는 전략이었다.

그 이전에 한국에도 비슷한 전략을 구사한 정치인이 있었다. 2002년 대선을 1년 앞두고 『노무현이 만난 링컨』이라는 책을 펴내며 당내 경선에 나선 변호사였다. 그는 통합의 리더십을 이렇게 평가한다.
"강력한 지도력은 강권적 지도력이 아니라 대중의 지도력이다. 수평적이고 개방적이며 자율적인 지도력이 통합의 지도력을 만든다. 이러한 지도력만이 남북 분단, 지역 갈등, 계층 대립이 만연한 우리 사회의 심각한 갈등을 풀어갈 수 있다. 나는 링컨에게서 그 전형을 발견한다."

인기가 많이 떨어진 뒤라 성사는 되지 않았지만, 대통령이 된 뒤 노무현은 실제로 연립정부 구성을 제안한다. 선거 이전에 링컨 연구서에서 주장했던 통합정신을 구현하려는 시도였다. 그는 지금 문재인을 비판하는 하나의 준거가 됐다. 지지자들이 흔히 인용하는 노 대통령 말이 "노무현의 친구 문재인이 아니라 문재인의 친구 노무현"이라는 칭찬이라면, 비판자들이 즐겨 쓰는 인용구는 "문재인에게 정치하지 말라"고 충고했다는 그의 선견지명이다.

참여정부에 참여했던 진보 지식인들도 상당수 비판대열에 합류했기 때문에 이제는 문 대통령 행태를 보며 노 대통령을 소환하는 일도 진부해졌다. 하지만 여전히 분명한 것은 '코드'를 따지며 진보 인사만 기용했던 참여정부보다 '캠코더(캠프 출신에 코드가 맞는 더불어민주당 출신)'만 중용하는 현 정권이 훨씬 더 인재풀이 작고 인물들이 왜소해졌다는 점이다. 패거리끼리 밀어주고 끌어주며 권력과 이권을 독점하면 부패 카르텔은 더 공고해질 수밖에 없다.

"통찰은 부족하고, 성찰도 없으니 '현찰'만 쫓는 게 586 엘리트가 세상을 사는 방식이다. 이익은 사유화하고 손실은 사회화한다. 강남 좌파든, 강남 우파든 이념이 아니라 대한민국 0.1%의 엘리트가 사는 방식이 문제의 핵심이다. 노무현 대통령 때까지만 해도 '깨끗하지만 무능한 진보'와 '유능하지만 부패한 보수'의 프레임이 작동했지만 지금은 둘 다 무능하고 둘 다 부패했다."

조국 사태가 내전 상태로 치달을 때 "강남 좌파와 586 엘리트가 오랫동안 감춰온 위선과 욕망의 민낯을 드러냈다"며 정치컨설턴트 박성민씨가 분석한 현실진단이다. 1년 반 지난 지금은 부패가 사회 전반으로 확산됐다. 윗물이 흐리니 아랫물이 흐려질 수밖에 없다.

검찰의 힘을 빼고 수사 범위를 줄여 범죄의 해방구를 만든 결과다. 결국 부패의 원인을 제공한 것은 정권이다. 경찰력을 동원하여 LH 사건을 파헤친다고 하지만, 법무차관이 변호사 시절 저질렀던 사고조차 파헤치지 못하고 거짓말만 반복하는 권력의 하부조직이 경찰이라는 사실은 천하가 다 아는 팩트 아닌가.

링컨이 지금도 세계인의 존경을 받는 것은 집권 전이나 후나 동일한 가치를 추구했기 때문이다. 노무현이 지금도 비교적 우호적 평가를 받는 것 또한 "원칙 없는 승리보다는 원칙 있는 패배가 낫다"는 소신을 청와대에 들어간 뒤에도 지켰기 때문이다.

한국의 부패를 지적한 미 국무부가 2020년 국가별 연례 인권 보고서에서 '중요한 인권 문제'로 꼽은 것이 있다. 대북 전단 금지법을 포함한 '표현의 자유에 대한 제약'이다. 민주적 가치에 무게를 두고 있는 바이든 행정부에서 한-미가 인권 문제를 두고 갈등을 빚을 수 있다는 우려가 제기되는 대목이다.

바이든 정부는 홍콩과 신장, 미얀마의 인권 문제도 제기했다. 문재인 정부는 미얀마 군부 쿠데타의 민간인 학살에 대해서는 미약하나마 목소리를 낸 반면, 홍콩이나 신장에서 벌어진 학살에 대해서는 침묵으로 일관했다.

정치적 유불리와 이념적 거리에 따라 정의와 공정과 인권에 대한 기준이 달라지는 문재인 정권의 선택적 장애를 목격할 때마다 슬며시 고개를 드는 의문이 있다. 노 대통령도 중국과 북한의 심각한 인권 침해 앞에서 그의 '친구'처럼 비굴하게 대처했을까.

포퓰리즘 폴리티킹 그리고 프로파간다

벌써 80% 가까운 국민이 코로나바이러스 항체를 얻었다. 미리 확보하자는 전문가의 건의를 정부가 믿고 따른 결과다. 신생아와 노약자들 빼면 거의 다 접종을 끝냈다. 식당과 술집이 오랫동안 닫혔던 문을 활짝 열자 전국에서 축제가 벌어졌다. 순식간에 경제가 살아나고 '보복소비(revenge spending)'가 제대로 터졌다. 미용실은 하루

500% 매출이 폭증하고 리테일 소비는 250%가 늘었다. 모처럼 살맛 나는 세상이 도래했다. 이런 게 바로 '사람 사는 세상'이다. 4월초 영국 얘기다.

미국은, 더 별천지다. 백신이 남아돌아 길 가는 외국 관광객도 맞을 수 있다. 18세 이상 성인 중 최소 1회 백신을 접종한 사람만 1억 3천만 명에 달한다. 한 번 접종으로 끝나는 백신도 있다. 이스라엘을 빼면 세계에서 가장 빠른 속도다. 경제도 '코로나 블루'에서 벗어나고 있다. 산업과 고용, 소비가 일제히 살아나는 선순환에 시동이 걸려 뉴욕 증시는 연일 사상 최고점을 경신하고 있다.

우리나라는?

접종률 2%. 입이 열 개라도 할 말이 없는 대참사다. 총리로서 마지막 중앙대책본부 회의를 주재한 정세균은 "우리는 다시 한 번 4차 유행의 고비에 직면해 있다"며 이렇게 말했다. "일부 전문가들은 이제껏 경험한 어떤 유행보다 더 길고 더 고통스러울 것이라고 경고하고 있기도 합니다. 하지만 우리는 그간의 경험을 통해 어떻게 하면 이 위기를 넘길 수 있을 것인지 잘 알고 있습니다."

더 고통스러운 미래가 올 수도 있으니 시키는 대로 잘 따르는 것 이외에 대책이 없다는 자백이나 다를 바 없다. 그의 말대로 코로나19 첫 확진자가 발생한 지 453일째 되는 2021년 4월 16에도 신규 확진자 수는 673명. 늘어나는 추세를 잡지 못했다. 자영업자 비율이 1위인 나라에서, 경제의 실핏줄이 터지고 중소업자들은 피가 마르는 위기 앞에서, 누적 사망자가 1,800명에 이르는 참상을 두 눈으로 매일 확인하고서도 그는 사표를 던지고 대선무대로 떠났다.

"국군이 인민군을 철저하게 막고 있으니 안심하라"는 방송을 남기고 한강다리 끊고 도망간 이승만 무리가 연상됐는지, 귀한 생명을 물속에 놓고 혼자 도망 나와 지폐를 말리고 있던 세월호 선장이 떠올랐는지, 특수학교에서 장애인들을 가르치는 교사 배재희씨는 방역 재앙에 대해 페이스북에 이렇게 썼다.

"하드보일드 지옥도를 만든 원흉, 분명 실체가 드러날 거다. 공무원들은 기록을 잘한다. (…) 최고결정자 그룹은 그간 어떤 착각과 치명적 실책이 있었는지 해명문 잘 준비해야 할 거다. 힘겨운 이 나라 국민들 파산시킨 정치인들, 반드시 천문학적 수준으로 구상권을 청구해 파산시켜야 한다. 국민을 망하게 한 정치는 망하는 게 정의요, 도리다."

장애 학생들의 등교가 막혀 고통이 가중되는 현실에 분노한 교사의 절규가 짧은 글에 생생하다.

DJ 당시 국민의 정부에서 한국정신문화연구원 원장, 참여정부에서 한국인권연구원 이사장을 역임한 진보 학자 한상진 교수는 586운동권을 '진보로 위장한 좌파 집단'이라고 정의했다. 『파리의 택시 운전사』를 쓴 진보 논객 홍세화 선생은 그들을 '민주 건달'이라고 불렀다.

문재인 정권을 움직이는 권력엘리트가 가장 잘하는 것은 세 가지다. 포퓰리즘(populism) 프로파간다(propaganda) 정치공작(politicking). 이 세 가지 주특기는 '위수김동(위대한 수령 김일성 동지)'에게 충성을 맹세한 좌파세력을 하나로 모으고, 세포 분열을 통해 우리 사회 전체로 영향력을 확산해 나가는 정치기술이다. 권력엘리트와 각 지역 오피니언 리더를 한 몸으로 묶어 100년 정당을 만들고 20년 장기집권을 기도하는 현실적 방법론이기도 하다.

이들의 계산에는 대한민국의 미래가 없다. 국가경제가 타격을 받든 말든 거대한 예산을 들여 선심성 프로젝트를 추진하고, 각 지역을 돌며 맞춤형 개발 공약을 남발한다. 코로나 피해를 이유로 세금을 나눠줘 총선에서 재미를 보더니 올해에는 서울에 대규모 주택단지를 개발하고, 부산에는 28조 원짜리 공항 건설을 약속했다. 추경을 편성하여 현찰도 뿌렸다. 두 도시의 보선을 겨냥한 정치공작이었다. 코로나가 종식되면 '위로금'을 주겠다고 대통령이 약속했으니 대선 직전에는 목돈을 살포할 것이다. 손 털고 나가면 그만이기 때문이다. 표퓰리즘에는 대가들이다.

586은 자신들 주머니를 챙기는 데에도 특별한 재주를 가지고 있다. 민주화 경력을 보상하는 각종 법을 만들어 훈장과 현찰을 챙기더니 60대로 접어들자 세습을 도모하고 있다. 자녀들 수업료와 등록금을 지원하고 직업훈련과 의료비까지 국비로 지급하는 방안이다. 주택 구입도 지원한다. 그것도 일회성이 아니라 아예 법으로 못을 박아 제도적으로 세금을 파먹겠다는 기생충 심보다. 논란이 일자 선거를 의식하여 취소했지만, 눈에 불을 켜고 다시 들이댈 틈을 노리고 있을 것이다.

홍보 전단을 금지하여 김정은에게 보호막을 제공한 여당은 '5·18 왜곡 처벌법'을 제정했다. 국민의 비판을 막는 5.18 보호법이다. 현지에서 먼저 양심의 소리가 나왔다. "광주항쟁은 좁게 전두환과 싸운

게 아니라, 자유와 민주를 지키려는 것이었다. 표현의 자유를 억압하면서 어떻게 우리가 더 자유롭고 더 민주적일 수 있겠나." 전남 함평에서 시민의식을 일깨우는 최진석 서강대 교수가 과잉입법에 반대한 이유다.

5.18정신을 확산하려면, 금줄을 치고 성역화 할 것이 아니라 사상을 당한 군인들도 품에 안고 가야 한다. 명령에 따라 진압에 투입된 장병들도 모두 국민의 아들딸이고, 우리와 다름없는 국민이 아닌가.

프로파간다는 몰매를 맞아도 시원찮을 불법과 탈법을 교묘한 언술과 그럴듯한 슬로건으로 포장하는 좌파 특유의 정치기술이다. 의미와 상징을 왜곡하여 여론을 조작하고, 국민의 눈과 귀를 속여 지지를 이끌어내는 것이 생명이라 히틀러같이 집단적 광기를 불러일으켜 대중을 속여야 하는 전제정권에서 발달했다.

정치공작은 합법과 불법의 경계를 넘나들며 적을 공격하여 선거를 이기고, 프로파간다와 포퓰리즘을 총동원하여 장기집권을 획책하는 다양한 테크닉이다. 정치적으로 깜냥이 안 돼 8전 8패한 인물을 청와대와 경찰 조직이 동원되어 당선시킨 울산 시장 선거가 비근한 케이스다.

공작은 공작을 부른다. 검찰 공소장만 봐도 '대통령'이라는 단어가 35차례나 나오고 여권 실세 이름이 줄줄이 거명된 불법 공작을 막기 위해 현 정권은 지금까지도 무리수를 반복하고 있다.

휴머니즘에 기반을 둔 사회주의는 나쁜 이념이 아니다. 좌우 두 개의 눈으로 세상을 고르게 보지 못해 사회를 분열하고, 수치와 염치를 모르고 탈법을 자행하는 행태가 나쁜 것이다. 우파는 정치공작이 불법이나 편법이라는 사실을 인정하고 사과했는데, 목적이 수단을 합리화하는 좌파의 사전에는 그런 인성이 없다. 기존의 질서는 모두 사회악이라 여기고, 피도 눈물도 없는 몰인정을 투쟁의 힘이라고 믿기 때문이다. 문 대통령이 결코 자신의 과오를 인정하거나 사과하는 법이 없는 것도 같은 이유다.

거짓말과 폭언과 비리로 점철된 LH 사장을 국토교통부 장관으로 임명했을 때, 진보 일간지 한겨레에 '사람이 먼지다'라는 만평이 실렸다. 후보 시절 그가 자랑스럽게 내세운 '사람이 먼저다'라는 구호에 때가 덕지덕지 끼어 '사람이 먼지인 세상'이 된 것이다. 현 정부의 실체적 진실과 국가경영 능력이 딱 이 수준이다. 민주당과 민주노총에는 '민주'가 없다. 정의당과 정의기억연대에는 '정의'가 없다. 시민단체에는 '시민'이 없고, 여성 환경 인권 단체에는 '여성' '환경' '인권'이 없다.

민주와 정의라는 깃발로 고난의 행군은 견뎠지만, 갑작스럽게 주어진 풍요를 이기기에는 인성도, 자질도, 공인의식도 부족한 좌파의 실체. 너무 큰 완장을 차고, 너무 무거운 깃발을 들고 동물농장을 휘저은 돼지들의 민낯이 권력이라는 스포트라이트 아래 고스란히 드러난 것이다. 일찍이 아우렐리우스 아우구스티누스는 "정의 없는 국가는 도둑떼에 불과하다"고 규탄했다. 그때나 지금이나 나라를 거덜낸 도둑떼가 노략질하는 가장 값진 제물은 ― 청년들의 미래다.

III
최고의 정의는 양심이다

불의가 법이 될 때
저항은 의무가 된다.

— 토머스 제퍼슨

When injustice becomes law,
resistance becomes duty.

1 윤석열 죽이기

■■■
휴브리스의 덫

박근혜 정권의 몰락이 세월호에서 비롯된 것이듯, 문재인 정권의 쇠락은 조국 사태가 단초를 제공했다. 박근혜 정권의 그늘에 숨어 권력을 공유했던 최순실처럼 조국은 문재인 정권의 도덕적 뿌리를 야금야금 갉아먹었다. 3년 전 이미 전 세계에 방영된 정치드라마의 후속편이라 스토리라인은 진부하고, 배우의 성별과 얼굴만 다른 시트콤이라 식상하기 짝이 없다. 그러나 정치적 의미와 사회적 파장은 그때 이상으로 깊고 크다.

우리나라 정치는 대단히 역동적이다. 그러나 서너 발 앞서갔다 두세 발 퇴보를 거듭해 발전이 더디다. 무엇보다 조국 사태에서 윤석열 퇴진으로 이어진 1년 반은 민주주의 궤도를 이탈한 문재인 정권의 실체가 적나라하게 공개된 기간이다. 그것은 산업화와 민주화를 이룩했지만 권력 내부는 여전히 모순으로 가득한 정치적 후진성, 그리고 우리가 힘겹게 쌓아 올린 민주화 탑도 쉽고 빠르게 무너질 수 있다는 구조적 취약성을 동시에 보여준 긴박한 시간이었다.

그 덕에 이 땅에 얼마나 많은 거짓말과 허위의식이 진리처럼 유통

되고 있는지도 여실히 드러났다. 군사독재가 막을 내린 뒤 얼마나 많은 사람들이 손쉽게 명예를 얻고, 얼마나 간단히 자기들만의 성을 구축했는지도 드러났다. 가면 뒤에 얼마나 쉽게 허상을 감출 수 있는지도 알 수 있었다. 가식 뒤에 숨겨 왔던 본색을 스스로 드러낸 사람들도 있다. 진영을 위해서다. 그 가운데 하나가 소설가 조정래다. 그는 정경심 담당 재판부에 이런 요지의 탄원서를 냈다.

"정 교수는 지난 한 해 동안 영육의 고통을 당한 것만이 아닙니다. 부군인 조 교수와 아들과 딸까지 많은 언론들의 지나친 취재와 악의적 보도, 그리고 전 가족을 대상으로 한 무차별적 수사로 온 집안이 망가지는 멸문지화를 당했습니다. 정경심 교수도 아무 억울함 없이 자유의 몸이 되어 이 나라 문학 발전을 위해 그 능력을 맘껏 발휘할 수 있도록 하여 주시기를 거듭 간절히 바라옵니다."

지방지에 실린 그의 탄원서는 조국이 트위터에 공유하며 세상에 알려졌다. '목 잘린 윤석열'과 '목 꿰맨 윤석열'이라는 잔혹한 그림을 연달아 실은 문제의 신문이다. '바라옵니다'라는 말을 반복한 조정래 탄원서가 제출된 시기가 "토착왜구라고 부르는, 일본에 유학을 갔다 오면 무조건 다 친일파가 돼버린다"는 터무니없는 막말로 그의 작품을 읽은 독자들을 경악하게 만들었던 직후라 실망하는 반응도 없었다.

촛불이 번져 가던 2016년 12월에는 조선일보에 이문열 칼럼이 실렸다. "4,500만 중 3%가 한군데 모여 있다고, 추운 겨울밤에 밤새 몰려다녔다고 바로 탄핵이나 하야가 '국민의 뜻'이라고 대치할 수 있는가." 이 글이 촛불을 모독했다며 여기저기서 그의 책을 불태우는 이벤트가 벌어졌다. '보수여 죽어라, 죽기 전에… 새롭게 태어나 힘들여 자라길'이라는 제목의 칼럼이 1면에 게재된 신문이 나온 다음 날, 조국은 트위터에 이렇게 썼다.

"이제 민심은 즉시 '하야(下野)'를 넘어 즉시 '하옥(下獄)'을 원하고 있다."

촛불정국의 막후 지휘자가 부른 타령에 맞춰 하야한 박 대통령은 그 뒤 결국 하옥됐다. 이문열의 바람대로 낡은 보수가 죽어 전국 단위의 선거에서 패배를 거듭해도 새로운 보수는 태어날 기미가 보이지 않았다. 어디서도 조정래 책을 불태웠다는 소식은 들리지 않았다. 촛불이 꺼진 세상에 민주건달들의 진군 나팔소리가 요란하게 울렸다. 새벽닭이 울기 전, 대한민국의 밤은 가장 깜깜했다.

중앙무대에 오른 경험이 없는 빌 클린턴이 화려한 경력을 가진 현역 대통령을 꺾자 스태프는 세 가지 'H'를 조심하라는 주문을 한다. 건강보험(Healthcare) 힐러리(Hillary) 휴브리스(Hubris). 워싱턴 정치문화를 접한 적이 없는 루키가 욕심만 앞서 건강보험 같은 휘발성 강한 이슈를 서둘러 꺼냈다가 역풍을 맞거나, 능력과 욕심이 충만한 퍼스트레이디가 대통령이 된 것처럼 오버액션을 하거나, 오만에 빠져 과속을 하다 정치인생을 그르칠까 염려한 것이다.

휴브리스는 벼락성공 이후 과욕을 절제하지 못하고 신과 갈등을 일으키다 파멸에 이르는 그리스 비극에서 유래한 말이다. 아놀드 토인비가 역사 분석에 도입하면서 정치학에도 유행어가 됐다. 역사를 바꾼 '창조적 소수(creative minority)'도 오만에 빠지면 실패하게 된다. 최근에는 마이클 샌델이 『공적이라는 착각(The Tyranny of Merit)』에서

"위너에게는 휴브리스를, 루저에게는 굴욕을 준다"며 능력주의를 비판하는 데에도 사용됐다.

선거캠프 대변인을 거쳐 서른한 살에 백악관 최초의 여성 대변인이 된 디디 마이어스는 빌 클린턴에게 대선 출마를 권하며 "미국 대통령은 부시-클린턴-부시-클린턴으로 이어질 것"이라고 자신감을 불어넣어준다. 힐러리는 똑똑하고 자신만만하지만 자칫 지나치면 공개석상에서 문제를 일으킬 소지가 다분하므로 비밀병기로 감추어두는 편이 유리하다고 권유한 것도 그녀였다.

맥베스의 마녀 예언처럼 영험하던 디디의 말은 아들 부시가 대통령이 되는 것을 끝으로 효력을 상실한다. 그녀가 힐러리와 다투고 백악관을 떠난 데다 빌과 힐러리 부부가 결국 휴브리스의 덫에 걸렸기 때문이다.

샌델의 분석을 빌리면 "능력주의는 신화처럼 사람들 마음속에 정의(justice) 그 자체로 각인됐으나 (…) 노동자들은 블루칼라 계급을 챙겨주겠다는 포퓰리스트에게 투표"했던 것이다. 클린턴과 오바마와 힐러리가 키운 신자유주의 물결에 신물이 난 노동자들이 더 이상 기회의 평등을 믿지 않고 가시적인 지원을 약속한 트럼프를 선택한 결과였다.

문재인 정부 또한 휴브리스의 굴레에서 자유롭지 못하다. 경제불황에 코로나까지 겹쳐 일상생활조차 불편한 상황이라면 여당의 패배가 정상인데, 총선에서 대승을 거둔 것이 정권의 오만과 편견을 극대화했다. 박근혜 시절 공직자가 국민을 '소돼지'라고 했을 때도 홍분했던 유권자들이 '가붕게(가재 붕어 게)'로 불러도 분노하지 않자 국민을 무시한 채 욕심껏 민주주의를 유린한 게 화근이었다.

시리즈로 전개된 '윤석열 죽이기' 작전은 무능과 실책, 부패와 비리, 편법과 불법을 덮기 위해 정치권력이 모든 수단과 방법을 총동원한 한판 전쟁이었다. 냉전과 열전을 반복하며 전쟁은 여전히 진행 중이다. 단기필마로 승리한 윤석열은 지금 국민의 지지도 1위를 달리고 있다. 4월 재보선에서 참패한 뒤에도 조국의 지지자들은 '나도 범인이다'라는 캠페인을 전개하고, 추미애 자리를 이어받은 박범계는 검찰의 손발을 묶기 위해 가열차게 매진하고 있다.

2012년 대선을 1년 앞두고 '사람사는세상 노무현재단' 이사장 문재인은 "더 이상 절망의 시기가 반복되지 않기를 소망한다"며 『운명』이라는 책의 집필 동기를 이렇게 밝혔다. "이명박 대통령과 이명박 정부가 역사에 반면교사라면, 노무현 대통령과 참여정부가 역사에 타산지석이 될 수 있도록 다양한 증언을 남기는 게 필요하다."

똑같은 실패를 반복하지 않으려면 역사에서 배워야 한다. 문재인 정부를 반면교사로 삼아 민주주의의 훼손을 막고 희망이 꿈틀거리는 대한민국을 복원하려면 '조국 대전'과 윤석열의 응전에서 길을 찾아야 한다. 정의와 상식이 존중되는 정상국가, 양극화를 완화하고 동반성장을 추구하는 공생경제, 앞장서 이끌고 뒤에서 밀어주는 공동체 정신이 회복돼야 국민이 행복하고 나라가 미래로, 세계로, 우주로 뻗어나갈 수 있다.

조국의 헌법 vs. 윤석열의 헌법

'우리 총장님'이 '기피인물(persona-non-grata)'이 되고, 검찰 길들이기(taming)로 시작한 윤석열 때리기(bashing)가 사활을 건 전쟁으로 번진 것은 예견된 사태다. 검찰을 권력의 '주구(running dog)'로 만들고자 했던 당초의 계획이 틀어지자 적반하장 식으로 몽둥이를 든 것뿐이다. 짧은 시간에 정권 내부에 감춰야 할 것이 그만큼 많이 쌓여 있었기 때문이다.

부패권력과 검찰의 힘겨루기는 역대 정권에서 자주 있었던 일이지만, 지금처럼 방법이 거칠고 방식이 적나라한 것은 처음이다. 문재인 정권이 만들고자 하는 나라가 정상적인 민주국가가 아니라는 반증이다.

대장은 뒤에 숨고 행동대장들이 번갈아 나선 윤석열 죽이기는 힘이 정의라고 믿는 패권주의자와 정의가 힘이라고 믿는 원칙주의자의 대결이었다. 민주화 경력을 세습하고 권력을 독점하려는 사이비 민주주의자와, 이 땅에 과연 법과 상식이 통하는지를 묻는 자유민주주의자 사이의 가치 전쟁이었다. '선출된 권력' 운운하며, 나세르나 카스트로처럼 독재자가 전권을 휘두르던 '신대통령제(Neo-Präsidentialismus)'로 시대를 되돌리려는 좌파세력과 대한민국의 정통성을 지키려는 양심세력이 국가의 명운을 걸고 승부를 겨룬 역사적 대결이었다.

승패가 달린 판결을 앞둔 미묘한 시점에 대법원장을 불러 법관을 압박하는 대통령, 대놓고 불의를 정의라고 우기는 소피스트들, 돌아가며 관제데모를 벌이는 어용 종교인들, 검찰의 수사권을 빼앗아 처벌을 피하려는 국회 내 범법자들… 대통령부터 나팔수들까지 한통속이 되어 '인격살인(character assassination)'을 저지르는 권력의 칼, 언론의 칼, 어용의 칼과 윤석열은 맨몸으로 맞섰다.

실무 경험이 없는 조국이 책상머리에서 펜대를 굴려 경찰에 수사권을 몰아줄 때도, 조국이 축소한 수사권 때문에 권위가 떨어진 검찰총장의 수족을 추미애가 자르고 공수처를 만들며 퇴임을 종용할 때도, 조국이 조정한 수사권이 국회에서 통과되어 검찰 수사권이 실제로 축소되고 공수처를 만든 추미애가 대한민국 역사상 처음으로 검찰총장 직무를 정지시켰을 때도, 윤석열은 단기필마로 불의한 적들과 대항했다. 그가 손에 든 것은 헌법책 한 권뿐이었지만, 면전의 불의가 커질수록 그의 뒤에 선 사람들도 빠르게 불어났다.

"불굴의 용기와 인내로 슬기롭게 역경을 돌파해온 아드님의 경험과 경륜을 통해 대한민국이 다시 살아날 길을 모색하는 책을 쓰고 있다"며 면담을 청하자 윤 총장 부친은 "언제든 좋다"고 흔쾌히 만남을 약속했다. 시베리아 한파가 덮쳐 전국이 얼어붙었던 12월 16일 연세대 대우관 명예교수실 소파에 마주앉은 윤기중 선생은 한눈에도 선비의 기개가 느껴졌다. 석학의 명성에 걸맞게 논리는 정연했고, 꼿꼿한 인상과 달리 인품이 온후했다.

"고향에 있는 일가친척들도 궁금한지 가끔 전화를 해요. 걱정을 하는 분들도 있는데, 왜, 무얼 걱정해요? 우리 아이, 어려서부터 옳지 않은 일은 한 적이 없어요. 내가 잘 모르고 혼을 낼 때도, 자기가 잘

못한 일이 없으면 종아리를 맞아도 잘못했다고 비는 법이 없었어요. 변명 한마디 하는 법이 없었고요. 나중에 내가 오해한 걸 깨닫고 자식한테 미안하다고 한 적도 있어요. 허허허."

옛날을 회상하는 윤 선생 얼굴에 화색이 돌았다. 걱정을 하고 갔던 나까지 마음이 환해졌다.

"잘 지켜보세요. 그 아이는 옳지 않은 길을 갈 위인(爲人)이 아닙니다. 대통령 아니라 대통령 할아비라도, 권력이 뭐가 무서워요? 잘못한 일이 없는데. 걔가 다니는 대학에서 모의재판을 여는데, 검사를 맡을 학생이 없었대요. 서슬 퍼런 전두환 정권 때였거든. 현직 대통령한테 5.17, 5.18 책임을 물어야 하니까 다들 기피한 거지, 후환이 두려워서. 그 시절이 그런 시대 아니었소? 그런 상황 아래서도 우리 애는 검사 역할을 자원했어요."

"그 당시에도 선생님은 걱정 안 하셨습니까?"

"왜, 나야 솔직히 걱정이 앞섰지. 걔가 우리 집 외동인데, 앞길이 구만리 같을 때 아니오? 전 대통령한테 사형을 구형하고 우리 애도 강원도로 몸을 피했어요. 나중에 들으니 절에 가서 스님들 공양미만 축내고 왔다더라고. 허허허. 혈기 방장한 학생들을 가르칠 때라 더 그렇게 느껴졌겠지만, 그때 시절이 칼날 위를 걷는 것 같았지. 나중에 전두환씨가 사람을 보냈어요, 그 댁 자제들도 내 제자거든. 만나서 그때 얘기를 했더니 그분이 그럽디다. '학교 다닐 때 젊은이들이 그런 기개도 없으면 큰일 못합니다.' 그 양반 통이 크더라고."

윤석열은 원칙주의자다. 위기 때마다 헌법정신을 거론하는 것도 그 때문이다. 헌법은 인간의 존엄성, 민주주의와 법치주의 같은 추상적이고 관념적인 언어로 구성된 국가의 기본법이다. 같은 조문을 인용해도 정반대의 결론이 도출되는 경우가 적지 않다. 조국은 검찰개혁안에서 "그 어떤 권력도 국민 위에 있을 수 없다"며 헌법 1조 2항을 인용했다. 윤석열이 말하는 헌법정신과 검찰 개혁의 논거도 같은 조항이다.

"헌법 제1조에 '모든 권력은 국민으로부터 나온다'고 규정되어 있습니다. 형사법의 집행은 국민으로부터 부여받은 권력이고 가장 강력한 공권력입니다. 국민으로부터 부여 받은 권한이므로 오로지 헌법과 법에 따라 국민을 위해서만 쓰여야 하고, 사익이나 특정세력을 위해 쓰여서는 안 됩니다. 검찰에 요구되는 정치적 중립은 법집행 권한이 국민으로부터 나온다는 헌법정신을 실천할 때 이루어지는 것입니다."

윤석열 검찰총장의 취임사 일부다. 검찰이 국민 위에 군림한다고 본 조국은 검찰 견제가 검찰 개혁이라 해석한 데 반해, 윤석열은 검찰권은 특정세력을 위한 것이 아니므로 정권에 대해서도 엄정하게 견제하는 것이 헌법정신이라고 본 것이다.

우리나라 헌법에는 전쟁이 인류에 남긴 교훈과 서구 민주주의의 정신적 유산 그리고 독립운동을 거쳐 건국에 나선 선열들의 소망이 고스란히 담겨 있다. 하지만 권력욕을 제압하지 못해 누더기가 되고 이념에 따라 곡해되기 일쑤였다. MB에서 촛불정국으로 이어진 보수정권 시절, 헌법 1조 2항은 시위대의 가장 강력한 창이요 방패였다.

한국 사회는 지금 길을 잃고 방황하고 있다. 이럴 때 기준이 되는 것이 헌법이다. 혼란의 시대에 나아갈 방향을 가리키는 가장 신뢰할 만한 나침반은 집단지성의 산물이자 국민적 합의로 도출한 헌법정신뿐이다. 적폐수사도 같은 맥락이다. 윤석열은 하명수사로 두 대통령을 기소한 것이 아니라, 국민이 부여한 권력을 자의적으로 사용한 반(反) 헌법적 혐의에 대해 메스를 댄 것이다. 권력에 대한 견제야말로 민주헌법의 존재이유이기 때문이다.

검찰총장이 되었다고 해서 시대적 소명을 접었다면, 윤석열은 수사 잘하는 검사들의 대표 정도로 치부됐을 것이다. 조국 일가에 대한 수사와 울산시장 선거 개입, 월성 원전 수사처럼 살아 있는 권력이 관련된 의혹에 대해 엄정한 검찰 수사를 기대한 것도 국민들이 그의 정치적 중립성과 균형 잡힌 시각을 알았기 때문이다.

박근혜 정부는 대통령 친인척과 청와대 수석비서관 이상 공무원의 비위를 적발하기 위해 대통령 직속 독립기구를 만들었다. 측근들 비위를 상시적으로 감독하는 특별감찰관실이다. 특별감찰관이 결원이 되면 30일 이내에 후임자를 임명해야 한다. 문재인 정부는 출범 이래 지금까지 그 자리를 공석으로 남겨 놓았다. 부패의 온상에 자동 출입문을 달아준 셈이다. 검찰이 전격적으로 수사에 착수할 때까지 조국 같은 실세측근들 비리는 대통령의 등잔 밑에 방치될 수밖에 없는 구조였다.

2 문재인의 국민·윤석열의 국민

■■■
국민이라는 무거운 이름

　헌법과 동렬로 윤석열의 가슴에 박혀 있는 것은 국민이다. 2019년 7월 25일 청와대에서 임명장을 받는 자리에서 이미 "저 스스로도 그렇고 주변에 있는 검찰 안팎에 계신 분들도 정말 어려운 일이, 지금 지내온 것보다 더 어려운 일들이 많이 놓일 것이라고 말씀하신다"고 넌지시 각오를 밝힌다. 살아 있는 권력에도 엄정 대처할 수밖에 없다는 입장을 에둘러 피력한 것이다. 그리고 이렇게 다짐한다. "헌법과 국민을 생각하는 마음가짐으로 열심히 해나가겠습니다."

　43대 검찰총장으로 국민에게 선 보이는 공식석상에서 그가 밝힌 2,400여 자의 취임사는 민주주의에 대한 확고한 신념과, 대한민국의 주인인 국민에게 충성을 다짐하는 맹세문이었다. 하지만 윤석열을 추천한 조국 민정수석도 진의를 파악하지 못했다. 대통령도 원칙적 대응을 당부한다. 스타일리스트다운 의례적 인사치레였다.

　"우리 사회를 공정한 사회로 만드는 그 일을 검찰의 시대적 사명으로 여겨주셨으면 좋겠다는 생각이 듭니다. 반칙과 특권, 이런 것은 정말로 용납하지 않는, 그래서 정의가 바로 서는 그런 세상을 만들고, 마지막으로 한 말씀 더 드리자면 우리 윤 총장님은 권력형 비리에 대해서 정말 권력에 휘둘리지 않고, 또 권력의 눈치도 보지 않고 사람에 충성하지 않는 그런 자세로 아주 엄정하게 처리해서 국민들 희망을 받으셨는데, 그런 자세를 앞으로도 계속해서 끝까지 지켜 주십사 하는 것입니다."

 취임하는 자리에서 밝힌 윤석열의 각오는 대통령의 원론적 격려에 대한 원론적 화답이 아니었다. 평소의 소신과 경력, 강직한 성품에서 우러나온 명쾌한 수사 지시였다. 그것을 그는 행동으로 보여주었다. 신속성과 정확성이 생명인 특수부에서 '칼잡이'로 명성을 날린 그의 결단은 민첩하고 예리했다.

 검찰이 공식적으로 조국 사건에 착수한 것은 부동산 위장매매 의혹으로 고발된 조씨 부부 사건이 서울중앙지검에 배당됐을 때다. 윤 총장 취임 이후 한 달도 안 된 시점이었다. 조 수석이 법무장관으로 지명된 데다 74억 원 사모펀드 투자약정이 논란을 빚어 검찰도 예의 주시하지 않을 수 없었다. 너무도 빨리 윤석열은 운명을 건 시험에 들었다. 그의 전면에는 서슬 퍼런 권력이 버티고 있었다.

 윤석열은 주저하지 않고 정공법을 택했다. 당사자보다 더 놀란 것은 대통령이었다. 조국에게 마음의 빚이 있다는 말은, 임명을 후회한다는 솔직한 고백의 우회적 표현이었다. 청와대에서 발표한 임명식 보도자료에는 대통령의 말이 이렇게 이어진다.

 "한 가지 더 강조하고 싶은 것은, 제가 그 점을 강조하는 것은 이제 그런 자세가 살아있는 권력에 대해서도 똑같은 자세가 되어야 한다

Ⅲ 최고의 정의는 양심이다

고 생각하기 때문입니다. 우리 청와대든 또는 정부든 또는 집권 여당이든 만에 하나 권력형 비리가 있다면, 그 점에 대해서는 정말 엄정한 그런 자세로 임해 주시기를 바라고, 그렇게 해야만 검찰의 정치적 중립에 대해서 국민들이 체감도 하게 되고 그 다음에 권력의 부패도 막을 수 있는 그런 길이라고 생각합니다."

A4용지에 적혀 있던 대외 발표문과 그의 속내는 달랐다. 문재인이 말한 국민과 윤석열이 말한 국민도 달랐다. 청와대에서 준비한 서면을 보고 문 대통령이 국민 앞에서 읽는 공식적인 발언의 상당수는 상황에 맞게 분식한 공개적인 연기에 불과하다.

동서양을 막론하고 정치인의 말은 행동과 다른 경우가 비일비재하다. 1988년 대선에서 "내 입술을 잘 보라(Read my lips.)"라는 말로 유권자를 안심시켜 민주당 후보 마이클 듀카키스를 이긴 아버지 부시는 당선 뒤 곧바로 세금을 올렸다. 진짜 바보는 노무현이 아니라 끝까지 '줄푸세(세금은 줄이고 규제는 풀고 법질서는 세운다)' 공약을 지키기 위해, 증세를 주장한 유승민과 갈등을 빚다 당을 분열시킨 박근혜였다.

정치인 문재인이 보여준 언과 행을 일본식 용어로 풀이하면, 속뜻(혼네 本音)과 겉말(다테마에 建前)이 달라도 너무 다른 경우가 너무도 많았다. 이것이 집권 뒤 '내로남불'로 이어지고 '아시타비'라는 힐난을 받은 2중적, 3중적 캐릭터의 근원이다.

주머니 속의 송곳같이, 화려한 포장지를 뚫고 엉겁결에 가슴속 깊이 웅크리고 있던 혼네가 다테마에로 튀어나온 적도 있다. 겨우내 밤거리를 밝히던 촛불이 마침내 박 대통령 탄핵으로 귀결된 2017년 3월 10일, 그는 용솟음치는 기쁨을 억누르지 못하고 진도로 달려간다. 팽목항 앞 넘실거리는 파도를 바라보던 그는 애타게 구원의 손길을 기다리다 차갑고 무서운 바다 속에서 시들어간 꽃들에게 이렇게 소회를 피력한다. "미안하다. 고맙다."

팽목항 방명록에 적은 글은 '나라를 나라답게 든든한 대통령 문재인'이라는 구호를 내건 개인 블로그 '문재인(moonjaein2)'에 지금도 남아 있다. 하늘의 별이 된 아이들의 고통이나, 금쪽같은 자식을 가슴에 묻은 부모들의 비통함보다, 세월호 그 사고가 탄핵으로 이어지고 집권의 계기가 돼준 것이 지금까지도 한편으로는 미안하고 한편으로는 고맙게 느껴진다는, 그의 혼네다.

■■■
문재인의 민주주의 · 윤석열의 민주주의

정권과의 갈등이 정점으로 치닫던 2020년 11월. 윤 총장은 신임 부장검사 30명을 상대로 리더십 강의를 갖고 '진짜' 검찰개혁이 무엇인지 설파한다. "국민이 원하는 진짜 검찰개혁은 살아있는 권력의 비리를 눈치 보지 않고 공정하게 수사하는 검찰입니다." 국민과 헌법이 부여한 검찰의 권한을 빼앗아 권력을 지키는 충견들에게 넘겨주겠다는 문재인 정부의 가짜 검찰개혁에 대한 비판이자, 대통령에 대한 질정이었다.

일찍이 그는 항명이라는 오명을 뒤집어쓰며 권력의 집요한 수사 방해를 대명천지에 공개한 대장부다. 양심을 지킨 죄로 실질적인 수사권을 빼앗기고 대구와 대전 고검에서 한직을 맴돌았지만, 대한민국 검사로서의 기개를 굽히지 않은 사나이다. 발단은 국정원 댓글 사건에 대한 엄정한 수사였고, 좌천의 빌미는 야당이던 민주당 요청을 받고 2013년 10월 23일 서울고검 국정감사장에 출석하여 증언한 것이었다.

"이렇게 된 마당에 사실대로 다 말하겠습니다. (조영곤 서울중앙지검장이) 처음에 좀 격노했습니다. '야당 도와줄 일 있나?' '야당이 이걸 가지고 정치적으로 얼마나 이용하겠나?' '정 하고 싶으면 내가 사표내면 해라.' '우리 국정원 사건 수사의 순수성이 얼마나 의심받겠나?' 이런 식으로 발언하기에 검사장 모시고 이 사건을 끌고나가기는 불가능하다고 판단했습니다."

그는 사건의 성격을 민주주의의 근간을 무너뜨리는 중대범죄로 규정했다. "저는 선거사범을 많이 다뤄보지 못했지만, 선거사범으로 친다면 이거(국정원 댓글 사건) 이상 중한 범죄가 있을까 생각했습니다." 정권의 시각으로 보면 심각하고도 중대한 도전이었고, 국민들에게는 '윤석열'이라는 이름 석 자가 뇌리에 각인된 결정적인 계기였다. 그날부터 시민들은 민주와 정의에 대한 투철한 신념과 희생을 각오한 그의 용기와 기백에 찬사를 보냈다.

그에게 칼을 다시 쥐어 준 것도 결국은 박근혜 대통령이었다. 촛불이 정국의 핵으로 떠오른 2016년 11월 국정농단 의혹사건을 수사하는 특별검사로 대통령은 박영수 변호사를 지명하고, 박 특검은 윤석열 대전고검 검사를 팀장으로 임명했다.

특검팀은 그동안 제기된 의혹들 가운데 주요 혐의를 추려 박 대통령을 법정에 세웠다. 서울지검장에 발탁된 이후 윤석열은 이명박 대통령도 기소했다. 전두환과 노태우 두 대통령이 한 자리에서 법의 심판을 받은 지 25년 만이었다.

2018년 10월, MB에 대해 1심 재판부가 징역 15년에 벌금 130억 원을 선고하는 장면이 TV를 통해 전국에 생중계됐다. 박 대통령은 국정농단 사건 1심에서 징역 24년에 벌금 180억 원, 2심에서 징역 25년에 벌금 200억 원을 선고받았다. MB 사건은 2심, 박 대통령은 대법원 전원합의체 심리가 진행 중이던 2019년 6월, 문 대통령은 윤석열 서울중앙지검장을 검찰총장으로 발탁했다.

수사에서 배제됐을 때나 특검 수사를 할 때나, 총장 전이나 총장이 된 뒤에나 윤석열의 신념은 변하지 않았다. 소신 발언도 멈추지 않았다. 총장으로 취임한지 1년하고도 9일째 되는 날, 신임검사들 앞에서 강조한 것도 헌법정신이었다. 본인이 처한 상황과 정치권에 대한 견해도 감추지 않았다. 정권을 향한 작심 발언이었다.

"여러분의 기본적 직무는 형사법 집행입니다. 형사범죄를 규정하는 형사 법률은 헌법을 정점으로 하는 법체계의 일부를 구성하고 있습니다만, 다른 법률의 실효성을 담보하는 핵심적인 법률이자 헌법적 가치를 지키고 헌법을 보장하는 법률입니다."

"검사는 언제나 헌법 가치를 지킨다는 엄숙한 마음자세를 가져야 한다"는 말도 잊지 않았다. 자신에게도 아침마다 다짐하는 좌우명이었다. 이전 총장들만큼 인사권과 지휘권이 주어지지 않았고, 측근들은 좌천도 모자라 수사대상이 된 상황에서도 그는 헌법정신으로 자존감을 지탱했다. 압도적인 숫자로 국회를 지배하고 각종 법률을 남발하는 정치를 점잖게 꾸짖은 이날 발언은 여당의 반발을 샀다. 지은 죄가 있으면 원론적인 일갈에도 오금이 저리는 법이다.

"우리 헌법으로 수호하는 자유민주주의는 평등을 무시하고 자유만 중시하는 것이 아닙니다. 이는 민주주의라는 허울을 쓰고 있는 독재와 전체주의를 배격하는 진짜 민주주의를 말하는 것입니다. 자유민주주의는 '법의 지배'를 통해서 실현됩니다. 대의제와 다수결 원리에 따라 법이 제정되지만, 일단 제정된 법은 누구에게나 공평하게 적용되고 집행되어야 합니다."

2020년 12월 1일 법무장관의 명령으로 직무에서 배제됐던 윤 총장이 업무에 복귀하면서 거론한 것도 헌법정신이었다. 그는 오후에 대검으로 출근하면서 "모든 분에게 대한민국의 공직자로서 헌법정신과 법치주의를 지키기 위해 최선을 다할 것을 약속드린다"라고 말했다. 정권 너머에서 그를 응원한 국민에 대한 감사 인사였다.

윤석열 앞에는 보수도 진보도 없다. 재벌도 대통령도 없다. 그의 판단 기준은 정의냐 불의냐, 둘뿐이고, 준거는 법률과 양심뿐이다. 임기 초 조국에 대한 수사는 윤석열다운 대응이었다. 다양한 경험에서 우러나온 순발력과 집행력이 칼끝에 집약된 번개작전이었다. 조국도 사퇴하며 '국민'을 거론했다. 그가 호출한 '국민'은 세차 요원을 마다하지 않는 서초동 지지자들이었다.

윤석열의 국민은 언론에 있지 않다. 거리에도 없다. 윤석열의 국민은 헌법에 있다. 헌법은 지금 이 시대를 사는 우리만을 의미하지 않는다. 대한민국이라는 공간에서 국가를 세우고 지키고 만들어온 선열들과, 같이 살아갈 다음 세대까지 포괄하는 거시적 개념이다. 추미애의 등판으로 그의 권한은 더 줄어들었다. 그러나 그를 지지하는 국민이 늘어가면서 그를 부르는 소리도 커져 갔다. 문재인의 시간이 줄어드는 속도로 윤석열의 시간이 다가오고 있었다.

3 빗나간 화살

■■■
정권이 만들어준 법치 아이콘

조국 사퇴 이후 80여 일 공백 끝에 5선 의원이 법무장관으로 내정됐다. 정권과 검찰총장의 대결구도는 피할 수 없는 운명이 됐다. 추미애에게는 공개적으로 두 가지 미션이 주어졌다. 하나는 검찰 개혁, 또 하나는 검찰 견제. 이면계약서에 적힌 용어로는 공수처법 통과와 윤석열 찍어내기.

추미애는 인파이터였다. 스타일리스트 조국과는 접근방식부터 달랐다. 취임한 뒤 5일 만에 검사장급 간부 32명에 대한 인사를 단행했다. 정권이 윤석열 사단에 맡긴 칼을 거두어들이겠다는 선전포고였다. 적폐를 수사하는 검사 윤석열은 문재인 정부의 파트너였지만, 검찰총장 윤석열은 언제 칼을 거꾸로 겨눌지 모르는 두려운 존재였다.

윤 총장은 정권의 눈 밖에 나면 어떻게 되는지 똑똑히 봤다. 국정원 댓글 사건을 수사 중이던 2013년 9월 채동욱 총장이 도덕적인 문제로 검찰을 떠났다. 박근혜 정부 때라 보수 신문이 총대를 멨다. 막후공작 냄새가 났지만 스모킹 건은 없었다. 윤석열은 외압을 막아줄 총장이 떠난 뒤에도 원칙대로 수사를 진행했다.

윤 총장과 더 이상 함께 갈 수 없다는 우려가 높아진 계기는 울산시장 선거개입 사건 수사였다. 선거개입에 대한 윤석열의 입장이 얼마나 단호한지 2013년 국감장에서 이미 확인됐기 때문이다. 시장이 대통령의 오랜 친구인 데다 경찰이 청와대에 보고한 문건을 검찰이 확보하면서 대통령으로 수사가 확대될 가능성을 배제할 수 없다는 점이 여권을 자극했다. 울산 사건을 서울로 재배당한 것은 총장이 직접 챙기겠다는 시그널이라 여권으로서는 긴장하지 않을 수 없는 상황이었다.

원전 수사 역시 검찰의 도전으로 비춰졌다. 대전지검 형사5부가 2020년 11월 5일 산자부와 산하기관을 압수수색하자 민주당은 대변인 논평을 통해 "정치인의 생각을 알고 싶으면 발을 보라는 얘기가 있다"며 "월성 1호기 수사 관련, 국민의힘의 고발장이 향한 곳과 윤 총장의 발이 찾은 곳은 모두 같은 곳이었다"고 지적했다.

윤 총장은 1주일 전 대전고검과 지검을 방문했다. 그 이후 수사팀이 압수수색에 나선 것은 우연이 아니라는 주장이었다. 마음이 바빠진 추 장관은 19일 뒤인 24일, 총장에 대한 직무집행 정지 명령과 징계 청구를 신청한다. 검찰의 합법적 수사를 막기 위해 총장을 향해 저격용 총을 겨눈 셈이다.

원전 수사의 발단은 감사원 보고서였다. 최재형 원장은 "월성 1호기 경제성이 불합리하게 낮게 평가됐다"는 감사보고서 의결 나흘 전인 10월 15일 국정감사장에서 "국회의 감사 요구 이후 산업부 공무원이 관계 자료를 모두 삭제했다"고 밝힌 데 이어 참고자료를 별도로 송부해 본격적인 수사에 불을 붙였다.

그 이후에도 추 장관은 유치하고 졸렬한 편법을 총동원하여 윤 총장을 압박하고 모독한다. 군사정부에서도 꺼낸 적이 없어 사문화된 방식들이었다. '정의'라는 간판을 단 법무부(The Ministry of Justice)까지 '한 번도 경험해 보지 못한 나라'를 만드는 문재인 프로젝트에 본격적으로 뛰어든 것이다.

8전 8패. 단 한 차례도 성공하지 못하고 번번이 망신만 당한 싸움은 퇴임하는 순간까지 지속됐다. 승리는 신념의 산물이다. 신념은 지식에서 우러나오고, 지식은 오랜 기간의 훈련을 통해 스스로 터득해야 한다. 로마 공화정 말기 정치인 율리우스 카이사르도 알았던 승리의 공식을 추미애는 몰랐던 것이다.

그녀는 국회로 돌아간 뒤에도 도발을 멈추지 않고 있다. 윤석열 때리기는 성동격서(聲東擊西)를 본 딴 대선 전략이기 때문이다. 추미애 이름에는 노무현 대통령을 배반한 붉은 딱지가 붙어있다. 2004년 3월 보수 정당이 주도한 탄핵소추안 처리 당시였다. 그 다음 달 총선에서 민주당 선대위원장을 맡아 '삼보일배' 유세를 펼쳤지만 민심은 싸늘했다. 민주당은 9석을 얻는 데 그쳤고 그녀도 낙선했다. 문심(文心)과 문파의 마음을 돌리려면, 과잉 충성할 수밖에 없는 원죄다.

■■■
불의는 정의를 이길 수 없다

판사 출신 장관의 원맨쇼는 검찰의 명예를 훼손하고 조직을 둘로 갈라놓았다. 유능하고 경험이 풍부한 검사들이 상당수 권력의 시녀가 되기를 거부하고 검찰을 떠났다. 그 가운데 하나가 라임 사건을 지휘한 박순철 서울남부지검장이었다. '정치가 검찰을 덮어버렸다'는 제목의 글을 통해 그는 라임 사건과 가족 관련 사건을 묶어 윤 총장을 수사에서 배제한 장관을 비판했다.

각계에서도 추미애의 불공정한 처사에 대한 비판이 이어졌다. 문 정권의 정체를 묻는 시위도 잇따랐다. 순천지청장 출신 변호사 김종민은 "문재인 정권이 대한민국에 끼친 가장 큰 해악은 부패한 범죄 세력의 비호자로 국가권력을 남용하여, 권력에 빌붙은 불법과 비리는 철저히 보호되고 처벌받지 않는다는 선례를 남긴 것"이라고 지적했다. "개혁은 허울이자 핑계이고 검찰의 수사 칼날이 범죄집단과 권력을 향해 다가오지 못하도록 원천 봉쇄하려는 것 아닌가"라며 정경유착 의혹도 제기했다.

라임과 옵티머스 사건은 피해액이 2조 원이 넘는 초대형 금융사기 사건이다. '희대의 사기꾼'으로 지목된 김봉현의 문자에는 청와대와 금감원에 대한 로비 내용이 언급돼 있다. 정세균에 이어 총리가 된 김부겸의 딸과 가족이 라임으로부터 특혜를 받았다는 의혹도 있다. 윤 총장 후임으로 임명된 김오수도 변호사 시절 라임과 옵티머스 편에 섰다. 그는 이전에 감사위원으로 내정됐으나, 감사원의 정치적 중립 훼손을 우려한 최 원장에 의해 입성이 제지된 범죄 혐의자다.

추미애는 권력형 범죄혐의에는 눈을 감고, 범죄자의 옥중 편지만 믿고 수사지휘권을 발동한 대한민국 최초의 법무장관이다. 김 변호사의 표현대로 "미친 무당이 작두 타듯 검찰을 흔들어대는 칼춤"을 추다 쫓겨나듯 자리에서 물러날 때까지 추미애가 윤석열에게 쏜 화살들은 모두 과녁을 빗나갔다. 그 중에는 문재인 정부를 향한 것도 있다. 불의한 방식으로는 정의를 이길 수 없다는 명쾌한 증거였다.

첫 인사부터가 자충수였다. 언론은 윤석열 진영이 폭격을 맞은 것처럼 묘사했지만, 당사자들은 크게 동요하지 않았다. 예상된 일인 데다 서울에 집중돼 있던 손발이 전국으로 뻗어나갔으니 윤 총장 측의 시각으로 보면, 도리어 효율적인 수사를 가능케 해준 묘수였다.

지방으로 뿔뿔이 흩어진 윤석열 라인이 맨 처음 정권을 위협하는 실체로 등장한 곳은 대전이다. 2020년 10월 19일, 야당 의원들은 산자부 장관 등 관련자 12명을 월성 1호기에 대한 경제성 평가조작 의혹으로 대전지검에 고발한다. 추 장관이 두 번째 수사지휘권을 행사한지 3일 뒤다. 대전지검은 추 장관이 좌천시킨 검사장이 지휘하는 곳이다. 고검장 역시 대검에서 윤 총장과 손발을 맞추었던 사이다. 보복성 인사가 예리한 칼들을 일부러 한 곳에 모아준 꼴이었다.

총장 방문은 금세 효과를 발휘했다. 1주일 뒤 산업부와 한수원, 가스공사 등에 대한 대대적인 압수수색이 이뤄졌다. 직무배제 집행정지 가처분 소송을 제기하고 1주일 간 자리를 비운 사이에도 윤 총장은 수사 생각뿐이었다. 12월 1일 대검에 복귀하자마자 그는 원전 수사부터 챙겼다.

독단적인 인사를 시작으로 직무감찰, 직무정지 그리고 징계로 이어지는 사상 초유의 탄압 앞에서 검찰총장 윤석열은 법이 정한 대로 원칙(principle)을 지키며 인내(patience)하고 절제(moderation)했다. 2pm

스탠스였다. 두려움에 휩싸인 권력이 질풍노도처럼 몰아쳤지만, 그는 가을날 오후 2시, 세상의 곡물을 무르익게 한 햇볕처럼 차분하고 내실 있게 대응했다. 그리고 하나씩 승리를 거두었다. 역대 대통령들을 수사한 강골 검사의 내공 위에 전문적 법률지식과 보편적 상식을 쌓은 테크노크라트의 진면목이 우러나오는 대목이다.

4 윤석열을 키운 기개, 윤석열을 만든 원칙

칼과 방패

검찰은 양손에 방패와 칼을 쥐고 있다. 방패로 인권을 보호하고 칼은 사회악을 겨냥한다. 특수부가 겨냥하는 목표는 '거악'이다. 지금처럼 적과 동지로 국민을 양분하는 정부에서는 거악의 기준이 내 편이냐 네 편이냐에 따라 달라지지만, 특수부 검사들의 거악 개념은 단순하다. 권력형 불법이다.

"책상을 탁! 치니 억! 하고 죽었다"는 말로 세상을 우롱하며 스물두 살 서울대 학생 박종철씨 사망 사건을 은폐하려던 시절이 있었다. 불과 30여 년 전이다. 당시에도 경찰이 감춘 사인을 밝혀낸 것은 검찰이었다.

대한민국 검찰이 본격적으로 권력형 비리 수사에 나선 것은 노태우 정권부터다. 1991년, 정경유착 사건이 터졌을 때다. 서울 강남구 수서 택지 분양 특혜 비리다. 개발제한구역에 서울시가 건축허가를 내줬다. LH 사건의 원조 격이었다.

논란이 커지자 대검 중수부가 수사에 나서, 건설회사가 청와대 국회 건설부 공무원에게 돈을 뿌린 사실을 확인했다. 대검은 한보그룹 회장, 노태우 대통령 비서관을 비롯해 국회의원 5명을 구속했다. 정권이 바뀐 1995년 11월, 검찰은 노태우가 비서관의 알선으로 한보에서 100억 원을 뇌물로 받은 사실도 밝혀냈다. LH 사건의 해법이 그때 이미 제시된 것이다.

검찰의 특수수사가 다시 한 번 국민의 주목을 받은 것은 1997년, 살아있는 권력 수사에 착수했을 때다. 한 해 전, YS가 레임덕에 접어들 무렵 권력형 게이트가 터졌다. 이번에도 발단은 비서관이었다. 뇌물을 준 것도 같은 기업이었다. 자기자본의 40배가 넘는 5조 7천억 원을 대출받은 배후에 YS의 아들 현철씨가 사건의 몸통으로 지목돼 구속됐다. 정권의 시녀라고 조롱받던 검찰이 올린 개가였다.

수사를 지휘한 중수부장 심재륜에게 보약이 배달됐고, 10만 원 권 수표가 익명으로 선물되기도 했다. 청와대 근처에 사무실을 두고 막후 실세 노릇을 해온 거악을 사법처리한 데 대한 국민들의 응원이었다. 1997년 1월 한보그룹은 결국 부도를 맞았고, 국가경제는 빠른 속도로 외환위기를 향해 달려갔다.

사회가 다변화되고 언론이 보도의 자유를 찾아가면서 대형사건이 줄을 이었다. 검찰 내에서도 공안부에서 특수부로 중심축이 이동됐다. 정치권력과 경제권력의 고리를 끊을 수 있는 조직은 검찰뿐이다. 민주화가 진행될수록 권력에 대한 견제 요구는 커졌다.

특수부가 등장한 것은 한국경제가 국제무대에 올라간 1973년, 대검찰청에 특수부가 창설되면서다. 이듬해에는 서울지검과 부산지검에도 특수부가 생겼다. 대검 특수부는 1981년 중수부로 확대 개편됐다. 검찰총장 직속으로 전국 단위 수사는 물론 범죄 정보와 형사정책 관련 정보 수집도 맡았다. 전국 지검과 지청에 설치된 특수부는 대검 중수부의 지휘를 받는 단일팀이었다.

대검 중수부와 전국 특수부를 거치면서 '특수통'으로 불리는 검사들이 탄생했다. 노무현 시절 대선자금 의혹을 수사한 안대희, 박연차 게이트 수사에 참여한 최재경 등이 대검 중수과장, 서울지검 특수부장을 거쳐 대검 중수부장으로 발탁됐다. 중수부장은 전국 특수수사의 수장이자 특수통의 정점이었다. 윤석열 총장 역시 대검 중수1·2과장과 서울중앙지검 특수1부장을 거쳤다.

윤석열은 특수통 전성시기에 선배들의 기개를 온몸으로 익혔다. 그에게는 너무도 잘 맞는 옷이었다. 의정부지검 고양지청 부부장으로 재직하던 2006년에도 대검 중수부에서 파견 근무를 했다. 중수부는 2006년 6월 1천억 원대 비자금 조성과 계열사 공금횡령 혐의로 현대차그룹 회장 정몽구를 구속했다.

■■■
역경에 더 강해지는 사명감

기업의 반발은 거셌다. 조선일보 1면에 현대·기아차그룹과 주요 협력사 공동 명의로 정 회장을 선처해달라는 광고가 실렸다. "주요 해외사업이 중단될 수밖에 없어 국가경제에서 큰 비중을 차지하는 자동차산업이 망하게 됐다"는 여론의 압박도 거셌다.

중수부는 꿈쩍하지 않았다. 정 회장을 법정에 세웠고, 2008년 6월

징역 3년 집행유예 5년의 형을 이끌어냈다.

윤석열은 그해 론스타에 대한 외환은행 헐값 매각 사건 수사에도 참여했다. 대검 중수부는 2006년 3월 초 국회 재경위의 고발에 따라 특별수사팀을 편성했다. 2005년 9월 중순, 시민단체를 시작으로 2005년 10월 국세청과 2006년 2월 금감원이 검찰에 고발하면서 외환은행 헐값 매각 의혹은 증폭됐다.

그 당시 중수부장은 나중에 국정농단 사건 특검을 맡게 되는 박영수. 총장이 된 뒤 국정원 댓글 사건 수사팀장을 윤석열에게 맡긴 채동욱은 중수부 수사기획관이었다.

당대 최고의 특수통들이 중수부에 포진하고 있어 성과에 대한 기대감이 높았지만, 주범으로 지목된 스티븐 리가 종적을 감춘 뒤여서 외환은행 매각 수사는 순탄치 않았다. 그는 1998년 론스타가 한국에 지사를 개설할 때부터 투자업무를 주도한 인물이다. 수사팀은 그가 미국으로 출국한 것을 확인하고 법무부를 통해 범죄인 인도를 추진했다. 국제형사경찰기구(인터폴)에도 적색수배를 요청했다. 그는 11년 뒤인 2017년 8월 이탈리아에서 검거됐다.

주범의 행적이 묘연한 데다 사안 자체도 복잡했다. 중수부는 9개월 간 100여 명의 인력을 투입하고 630여 명을 소환조사하는 등 매머드 급 수사를 진행했지만, 결과에 대해선 실망스럽다는 평가가 적지 않았다. 정관계 거물급 인사들의 연루 의혹을 시원하게 풀어내지 못했기 때문이다.

윤석열은 노무현 정권 말기인 2007년 청와대 정책실장과 미술관

큐레이터 사이의 불법 유착도 수사했다. 신정아 스캔들로 불리는 이 사건으로 노무현 정권은 도덕성에 상당한 타격을 입었다. 연기자에서 승려에 이르기까지 각계 '유명인사(celebrities)'들의 허위 학력이 연달아 폭로되고 '미스 리플리'라는 제목으로 MBC에서 드라마로 방영됐을 만큼 사회적으로 물의를 일으킨 큰 사건이었다.

윤석열은 2010년 대검 중수부 중수2과장으로 승진하자마자 씨앤그룹 비자금 조성과 정관계 로비 사건을 맡았다. 이듬해 중수1과장으로 옮긴 뒤에는 부산저축은행 사태를 수사했다. 과도한 투기성 투자로 막대한 손해를 입고 생존이 어려워진 저축은행이 일부 고객들에게 비밀리에 예금을 빼내준 혐의였다. 이어 저축은행 비리 합동수사반을 이끌며 MB의 큰형 이상득을 솔로몬저축은행으로부터 뇌물을 받은 혐의로 구속했다.

윤석열은 어느 지검 소속이든 굵직한 특수수사가 있을 때마다 중앙으로 불려 다녔다. 기개와 기량, 그리고 수사에 대한 열정이 유별나 채동욱 검찰총장, 최재경 인천지검장, 남기춘 서울 서부지검장을 이을 특수통으로 인정받았다. 검찰 안팎에서 그를 주목했다. 좌절과 성장이 반복될 때마다 따르는 후배들도 눈에 띄게 늘었다.

특수통의 DNA에는 살아있는 권력에 대한 수사를 통해 우리 사회에 정의를 세운다는 시대적 사명이 깃들어 있다. 그것이 험난한 수사를 마다하지 않고, 때로는 권력에 따라 부침을 겪는 특수부 검사들의 긍지다. 박근혜 정부에서 좌천됐던 윤석열이 박근혜 정부의 비리를 수사하는 특검에 합류한 것도 그런 연유였다. 그는 주변의 기대와 우려에 대해 수사로 말했다.

검찰의 수사력을 축소하면서 문재인 정부가 처음 손댄 것도 특수부다. 자살로 수사를 막은 노무현 대통령을 위한 보복이라면 치졸하고, 자신들의 보신을 위한 것이라면 비겁하기 짝이 없는 처사다. 박 대통령을 교도소로 보낸 국정농단보다 훨씬 사악하고 조직적인 범죄라는 사실은 그것을 기획한 자들이 더 잘 알 것이다. 이것이 윤석열 같은 기개 있는 검찰총장을 압박하고 모욕하며 칼을 빼앗으려고 갖은 음모를 꾸민 진짜 이유다.

5 반면교사, 또는 타산지석

■■■
1976년 도쿄

디딤돌이냐, 걸림돌이냐. 그것을 결정하는 것은 돌이 아니다. 자연환경도 그렇고, 국제환경도 그렇다. 내가 강하면 역경도 축복이고, 내가 약하면 기회도 재앙이 되는 게 인생사요 세상사다. 우리에게 일본의 의미도 다르지 않다. 여러 면에서 일본은 우리나라보다 몇 걸음 앞서가는 것이 사실이다. 반면교사로 여길 점도 많고, 타산지석으로 삼을 점도 적지 않다. 검찰행정도 그 중의 하나다.

일본 검찰은 우리나라보다 먼저 우리와 비슷한 고민의 과정을 거쳤다. 1976년 '어둠의 쇼군'으로 군림하던 총리 다나카 가쿠에이를 일본 역사상 처음 체포해 '열도의 영웅'으로 떠올랐던 도쿄지검 특수부는 그 뒤 사명감을 잃고 권력 쪽에 줄을 섰다. 불패신화를 이어가던 과거와는 달리 증거불충분 등으로 유죄입증에 실패하는 사례도 늘어갔다.

거악은 고사하고, 중의원(하원의원)이 비행기 좌석을 부정하게 업그레이드 했는지 여부나 수사하던 특수부는 2010년 실세 정치인인 민주당 간사장 오자와 이치로가 정치자금을 허위기재한 사건에 대해서도 불기소 처분을 내렸다. 여론이 들끓자 그해 11월 특수부 폐지가 본격적으로 수면 위로 올라왔다.

권력층에 대한 수사를 위해 일본도 특수통들을 키워왔는데, 2000년대 들어 10년 베테랑이 배출될 수 없는 구조로 변모되면서 도쿄지검 특수부가 붕괴했다는 평가가 나왔다. "증거가 있으면 기소하던 특수부가 시나리오를 설정해 조작하는 집단으로 변질됐다"는 것이 비판의 요지다. 2009년 산케이 출신 기자 이시즈카 겐지가 쓴 『도쿄지검 특수부의 붕괴』를 통해 국내에도 소개된 내용이다.

특수수사는 수사기법의 문제가 아니다. 사회를 건전하게 만들겠다는 사명감과 자부심, 그리고 사회를 위해 자신을 희생하는 정의감이 승패의 열쇠다. 과학이 발전해 수사기법이 좋아져도 외압 앞에 망설이지 않는 기개가 없으면 수사를 성공적으로 이끌 수 없다.

우리나라도 윤석열 서울지검장이 이끄는 특수부의 등장 이전, 일본과 같은 궤도를 지나왔다. 중수부는 이미 폐지됐고, 서울중앙지검을 비롯해 대전 대구 부산 광주 지검을 제외한 전국 지검과 지청의 특수부도 폐지하는 안이 국회에 제출된 상태였다. 특수부가 수사권을 남용하고 정권의 하명 수사를 수행한다는 비판이 제기된 데 따른 결정이었다.

특수통들은 "우리의 존재만으로도 거악은 편히 잠들지 못한다"고 자신한다. 권력에 대한 '감시견(watchdog)' 역할이 검찰의 시대적 사명이라고 여기는 데서 나온 자긍심이다. 박근혜 대통령 취임 초인 2013년 4월 중수부가 역사 속으로 사라졌을 때 심재륜 변호사가

"이제 환호작약하는 사람들이 많겠다"고 아쉬워한 것도 그 때문이다. 그는 "세계 어느 나라도 현직 대통령 아들들을 연이어 구속한 사례가 없었다"며 "중수부라는 강력한 수사 시스템과 부패척결에 대한 의지가 있었기 때문에 가능했던 것"이라고 회고했다.

역사에 남을 만큼 공이 큰 데도 중수부가 폐지된 것은 하명수사 표적수사 별건수사 등을 거치며 정치적 중립논란이 끊이지 않은 결과다. 살아있는 권력을 견제하는 것이 아니라 살아있는 권력의 시녀가 됐다는 목소리가 더 컸기 때문이다.

1976년 7월 27일 오전 6시30분. 다나카의 저택 앞에 검은색 승용차가 정차했다. 도쿄지검 특수부 요시나가 유스케 주임검사가 수사관들과 함께 차에서 내렸다. 요시나가는 집 안으로 들어가 다나카에게 구속영장을 제시했다. 다나카는 아무 말 없이 차량에 탔다.

그해 초부터 다나카는 미국 방산 업체로부터 뇌물을 받았다는 의혹에 휩싸였다. 미키 다케오 총리는 수사를 지시했다. 다나카는 자민당 내 자기 파벌을 동원해 현직 총리를 끌어내리려고 시도했다. 미키는 당내 소수파 리더였다. 다나카는 5월 7일 주요 파벌을 끌어들여 총리를 해임하기로 합의했다.

일본 국민은 분노했다. 록히드 뇌물수수 사건을 은폐하려는 기도라고 본 것이다. 다나카는 아랑곳하지 않고 계파 결속을 강화했다. 이 와중에 요시나가 검사는 과감하게 다나카를 체포했다. 집권당 내 계파 의원 80여 명을 거느린 거물을 느닷없이 집까지 쳐들어가 구속했으니 당시로서는 일대 사건이었다.

일본 사회는 발칵 뒤집혔다. 자민당 내 상당수 정치인은 도쿄지검 특수부를 겨냥해 비판의 소리를 높였다. 반면 국민 대다수는 특수부 검사의 용기와 기개에 찬사와 성원을 보냈다.

뇌물죄로 기소된 다나카는 1983년 10월 징역 4년 실형을 받았다. 그는 고등법원에 항소했으나, 심리가 시작되기 전 뇌경색으로 쓰러졌다. 대법원 상고 중이던 1993년 다나카는 75세 나이로 사망했지만 비서관을 비롯한 연루자 11명은 유죄판결을 받았다.

도쿄지검 특수부는 이후로도 정치 경제 분야의 권력형 비리를 성역 없이 수사하고 결과에 따라 기소를 주저하지 않는 것으로 유명세를 탔다. 도쿄지검 특수부는 일본 검찰의 꽃으로 불렸고, 우리 검찰 사이에서도 전설로 회자됐다.

2018년 서울

연초부터 서울중앙지방검찰청 특별수사부가 바쁘게 돌아갔다. 3월 19일부터는 초긴장 상태에 돌입했다. 초기부터 난항을 겪던 MB에 대한 수사가 간신히 진척을 보여 마침내 구속영장을 청구하고 발부 여부를 초조하게 기다렸다. 윤석열 지검장이 취임한지 10개월 만이었다.

박 대통령에 이어 1년 만에 다시 전임 대통령을 구속하는 상황이라 다들 긴장의 끈을 늦출 수 없었다. MB의 구속과 기소는 서울중앙지검 특수부를 넘어 검찰 전체의 명운을 좌우할 만큼 비중이 큰 사건이었다. 칼은 특수부가 잡았지만, 조직 구성원 모두가 사태 추이를 숨죽이며 지켜봤다.

자칫 구속영장이 기각되기라도 하면 국민적 비난에 휩싸일 것이고, 야권으로부터 역공이나 압력이 들어올 가능성도 배제할 수 없다. 기각 사유가 증거 불충분이라면 특수부의 수사능력이 도마 위로 오르게 된다. 재판부가 증거인멸 내지 도주의 위험이 없다고 판단해 기각하더라도 구속영장 청구에 정치적 의도가 있다며 '정치검찰' 논란에 불이 붙을 것이다.

검찰은 구속영장 청구 사유와 증거자료를 담은 A4용지 8만 장을 법원에 제출했다. 수개월 간 특수2부와 첨단범죄수사1부를 비롯해 중앙지검 특수부 수사팀이 심혈을 기울인 결과물이었다. 영장 청구는 수사의 효과나 효율을 차치하더라도 구속이 필요할 만큼 사건이 중대하다는 사실을 재판 전에 확인하는 뜻도 담겨 있다.

서울중앙지법 영장전담 판사는 20일 피의자를 대면하여 심문하고 구속사유를 판단하고자 했다. 하지만 MB가 영장실질심사에 참석하지 않겠다고 통보했다. 박범석 부장판사는 22일 10시30분부터 서류심사로 영장실질심사를 대신했다. 박근혜 대통령 영장실질심사는 8시간 이상 걸렸지만, 이번엔 서류심사라 특수부는 자정 전에 영장 발부 여부가 나올 것으로 예상했다.

검찰청 본관 1307호 3차장 사무실은 밤 11시 넘어서도 불이 꺼지지 않았다. 윤석열 지검장도 구속영장 발부 결과에 신경을 곤두세우고 있었다. 사안의 중대성을 감안해 고심을 거듭하던 박 부장은 밤

11시 6분쯤 구속영장을 발부했다. MB는 110억 원 뇌물, 350억 원 횡령 등 16개 범죄 혐의를 받고 있었다.

한동훈 차장은 곧 바로 지검장에게 보고하고 송경호 부장검사에게 구속영장을 집행하라고 지시했다. 강남구 논현동 MB 자택 앞에는 취재진이 진을 치고 있었다.

수사는 단지 시작단계에 불과했다. 구속기간인 3월말까지 넘어야 할 산이 많이 남아 있었다. 입증해야 할 범죄 혐의가 20여 개나 되는데, MB는 부인으로 일관했다. 상대가 부유한 전직 대통령이라 변호인단도 만만치 않았다.

MB는 집권 당시 법무비서관을 지낸 변호사 강훈과 계단을 내려왔다. 송 부장은 계단을 오르다 멈추고 구속영장을 MB에게 제시했다. 법률대리인이 영장 내용을 확인했다. 마당에는 가족과 측근들이 따라 나와 있었다. 특수부와 첨수1부가 MB의 신병을 확보한 시간은 다음날 0시2분. 특수부는 구속수사 기간을 하루라도 더 확보하고자 자정을 넘긴 이후 구속영장을 집행했다.

MB는 일반인과 같은 수감 절차를 밟았다. 교도관에게 이름과 주민번호를 말하고 신분을 확인한 뒤 신체검사를 받았다. 미결수에게 지급되는 황토색 수의 한쪽 가슴에는 수인번호 716이 달렸다. 이때부터 그는 수인번호 '716'으로 불렸다. 특수부는 박근혜-최순실 국정농단 사건 관련, 이재용 삼성전자 부회장도 뇌물 공여 혐의 등으로 구속 기소했다.

또 하나의 데자뷔

현직 총리가 수년 동안 정부가 주최하는 행사 개최 하루 전 지역구 지지자들을 도쿄로 초대했다. 고급 호텔에서 만찬을 곁들인 모임이 열렸다. 참석자들이 낸 비용으로는 행사비를 충당할 수 없었다. 이상했다. 고개를 갸우뚱하는 사람이 늘어갔다. 총리 측이 정치자금 관련 명세를 선거관리위원회에 제대로 신고하지 않고 차액을 보전해준 것 아니냐는 의혹이 제기됐다.

8년간의 재임을 마치고 2020년 9월 총리가 물러나자 의혹이 하나둘 풀리기 시작했다. 도쿄지검 특수부가 아베 신조 전 총리의 비서관 등 수십 명을 조사했다는 뉴스가 NHK와 요미우리에 실렸다. 12월 21일에는 아베도 검찰 조사를 받았다고 보도했다. 조국 장관이 검찰 조사를 받기 전까지 한국은 '공인'의 검찰 출석 사실을 사전에 언론에 공개했다. 국민의 알 권리 보호 차원이었다. 일본은 오래 전에 비공개 조사를 관행으로 만들었다.

요미우리에 따르면, 아베는 관련 내용을 전혀 몰랐으며 최근에야 보고를 받았다고 주장했다. 도쿄지검은 연말 분위기에 휩싸이는 크리스마스에 아베의 비서관을 100만 엔(약 1,100만 원)에 약식 기소했다고 발표했다. 아베는 몰랐다는 진술이 받아들여져 불기소 처분을 받았다.

그는 검찰 수사 결과가 발표되자 기자회견을 갖고 "내가 모르는 가운데 회계처리가 이루어졌지만 도의적 책임을 통감한다"며 "깊이 또 깊이 반성하는 동시에 국민 여러분께 사죄한다"고 말했다. "결과적으로 사실에 반하는 것이 있었다"며 재임 시 국회에서 거짓 답변하게 된 것에 대해서도 에둘러 사과했다.

도쿄지검 수사로 인해 모르쇠로 일관하던 아베가 사과하게 됐다는 평가가 우세했지만, 검찰이 결국 면죄부를 준 것이라는 비난의 목소리도 높았다. 면죄부 논란이 이는 이유는 아베가 여전히 정치적 실세라는 데 있다. 연속 재임 기준으로 역대 최장기 집권기록을 세운 아베는 2021년 9월까지 보장된 세 번째 임기를 마치지 못하고 건강상의 이유 등으로 2020년 9월 16일 총리 자리에서 물러났다.

그가 다시 총리로 등장할 수 있는 가능성은 여전히 열려 있다. 의원내각제인 일본은 집권당 총재가 총리가 된다. 아베는 2012년 집권 후 총재직을 유지했다. 자민당 총재는 4연임은 불가능하지만, 연속이 아니면 다시 총재 자리에 오를 수 있다. 국민의 피로감이 가시면 스가 요시히데 다음 총리로 언제든 재등극할 수 있다. 스가는 아베보다 6살이 많고 리더십이나 카리스마가 많이 떨어진다.

한국에서 이런 일이 있었다면 어떤 평가가 나왔을까?

야권에서는 소환조사를 어디서 했는지도 밝히지 않았으므로 당장 '봐주기 조사' 의혹과 비난을 제기했을 것이다. 여론으로부터도 아베의 혐의를 벗겨주기 위해 조사하는 시늉만 한 것 아니냐는 비난을 피할 수 없었을 것이다. 여권에서는 '비서의 단순 실수를 정치적으로 악용한다'며 정치검사 논란에 불을 지폈을 것이다. 총리뿐만 아니라 모든 국민은 법 앞에 평등하므로 무죄 추정의 원칙에 따라 비공개 조사는 당연하다는 반론도 예상된다.

일본 상황을 한국 상황에 비춰본 것은, 두 나라의 검찰제도가 유사하다는 점 말고도 살아 있는 권력이 검찰을 활용하는 방식까지 닮았기 때문이다.

아베는 자신이 원하는 검사장을 검사총장(검찰총장)에 앉히기 위해 현행법까지 고치려 했다는 비난을 받았다. 2020년 1월말, 퇴임을 앞둔 구로카와 히로무 도쿄고검 검사장의 정년을 6개월 연장했다. 야권에서는 그가 구로카와를 총장에 앉히기 위해 꼼수를 부렸다고 지적했다.

구로카와는 코로나19로 '긴급사태'가 선포된 상황에서 도박을 한 것이 드러나 2020년 5월 사퇴하는 바람에 야권의 예상이 현실로 나타나지는 않았다. 도쿄고검 신임 검사장에는 정권의 눈치를 보지 않고 성역 없이 수사한다는 평가를 받는 마코토 하야시가 임명됐다. 그는 취임사에서 "정치와 거리를 둘 필요가 있다. 국민의 신뢰를 회복해야 한다"고 말했다. 그는 검사장이 된 뒤 2달여 만에 검사총장의 자리에 올랐다.

문재인 정부는 아베와 달리 검찰 개혁을 주요 과제로 삼고, 이전 정권처럼 검찰을 장악하려 하지 않겠다고 천명했다. 실제로도 "사람에게 충성하지 않는다"는 말로 국민을 감동시켰던 윤석열을 총장으로 발탁했다. 파격적인 인사였다. 그를 서울중앙지검장으로 발탁하기 전에, 중앙지검장 직급을 검사장으로 환원시켰다. 문 대통령이 민정수석이던 노무현 정권 이래 고검장 급이 보임되던 자리다.

중앙지검장의 직급 조정이 적폐수사에 공을 세운 윤석열을 위한 배려라는 사실은 세 살배기도 알 수 있었다. 사법연수원 23기 선두 주자였지만 박근혜 정권 내내 지방 고검을 전전해야 했던 그는 특검에 합류하여 재판을 담당하고 있었다.

야당은 문재인 정권이 보은 인사로 검찰을 장악하려 한다고 비난했지만, 검찰총장 윤석열은 살아 있는 권력을 겨냥한 수사를 주저하지 않았다. 이번에는 그를 저격하는 정당이 바뀌었다. 국정원 수사 도중 외압을 폭로하자 박수를 치고, 적폐수사를 할 때 전폭적으로 지지하던 정당이었다. 그를 지지하는 정당도 다시 바뀌었다.

원칙과 상식, 헌법과 정의라는 하나의 지향점을 향해 그는 천리를 가는 황소처럼 한길만 보고 걸어가지만, 자신들 이해관계에 따라 박수를 치거나 비난하는 사람들은 앞으로도 수시로 바뀔 것이다. 마치 판세에 따라 입장이 뒤바뀌는 박쥐처럼, 마치 돌아서면 얼굴이 바뀌는 야누스처럼, 마치 미네르바의 올빼미처럼 갖은 명분을 붙여 자신들의 지지와 비판을 합리화할 것이다. 그러나 그런 건 나무랄 필요도, 신경 쓸 이유도 없다. 그게 우리의 정치현실이고, 그게 우리가 경험해온 권력의 생리다. 어느 나라에도 민도를 넘어서는 정치는 없다.

6 추락하는 정의에 날개를 달다

■■■
대체제가 없던 윤석열 카드

박근혜 대통령이 권총을 차고 김태촌을 잡은 '조폭 수사의 대부' 조승식 변호사 대신 특수통인 박영수 변호사를 특검으로 선택한 뒤, 초미의 관심은 윤석열의 합류 여부였다. 일반적인 예상은 부정적이었다. 국정원 댓글수사로 좌천당한 장본인이 임명권자를 수사한다면, 인사에 대한 복수라는 비판을 피할 수 없기 때문에 윤석열이 고사할 것이란 전망이 우세했다.

박 특검에게는 윤석열의 지원이 성공 수사의 관건이었다. 그에게는 곱지 않은 시선이 있었다. 국민의당 의원이던 박지원 현 국정원장과 대통령 권한대행을 맡고 있던 황교안과의 인연 때문이었다. 그가 부산지검 동부지청장으로 근무하던 2003년, 동부지청 차장검사가 바로 황교안이었다. 황 총리후보자 인사청문회에 증인으로 출석해 지원사격을 한 적도 있다.

그가 특검으로 임명된 직후 야당 의원이던 박영선이 자신의 SNS을 통해 "국민의당이 추천하고 박근혜 대통령이 선택한 박영수 특검. 박영수 중수부장 시절 최재경 중수부 과장, 우병우 전 수석의 심복 국정원 최윤수 2차장을 양아들이라고 호칭할 정도로 매우 가까운 사이. 특검 수사 잘 될까요?"라는 글을 남긴 것도 이러한 개인적 친분 때문이었다.

2016년 11월 30일 법무법인 강남 사무실에서 가진 박 특검의 첫 번째 기자회견장에서도 관련 질문이 나왔다. 그는 "단순 선후배 관계"라며 세간의 우려를 일축했다. 시중의 편파수사 우려를 불식시키기 위해 가장 필요한 카드가 윤석열이었다. 임명장을 받은 다음날, 그는 직접 수사를 담당할 특검보보다 먼저 윤석열 검사의 파견을 요청했다. 이례적인 행보였다.

과거 인연 때문에 수사 의지를 의심 받으면 아무리 열심히 수사를 해도 결과에 의혹이 따라다닐 수밖에 없다. 불필요한 구설수를 사전에 차단했다는 점에서 윤석열 영입은 신의 한 수라는 평가가 주류를 이뤘다. 일각의 오해를 불식한 효과도 있지만, 칼을 빼앗긴 검투사에게 명예를 회복할 기회를 주었기 때문이다.

윤석열은 수사의 고비마다 제기된 내부 갈등설을 불식시키는 데에도 적임자였다. 박 특검이 아무리 수사를 잘했고 '재계의 저승사자'라는 타이틀을 가지고 있다 해도 변호사라는 신분은 특검 수사가 끝나면 친정으로 돌아가야 할 후배검사들을 이끌어가는 데 일정한 한계가 있을 수밖에 없다. 그럴 때마다 윤석열은 그의 대체재이자 보완재 역할을 했다.

윤석열은 모처럼 찾아온 기회를 엄중하게 받아들였다. 특검을 취재하는 기자들에게 가장 큰 토픽이 자신이라는 사실을 그도 알았다.

그는 신중했다. 특검과 언론과의 상견례를 겸한 오찬 자리에도 나오지 않았다. 논리적이고 달변이지만 농담 한마디, 얼굴 표정 하나도 오해를 살 수 있어 일부러 피한 게 아니냐는 해석이 기자들 사이에서 돌았다.

서울중앙지검장으로 발탁된 2017년 5월 19일, 청와대 춘추관에서 브리핑을 듣던 기자들 사이에서 "와!" 하는 탄성이 터졌다. '윤석열'이라는 인물은 정치부 기자들이 상상하기 어려운 경우의 수였다. 그는 발표 직전까지 고검장은 고사하고 지검장도 아니었다. 발탁 배경을 두고 청와대의 공식입장부터 각 언론사의 시사평론가까지 다양한 해설과 전망을 쏟아냈지만 모두 일치하는 하나의 사실은 — 적폐수사를 이끌어갈 적임자는 윤석열뿐이라는 분석이었다.

결단의 시간

윤석열의 앞길에는 거대한 두 개의 산이 가로놓여 있었다. 두 개를 동시에 넘어야 하는 산이었다. 정권의 그늘에서 관행처럼 저질러진 불법과 비리를 뿌리 뽑고, 권력으로부터 검찰의 정치적 독립을 관철하는 일이 그것이었다. 전자만 해도 두 전임 대통령이 얽힌 사건이라 검찰의 힘만으로 풀기에는 만만치 않았다. 후자는 현 정권과의 갈등을 유발할 수밖에 없는 사안이다.

결단이 필요했다. 그는 헌법정신에 기초한 법치와 상식을 바탕으로 정의와 공정을 바로잡아야 할 최고의 사정 책임자로서 국가에 대한 직업적 소명과 국민에 대한 무한한 헌신을 짊어지고 두 산을 오르기 시작했다.

평화 시에는 평화의 법이 있고, 전쟁 중에는 전시법이 있다. 지금은 과도기. 구태의연한 패턴을 반복한다면 국민이 원하는 기간 안에 국민이 기대하는 성과를 낼 수 없다. 오랫동안 검찰이 범접하기 어려웠던 금단의 땅에서 시대가 요구하는 결실을 거두려면 기존의 방식으로는 불가능하다. 다행히 적폐청산을 제1과제로 내건 정부에서 상당한 재량권을 보장해주었고, 눈을 부릅뜬 시민들이 양측 모두를 지켜보고 있었다.

그는 인권보호와 수사역량 확대를 검찰 운용의 기조로 잡았다. 조직을 혁신하고, 능력과 성과로 자질을 증명한 후배 검사들을 중앙지검에 포진시켰다. 내실 있는 수사로 소송에 대비하고. 철저한 기소 준비로 법정 공방에 대응했다. 구속도 중요하지만, 법원에서 합리적인 판단을 이끌어내야 수사가 완료된다. 재판정에서 무죄가 선고된다면, 그는 결국 '한직으로 좌천된 검사가 두 전임 대통령에게 한풀이했다'는 평가를 피할 수 없다.

윤석열은 특검에 합류하는 순간부터 '복수'라는 프레임과 싸워야 했고, 검사장이 된 뒤에는 수사로 말하는 검사라는 사실을 입증해야 했다. 그에게 그것은 운명이자 숙명이었다. 권력과 다투는 것은 두렵지 않았다. 썩은 살을 도려내야 새살이 난다는 것은 검찰의 소신이었다.

그러나 스물둘에 어머니를 잃고, 그때부터 퍼스트레이디 역할을 했던 여성 대통령에게 엄중한 책임을 묻는 것은 인간적으로 안타까운 일이었다. 그 또한 그들의 업보였다. 그것이 건국이래 지금까지 대한민국이 과거를 청산하는 방식이었기 때문이다.

주변에 흩어진 힘을 하나로 모아 그는 한 개의 산을 거뜬히 넘었다. 추락하는 대한민국의 정의에 날개를 달아주었다는 평가가 뒤따랐다. 막혀있던 사회에 숨통이 트여 국가에 활기가 감돌았다. 또 하나의 산은 혼자 넘을 수 있는 목적지가 아니었다. 검찰개혁이라는 용어는 같았지만, 검찰총장 윤석열이 지향하는 목표와 정권이 시도하는 목표는 정반대였다.

적폐를 청산한 자리에 신폐(新弊)가 쌓이기 시작한 것도 그 무렵이었다. 윤석열은 사사건건 정권과 부딪치지 않을 수 없었다. 정권도 야비하게 뒤통수를 치고, 대놓고 수족을 자르는 공작을 서슴지 않았다. 촛불이 세운 정권이라는 게 전임 정권보다 단 하나도 나을 게 없었다. 교수들이 집단으로 비판의 목소리를 내고, 침묵하던 학생들도 풍자와 해학으로 정권을 조롱했다.

"두 집 살림한다고 채동욱 잘랐을 때 욕했는데, 이번에 사찰했다고 윤석열 찍어내는 거 보니 그건 욕할 것도 아니었다는 걸 알았습니다. 대통령님, 미안합니다. 최순실 딸 이대 보내려고 압력 넣었다고 욕했는데, 조국 아들딸 서류 위조하는 거 보니 아시안게임 금메달은 그나마 성실히 노력해서 대학 간 것 같습니다. 대통령님, 미안합니다…"

서울대 학생 전용 포털에 실린 '박근혜 대통령님, 미안합니다'라는 글의 서두다. 학창시절 임종석이 활동하던 전대협의 이름을 패러디한 '전국대학생대표자협의회'도 전국 100여 개 대학교에 붙인 대자

보에서 "일개 장관의 뒤에 숨은 채, 윤 총장을 모함해 임명권을 남용하고 국격을 떨어뜨렸다"며 문 대통령을 겨냥한 뒤 "검찰총장에게 내린 직무배제와 똑같은 명령을 대통령에게도 내리고 징계를 청구할 수 있다면 추 장관을 지지하겠다"며 추미애를 힐난했다.

여덟 번 떨어지고도 사법시험에 또 도전한 것은 불의를 척결하고 정의를 확립하는 것이 사나이의 길이라는 소신 때문이었다. 대쪽 같은 성품 때문에 수사권을 빼앗기고도 독서와 토론으로 내일을 준비한 것은 정권이 바뀌면 더 큰 임무가 주어질 것이라는 신념 덕분이었다.

법으로 정해진 임기를 채울 것이냐, 박차고 나가 정권의 실체를 국민에게 알리고 무너지는 민주주의의 토대를 바로세울 것이냐. 윤석열에게 다시 결단의 시간이 다가오고 있었다.

IV
송무백열 선우후락

한 번도 넘어져본 적이 없는 삶보다
넘어질 때마다 곧장 일어나는 우리네 삶 속에
가장 위대한 영광이 깃들어 있다.

― 랠프 월도 에머슨

The greatest glory in living
lies not never falling,
but in rising every time we fall.

1 송무백열(松茂栢悅)

■■■
'부패완판'

다양하고 이질적인 사람들이 어울려 사는 사회에는 역설과 모순이 가득하다. 아이러니와 패러독스가 진리에 더 가까울 때도 있다. 지는 게 이기는 것이라는 말이나, 위기가 기회라는 선문답 같은 말도 그 중의 하나다. 버려야 채울 수 있고, 나누면 더 커진다. 죽음보다 부끄러운 삶도 있고, 승진보다 빛나는 좌천도 있다.

윤석열의 현실인식은 정확했다. 여당 의원들이 추진하는 '검수완박(검찰 수사권 완전 박탈)'이 이루어지면 우리 사회가 '부패완판(부패가 완전히 판치는 나라)'으로 변질되는 것은 시간문제다. 논리도 비전도 없는 친문세력을 빼고는 진보적인 법률가들까지 윤석열과 같은 문제의식을 가지고 있을 만큼 검찰 수사권 완전 박탈은 역사의 수레바퀴를 거꾸로 돌리는 반동이었다.

2017년 대선 당시 공익제보 위원장으로 활동하며 문재인 후보를 지원했던 변호사 신평은 자신의 페이스북에 범죄수사청 설치 음모를 '친위 쿠데타'로 규정하고 "수사청 설치를 포효하는 이들은 결코 '촛불혁명의 계승자'가 아니라 전제적 통치에서 생긴 '어둠의 자식들'"이라고 규탄했다. 현 정권이 애면글면해 만든 공수처의 초대 처장도 "대형 사건은 수사 검사가 아니면 공소유지가 어렵고, 공소유지가 안 돼 무죄가 선고되면 반부패 수사역량이 떨어질 수 있다"고 인정했다.

나라의 근간이 나락으로 굴러 떨어지는 것을 보면서 행동하지 않는 것은, 직무유기 이전에 민주시민의 자세가 아니다. 현직을 유지하며 정권과 싸우는 것은 비굴해 보인다. 이번에도 그는 정도를 택했다. 자리를 버려 검찰을 살리고, 나를 버려 나라를 살리는 길이었다.

윤석열은 당당히 이름을 걸고 언론 인터뷰에 응했다. 검찰총장으로서 보기 드문 일이었다. 대구를 찾아 검찰을 격려하고, 육성으로 국민에게 호소도 했다. 국가의 주인인 국민을 상대로 정권의 음모와 586의 정체성을 밝히지 않고서는 민주주의 파괴세력을 이길 수 없다.

입법부와 사법부는 물론, 헌법재판소와 중앙선거관리위원회까지 전권을 손아귀에 넣은 정권 앞에 그는 다시 혈혈단신으로 맞섰다. 2021년 3월 4일 14시, 대검찰청 앞에서 민주주의와 법치를 열망하는 국민에게 검찰총장으로 마지막 인사를 했다. 짧고도 긴 고별사였다.

"저는 오늘 총장을 사직하려고 합니다. 이 나라를 지탱해온 헌법정신과 법치 시스템이 파괴되고 있습니다. 그 피해는 오로지 국민에게 돌아갈 것입니다. 저는 우리 사회가 오랜 세월 쌓아올린 상식과 정의가 무너지는 것을 더 이상 지켜보고 있기 어렵습니다. 검찰에서의 제 역할은 여기까지입니다. 그러나 제가 지금까지 해왔듯이 앞으로도 제가 어떤 위치에 있든지 자유민주주의와 국민 여러분을 보호하는 데에 온힘을 다하겠습니다. 그동안 저를 응원하고 지지해주신 분들, 제게 날선 비판을 주셨던 분들 모두에게 감사드립니다."

윤석열은 1960년 12월 서울 성북구 보문동에서 태어났다. 충청도가 고향인 부친이 연세대와 일본 히토츠바시대를 졸업한 뒤 한양대에서 경제학을 가르칠 때였다. 히토츠바시는 메이지시대 계몽사상가 후쿠자와 유키치가 세운 명문이다. 모친도 대학 강단에 섰으니 당시로서는 흔치 않은 인텔리 집안 출신이다.

조부는 6남매를 두었는데 "농토가 많고 일찍 세상에 눈을 떠 다들 능력 닿는 대로" 학교를 다니게 했다. 부친이 공주농고에 다닐 때에는 공주에 살 집을 따로 마련하고 뒷바라지할 사람을 딸려 보냈다. 윤석열(尹錫悅)이라는 이름은 백부가 지었다. '석'은 돌림이니 '기쁠 열'이라는 한 글자가 그의 이름에 담긴 가문의 소망이다.

한학에 밝은 백부는, 소나무가 무성하면 잣나무가 기뻐한다는 '송무백열(松茂栢悅)', 궁궐 가까이 사는 백성들이 기뻐하면 국경 너머 사는 사람도 모여드는 법이라는 '근자열 원자래(近者說遠者來)' 등 전적에 함축된 의미를 이름자로 택했을 것이다. '근자열 원자래'는 공자가 생각하는 정치의 원리다. 그의 이름에는 아래위 가리지 말고 서로 도와 기쁨을 나누고, 주변 사람의 마음을 얻는 것이 나라를 다스리는 근본이라는 뜻이 내포돼 있으니 '열(悅=說)'이 상징하는 의미는 넓고도 높다.

"논산은 조선 중기 이래 우리 조상들이 300년 넘게 살아온 세거지(世居地)입니다. 형님은 한학에 조예가 깊었지요. 나야 일찍 객지로 나왔으니 한문 전적을 깊이 들여다 볼 기회가 별로 없었지. '석열(錫悅)'이라고 형님이 한지에 붓글씨로 써주시는데, 느낌이 좋더라고. 속뜻이야 뭐, 따로 물어볼 필요가 뭐 있소? 똑바로 살아서 어른들 걱정 끼치지 말고, 친구 상하 좌우, 속한 조직, 나라 두루두루 기쁘게 하는 것만큼 보람 있는 인생이 또 어딨겠어요?"

부친의 설명이다. 윤석열은 사람을 좋아한다. 폭넓은 화제와 넉넉한 주량으로 좌중을 기쁘게 한다. 인복도 많다. 그를 감시하고 견제하라고 정권이 주변에 배치한 참모들을 모두 자기 사람으로 만들었다. 서른이 넘은 나이에 9수를 하면서도 상을 당한 친구를 위해 상여를 메고, 독기를 품은 장관한테 모멸을 당해 명예와 자존심이 땅에 떨어졌을 때에도 고등학교 동기를 조문하고 빈소에서 소주잔을 기울이는 인품 덕이다.

정권의 허를 찌른 그의 사퇴는 즉각적인 정치적 반향을 일으켰다. 35일 뒤 치러진 서울과 부산 보선에서 2012년 대선 당시처럼 보수표가 결집된 원인은 바로 그의 과감한 결단이었다. 대통령과 맞붙어가며 정의와 상식을 지키던 인물이 검찰이라는 제한된 공간을 벗어나는 순간, 보수정권의 일탈에 실망했던 중도와 우유부단한 야당에 불만을 가진 보수까지 하나가 됐다. 때맞추어 터진 LH 사태로 '부패완판'이라는 그의 우려는 예언처럼 들어맞았다. 송무백열의 순간, 근자열 원자래의 계기는 예상보다 빨리 왔다.

사회적 약자에 대한 배려

검찰총장에서 물러나기 직전, 윤석열은 대한민국 검사들에게 『미국의 영원한 검사, 로버트 모겐소(Robert Morgenthau)』라는 책을 보냈다. 30년 검사 생활을 마치면서 후배들에게 주는 이별의 선물이었다. 발간사도 직접 썼다. 모겐소를 평생의 롤 모델로 삼았다는 뜻이다. 전국 검사들에게 읽기를 권하며 용기와 비전을 얻으라고 격려한 말에 그의 의중이 담겨 있다.

모겐소는 "거악에 침묵하는 검사는 동네 소매치기도 막지 못할 것"이라고 부하들을 독려하며 대형 범죄와 싸운 뉴욕검찰청 검사장이다. 미국 대통령 우드로 윌슨의 주도로 1차 대전이 끝나고, 극동에서는 그의 '민족자결주의'에 고무되어 3.1운동이 일어난 해에 태어나 1975년부터 2009년까지 재직하고 90세, 졸수(卒壽)에 은퇴했으니 '영원한 검사'라는 말이 조금도 틀리지 않는다. 그는 100세 생일을 10일 앞두고 2019년 세상을 떴다.

"모두가 불가능할 것이라고 예상하는 판사 정치인 대기업 등 거대 사회경제적 권력부패에 대해 그는 우직하게 수사를 이어나갔습니다. 무모하다고 비춰질 수도 있는 그의 법 집행 의지가 결과적으로 미국의 지역사회와 시장경제에서 법치주의가 온전히 작동할 수 있는 토대가 됐습니다."

모겐소에 대한 윤 총장의 평가다. 그 가운데서도 "사회적 약자에 대한 배려 등 검찰의 공적인 책무를 강조한" 점과 "중대범죄, 특히 국가경제를 병들게 하는 거대 경제사범에 맞게 검찰의 수사역량을 집약하여 '자유롭고 공정한 시장경제'의 기반 마련에 큰 기여를 한" 점을 가장 큰 업적으로 꼽았다. 두 사람의 가치관과 직업관이 일치하는 대목이다.

윤석열이 법률 다음으로 천착해온 분야는 경제다. 그는 한국은행 입행원서를 내고 결과를 기다리던 중 사법시험에 최종 합격했다. 서울대 법대에서 받은 석사학위 논문 주제도 '미국 Class Action(집단소송)에 있어 대표요건에 관한 연구'다. 논문집이 발간된 1988년은 우리나라 법조계에 집단소송이라는 용어도 생소하던 때다.

국내 최초로 집단소송이 제기된 것은 1년 전, 그가 논문을 쓰던 해였다. 3년 전 집중호우로 서울 망원동에 대형 수재가 발생했을 때 피해를 입은 5,885가구 주민 2만 5천여 명이 집단소송에 참여했다. 이를 주도한 법조인은 인권변호사 조영래. 전두환 정권의 눈을 피해가며 전태일 평전을 쓴 휴머니스트다. 20대 청년 윤석열 역시 집단소송에 나서는 원고를 '사회적 약자'로 보았다.

다방면에 걸친 탁월한 사유와 적극적 현실참여로 인류의 지성사에 한 획을 긋고 1세기 가까운 지구별 여행에 마침표를 찍기 1년 전, 버트런드 러셀은 자신의 인생을 움직인 세 가지 열정(passions)을 이렇게 정리한다. "사랑에 대한 열망, 지식에 대한 탐구, 인간의 고통에 대한 참을 수 없는 연민."

러셀의 자서전이 출판된 1969년 "어떠한 인간적 문제든 외면할 수 없는 것이 인간이 가져야 할 인간적 과제다"라는 철학적 명제를 산 자들에게 남기고, 전태일씨는 이듬해 11월 인간다운 노동환경을 요구하며 온몸에 석유를 부었다. 스물둘, 열매도 맺기 전에 고귀한 삶을 마쳤지만 "우리는 기계가 아니다", "근로기준법을 준수하라"는 그의 외침은 그 뒤 이어진 노동운동의 모토가 됐다.

초등학교를 겨우 졸업하고 청계천에서 재봉틀을 돌리는 '시다'로 냉혹한 사회에 첫발을 디딘 노동자와, 그의 굵고 짧은 생애를 글로 남긴 변호사, 그리고 사회적 약자들의 법적 자구책을 논문 주제로 삼은 대학원생 윤석열 — 세 사람을 공통적으로 움직인 삶의 모티브가 있다면, 그것은 러셀이 평생 고뇌한 '인간의 고통에 대한 참을 수 없는 연민'이 아니었을까.

2 선택할 자유 · 선택할 책임

■■■
자유와 책임

"자유보다 평등을 앞세우는 사회는 평등과 자유, 어느 쪽도 얻지 못한다. 평등을 얻기 위해 사용하는 힘이 자유를 파괴할 것이며, 당초의 목적과 상관없이 그 힘은 자신들의 이익을 추구하는 사람들의 손에 들어갈 것이다."

세계적인 경제학자 밀턴 프리드먼의 명언이다. 『선택할 자유(Free to Choose)』에서 그는 "자유보다 평등을 우선하는 사회는 발전할 수 없고, 정부 주도로 많은 문제를 해결할 수 있다고 믿는 정부개입주의는 잘못된 환상일 뿐"이라고 비판한다. 마치 40년 뒤 한국에서 벌어지고 있는 상황을 내다본 듯, 최근 몇 해 동안 문재인 정부가 자행하고 있는 행태에 대한 지적으로 읽어도 한 치 오차가 없다.

"문재인이 당선되면 최순실이 열 명도 넘을 것"이라던 신문명정책연구원 장기표 원장의 말은 맞았다. 여기저기서 제2, 제3, 4, 5…의 최순실이 튀어나와 수십 년 공들여 쌓은 민주적 제도와 관행을 송두리째 허물고 있다. 그들이 추진하고 있는 수사와 기소의 분리가 완벽하게 실현된 나라는 중국이다. 그 나라는 수사는 공안이 하고 검사는 기소만 한다. 중국에서 사업해본 기업인은 다 안다. 서류가 오갈 때 봉투가 같이 오가지만, 공안이 수사했다는 얘기는 들어본 적도 없다. 간혹 엄청난 액수의 수뢰사건이 뉴스를 타는 것은 정치적 복선이 숨어있는 경우다.

윤석열은 이미 호랑이 등에 탄 형세다. 말로는 공정과 정의라는 용어를 독점하고 행동으로는 이권과 특혜를 독점한 문재인 세력이, 영원한 검사를 바라던 그를 호랑이 등에 태운 장본인이다. 국민의 희망은 온통 그에게 쏠려 있다. 대선이란 게임은 변수가 많아서 여론이 한두 번 크게 출렁거릴 것이다. 그러나 큰 트렌드는 이미 결정됐다. 여권도 끝까지 안간힘을 쓰겠지만, 분노한 민심을 가라앉히기에는 너무 많은 악재가 쌓였다.

윤 총장도 털어보면 먼지가 풀풀 날릴 것이다. 하지만 사회에 만연한 불법과 비리를 청산하고 사회통합과 국토통일의 기반을 닦는 데에는 현재 우리 사회에 그만한 인물도 드물다. 강직한 카리스마 없이는 흔들리는 헌정질서를 바로잡을 수 없다. 안정적이고 검증된 리더십 없이는 기울어진 나라를 바로세울 수 없다.

정치는 이제 그의 의무가 됐다. 현명한 결단을 내려서 의지할 곳 없는 사람들이 내일을 꿈꿀 수 있는 나라를 만들고, 국민을 주인으로 섬기는 정치를 통해 영원한 검사, 영원한 과학자, 영원한 예술가, 영원한 고용, 영원한 직장이 가능한 사회를 앞당겨야 한다. 부친이 대학생이 된 윤석열에게 선물한 프리드먼 책은 이렇게 이어진다.

"자유가 보장되는 한 특권적인 지위가 제도화되는 것이 방지된다. 자유는 다양성(diversity)과 역동성(mobility)을 동시에 의미한다. 오늘은 사회적으로 혜택을 받지 못한 사람들이 내일은 특혜를 누릴 기회를 주는 것이 자유다. 그러한 변화의 과정에서 자유는 꼭대기에서 밑바닥에 이르기까지 거의 모든 사람이 더 충만하고 부유한 삶을 즐길 수 있게 해준다."

공인의 언행은 대중이 따라서 배우는 텍스트다. 사회적 관심과 가치가 다양하게 분화되면서 공인으로서 정치인의 비중은 트로트계의 BTS로 등장한 장민호 임영웅 정동원보다도 줄어든 게 현실이지만, 정치인의 작은 행동도 사회에는 큰 파장을 일으킨다. 장난으로 던진 돌이 개구리에게는 치명적인 무기가 되듯이, 권력이 클수록 파장은 더 커질 수밖에 없다.

과거와 현재를 살펴봄으로써 미래에 어떤 행태를 보일 것인지 예측하는 것은 제대로 된 정치적 대리인을 뽑아서 다음 세대에 부끄럽지 않은 나라를 물려줘야 하는 국민의 임무다. 천으로 가려진 투표소에서 지역에 따라, 친소 관계에 따라, 그날 기분에 따라 표를 찍고서 "손가락을 자르겠다"고 후회하는 것은 변심한 애인에게 돌아오라고 호소하는 것보다 더 허무한 일이다.

미래의 행동양식을 예측하는 준거는 하나둘이 아니지만, 심성과 인성에 따라 정치적 행태를 예측하는 '퍼스낼리티 접근법(personalty approach)'은 여전히 유효하다. 안정되고 신뢰할 수 있는 퍼스낼리티를 가진 리더가 안정적으로 국정을 운영하고 안정적으로 안보와 경제를 뒷받침할 수 있다.

퍼스낼리티를 형성하는 요인은 다양하다. 선천적인 요인과 후천적인 요인에 따라 달라진다. 주변환경과 가정교육도 중요한 변수다. 옛날부터 중책을 맡길 인물을 고를 때 신언서판을 중시하고 출신과 가문, 학문적 배경을 따졌던 이유다. 그러나 자신의 인생관과 세계관에 따라서도 달라지고, 노력과 경험에 따라 얼마든지 바꿀 수 있는 것이 퍼스낼리티다.

윤석열 가계의 뿌리인 충남 논산에는 윤증 선생이 살던 고택이 있다. 300년 넘은 문화재로, 충청도 양반정신과 조선시대 선비정신의 상징이다. '명재(明齋)'라는 아호를 지어준 백부 윤순거는 예학의 대가인 사계 김장생 선생의 제자로, 문장과 글씨에 뛰어났다. 명재가 열 살 무렵 거미줄을 보고 지은 시편에 벌써 온후한 인품과 영특한 재기가 스며있다.

"거미가 매달려 그물을 치네, 가로지른 다음엔 아래로 위로. 잠자리에게 이르노니 조심해, 처마 밑으로 가지 말고! (지주결망고 횡절하여상위어청정자 신물첨전향 蜘蝥結網罟 橫截下與上 爲語蜻蜓子 愼勿簷前向)"

명재는 학문이 뛰어나 조정에서 여러 번 불렀으나 끝까지 출사를 거부한 사림(士林)의 지존이다. 가난한 이웃을 배려하여 후손들에게 양잠을 금했다. 윤순거 선생이 세운 교육시설 종학당에서는 50명 가까운 문과 급제자가 배출됐다. 스스로 절제하고 재능을 기부한 덕에 후손들이 동학혁명과 한국전쟁 때도 피해를 입지 않았다. 윤기중 선생은 최근까지도 시제에 참례했다. 논산지청장 시절 윤석열도 부친을 모시고 가례에 동참했다.

3 윤석열의 얼 말 글 꼴

■■■
진심과 충심

　오늘의 윤석열을 만든 인성과 품성, 자질과 함량을 놓고 정성분석을 할 때 가장 먼저 시험지에 올려야 하는 것은 선비정신이다. 서울에서 낳고 자라 인생 단골집도 서울 종로의 전기구이 통닭집이니 그는 서울 사람이다. 그러나 평소의 묵직한 처신이나 말보다 행동이 앞서는 실행력, 결단의 순간에 보여주는 자기희생은 윤봉길 의사나 한용운 스님을 연상시킨다. 무인과도 같은 과단성은 김좌진 장군을 닮았다. 충청권을 연고로 둔 독립 운동가들이다.

　선비정신을 다른 말로 하면 진심과 충심이다. 충심으로 봉사하고 진심으로 남을 대하다보니 그의 주변에는 늘 사람이 모인다. 인연을 소중히 해 지위가 달라져도 사람은 달라지지 않았다. 한직을 돌 때도 후배들이 따른 것을 보면 그가 잘나가는 검사여서 인맥이 형성된 것이 아니다. 능력 있고 직분에 충실한 검사들을 중용했고, 후배들은 그의 신의와 신념을 따른 결과다. 이런 심성은 부친에게 이어받은 유전자다.

　윤기중 명예교수는 연세대 재임 중 통계학과를 만들어 경기변동

모델을 분석하고 우리 사회의 불평등과 원인을 규명하는 데 큰 업적을 세웠다. 한국통계학회를 만들고, 한국경제학회 회장과 대한민국 학술원 회원으로 활동한 석학이지만 박사학위가 없다. 전쟁 통에 체계적으로 학위 코스를 밟지 못한 교수들을 위해 정부가 '구제 박사'라는 제도를 마련한 적이 있다. 논문만 통과되면 박사학위를 주는 간이제도였다. 윤 교수는 손쉽게 눈가림하는 방식을 거부했다.

"충청도 양반답게 그분이 아주 원칙주의자예요. '학위가 없어도 실력이 있으면 교수를 하는 거고, 학위가 아무리 많아도 실력이 없으면 교수를 안 해야지요. 지금까지 학위 없이도 강의 잘했으면 됐지, 이제 와서 뭘 더 하려고 그런 방식으로 장식품 같은 걸 따요?' 이러면서 구제박사 제도를 거부하더라고."

유니세프 한국위원회 송상현 회장이 들려준 윤기중 선생의 일화다. 송 회장은 윤석열의 석사 논문 지도교수로, 최근에도 "정치를 하면 어떻겠느냐"고 자문을 구할 만큼 각별히 모시는 은사다. 사담 후세인 이라크 대통령을 법정에 세운 국제형사재판소(ICC)에서 재판관과 재판장을 역임하여 국제적으로도 명성이 자자하다. 송 회장이 이사장을 맡은 사단법인에서 장기표 원장과 나는 이사로 활동하고 있다. 장 원장은 전태일씨가 분신했을 때 서울대 법대 학생장으로 장례를 치러주어 "대학생 친구가 하나만 있어도 좋겠다"던 그의 한을 풀어준 1세대 학생운동가다.

뱃심과 뚝심

우직함을 빼고는 인간 윤석열을 말할 수 없다. 그는 대학 4학년 때 사시 1차에 합격하고 2차에서 떨어졌다. 그 뒤 연거푸 낙방했다. 아홉 번 도전 끝에 1991년 제33회 사시에 합격했다. 한 사법연수원 동기는 "사법시험 준비할 때부터 본인은 '검사가 될 사람'이라는 생각이 뿌리 깊었다. 그는 사회를 바로잡는 일 아니면 보람을 못 느낄 사람"이라고 평했다.

다른 동기는 재미있는 에피소드를 들려줬다. "동기들끼리 저녁 값을 나눠 내기로 했는데, 한 동기가 현찰이 없다며 본인이 총액을 카드로 계산할 테니 현찰을 달라고 하자 그게 '카드깡'이라며 현금지급기에서 돈 찾아오라고 한 친구입니다."

검사가 된 뒤 특수통 선배들의 총애를 받았지만, 그는 DJ 정권 말인 2002년 검찰을 떠나 법무법인 태평양에 합류한다. 그 뒤에는 태평양이 이재용 부회장 변론을 전담하는 등 형사사건에서 두각을 나타내고 있지만, 당시만 해도 형사팀을 강화하려던 시기였다. 태평양 입장에서 윤석열은 영입 1호였다. 절친인 문강배 변호사가 나서서 성사됐다.

그해 그는 대검이 공적자금비리 합동단속반을 만들어 수사에 착수했을 때 기업을 대리했다. 그는 판례 대신 삼성경제연구소 논문을 끈기 있게 분석하여 공적자금 투입에도 부실한 경영을 할 수밖에 없는 이유를 설명해 기업인들의 구속을 막았다. 노련한 법률가들 사이에서도 좋은 평가가 나왔다.

같은 법인에 있던 이명재 변호사가 검찰총장이 되면서 그도 검찰에 복귀했다. 그의 뱃심과 뚝심, 수사에 대한 감각, 검찰에 대한 그리움을 감지하고 이 총장이 복귀를 권유했다. 한 친구는 "석열이는 워낙 술 마시는 걸 좋아하고 사람들이랑 어울리는 걸 즐기는데, 변호사 업계는 빡빡해 검찰을 많이 그리워했다"고 그때를 회상했다.

검사가 천직임을 확인한 윤석열은 검찰에 돌아온 뒤 인내의 시간 따위는 더 이상 없을 것이라고 기대했을 것이다. 하지만 2016년 정부와 마찰을 빚어 정직 1개월의 징계를 받고 대구고검 검사로 발령난 뒤에 다시 대전으로 좌천됐다. 그는 우직하게 때를 기다렸다. 목에 칼이 들어와도 꿈쩍 않을 것 같은 호탕한 장수도 정신적 스트레스는 어쩔 수 없었는지, 그 뒤부터는 주량이 많이 줄었다.

그는 운전을 못 한다. 오른쪽과 왼쪽 눈의 굴절이 다른 부동시(不同視) 때문에 군복무도 면제 받았다. 태평양에서 같이 근무한 후배 변호사는 "로펌에 있을 때는 모범택시만 타더니 공직에 돌아가자 일반 택시로 바뀌었을 뿐 운전하는 모습은 본 적이 없다"고 말했다.

■■■
초심과 중심

윤석열의 원칙은 '검사라면 이러해야 한다'는 규범과 소신이다. 원칙을 지키는 검사의 첫 번째 덕목은 임용 당시의 순수함을 잃지 않는 것이다. 1999년 서울중앙지검 평검사 시절, 그는 경찰청 정보국장을 수뢰 혐의로 구속했다. 특수부 검사 윤석열을 세상에 처음 알린 사건이다. DJ 정부에서 경찰 내 실세로 꼽히던 인물이라 여권의 압력이 상당했을 텐데 그는 초심으로 밀어붙였다.

좌우에 치우치지 않고 중심을 잡아가는 장기를 첫눈에 알아본 사람은 대검 중수부장 안대희였다. 윤석열은 2003년 광주지검 검사 시절 중수부 검사로 차출됐다. 삼성 등 대기업이 여야 대통령후보 선거캠프에 뭉칫돈을 건넨 의혹을 수사할 때였다. 안 부장은 유능하고 중심이 잡힌 특수통들을 기용했다.

안대희야말로 신의의 남자, 중심이 잡힌 검사였다. DJ 시절 검사장 승진에서 두 번이나 미끄러졌지만 검찰을 떠나지 않았다. 인내심 덕에 사법시험 동기인 노무현 대통령 때 중수부장에 발탁될 수 있었다. 그는 대선자금 수사에 성공하면서 '국민 검사'로 불렸다. 당시 중수부에서 활약한 검사들 모임이 '우검회'다. '우직하게 검사의 길을 가는 모임'이란 뜻이다.

안대희의 애제자가 남기춘이다. 남기춘은 윤석열과 서울대 79학번 동기다. 윤석열은 고시 선배 남기춘을 존경한다고 수차례 밝혔다. 강골 검사의 계보는 자신의 안위보다 신의를 중시하는 검사로 이어진다. 윤석열에게 2013년은 2020년만큼이나 힘든 시기였다. 국정감사 항명 이후 대검이 법무부에 중징계를 청구한 사건에 남기춘이 변호인으로 나섰다.

"정의감, 바른 자세, 억울한 사람 만들면 안 된다는 교훈 등 귀중한 가치를 배웠고, 그 대신 가족이나 친구들과 함께 어울릴 수 있었던 시간을 버렸다. 이 모든 것을 감사하게 생각한다."는 고별사를 남기고 그는 2011년 1월 28일 검찰을 떠났다. 남기춘이 명예를 지키기 위해 검찰을 떠난 반면, 윤석열은 초심을 지키기 위해 좌천과 모욕을 견디고 또 견디며 검찰에 남았다.

윤석열은 시대가 주는 고통을 거부하지 않는다. '윤석열 사단'이라 불리는 검사들을 뭉치게 한 것도 한 번 물면 범인을 놓치지 않는다는 검사로서의 초심과, 우리가 중심이라는 자긍심, 그리고 서로에게 부끄러운 모습을 보이면 안 된다는 프로정신이다.

입심과 뒷심

2020년 10월 22일 오전 10시에 시작해 다음날 새벽 1시까지 이어진 대검찰청 국정감사장. 야당 의원이 윤석열에게 "앞으로 정치할 생각이 있는지" 물었다. "지금 제가 제 직무를 다 하는 것만으로도 다른 생각을 할 겨를도 없고, 제가 또 향후 거취에 대해 이야기하는 것도 적절하지 않습니다." 모범 답안이었다. 다만, 그 뒤에 여권이 가장 우려하는 말이 나왔다.

"다만, 퇴임하고 나면, 제가 소임을 다 마치고 나면, 저도 지금까지 살아오면서 우리 사회의 많은 혜택을 받은 사람이기 때문에 우리 사회와 국민들을 위해서 어떻게 봉사할지 그런 방법은 천천히 퇴임하고 나서 생각해 보겠습니다."

여당에서는 윤 총장이 사실상 정치를 하겠다는 의사를 밝힌 것이라고 몰아붙이며 '정치검사'라고 낙인을 찍었다. 퇴임 이후 1년 이내에는 공직선거 출마 자체를 봉쇄해야 한다고 벼르는 의원들이 한

둘이 아니었다. "정치를 할 것이냐"는 질문에 부인하지 않았다는 것이 이유였다. 다들 법법 혐의로 기소됐거나 의혹이 있는 정치인들이었다. 퇴직 1년 이내 판검사의 출마를 막는 '윤석열 출마 금지법안'을 제출한 위성정당 대표 최강욱도 그 중의 하나였다. 명분은 법조인의 정치적 중립이었지만, 실제로는 가장 큰 두려움에 대한 방어기제였다.

"국민에게 봉사하는 삶'이라는 말은, 그가 입버릇처럼 되풀이하는 인생관이다. 그가 말하는 봉사는 주변의 불우한 이웃을 돕는 것이 아니다. 사법시험에서 매번 고배를 마셨을 때도, 검사로 임관하였을 때도, 로펌에 갔다가 다시 불어터진 짜장면이 기다리는 검사실로 돌아왔을 때도, 한직을 돌다가 본인에게 독배가 될 수도 있는 특검에 합류할 때도, 서울중앙지검장을 거쳐 검찰총장이 됐을 때도 그는 초지일관 '국민에게 봉사하는 길'을 찾았고, 그 길을 걸었다. 그에게 봉사는 사회가 베풀어준 빚을 갚는 것이다. 지금의 윤석열이 있기까지 그는 조국에 큰 빚을 졌다고 생각한다.

그는 신의를 중시한다. 그가 말하는 의리는 '사람과 사람 사이에 지켜야 하는 최소한의 도리'다. 그의 가장 큰 장점이라면, 법대를 지원한 10대 때나 회갑이 넘은 나이에 억울하고도 엉뚱하게 핍박을 받을 때나, 원칙을 생각하고 봉사를 삶의 기조를 삼았던 생각이 바뀌지 않았다는 점이다.

정치는 말이다. 솔론도, 공자도, 링컨도 세 치 혀로 세상을 움직였다. 윤석열은 입담이 좋고 입심이 세다. 책을 많이 읽어 화제가 풍부하고 언어구사가 논리적이다. '부패완판'이라는 용어가 상징하듯 조

어술도 뛰어나고, 촌철살인 하는 재치도 번득인다.

　뒷심도 그를 따르기 쉽지 않다. 다부지게 일을 추진하고 끝까지 밀어붙여 성사시키는 힘이 대단하다. 앞과 뒤가 다르지 않으니 믿고 따르는 후배도 많지만, 뒤에서 밀어주는 선배들도 적지 않다. 윤석열은 메시아가 아니다. 그도 인간이다. 평생 전쟁터를 누비며 내상과 외상을 많이 입은 검객이다. 그는 그러나 단점보다 장점이 훨씬 더 많은 매력적인 인물이라는 게 그를 오래 지켜본 지인들과 친구들의 공통된 평가다.

4 윤석열의 리더십

■■■
몇 개의 리더십 스타일

#1 대테러센터장

절체절명의 위기 앞에서 삶과 죽음은 모호하고, 경계는 불투명하다. 여객기가 월드트레이드센터를 들이받은 직후, 국가대테러센터(NCTC)를 책임진 카퍼 블랙은 대피 명령에서 요원들을 제외시켜 달라고 요구한다.

긴급회의를 주재하던 CIA 국장 조지 테닛은 "죽음 앞에는 예외가 없다"며 블랙의 제안을 거부한다. "인명은 누구에게나 소중하다"는 원칙론에 블랙이 다시 반기를 든다.

"그것이 우리 센터가 존립하는 이유입니다. 죽어야 한다면, 그들은 죽을 것입니다."

#2 조지 부시

아프가니스탄을 공격하라는 행정명령에 서명하기 전부터, 부시는 모든 작전에 관여하고 싶어 했다. 특수부대가 탈레반 본거지에 바로 진입할 수 있는지, 무인기 프레더터(Predator)의 역할은 무엇인지, 하나하나 짚으며 성공 가능성과 잠재적 위험성을 체크했다.

"장군이 되려 하지 말고, 대통령이 되십시오."

비서실장 앤디 카드가 조언했다.

"대통령은 승리해야 합니다. 하지만 먼저 장군들이 전쟁터에서 승리하게 하십시오."

#3 충무공

충무공 이순신은 뒤로 물러서는 김응함의 목에 칼을 겨누었다.

"내 칼에 죽느니, 나아가서 적의 칼에 죽어라."

왜군은 숫자가 압도적인 데다 거세고 거칠었다. 대장함에 건너와 무릎을 꿇는 안위에게 그는 다시 호통을 친다.

"너를 죽여 길을 열겠다."

이순신과 그의 맹장들은 열두 척 배로 명량해전을 대첩으로 이끌었다. 그런 그가 종사관에게 내린 명령은 엄중하고 따뜻하다.

"수철아, 죽지마라. 명령이다."

#4 박근혜

"순수 국내 기술로 처음 제작된 최첨단 수상 구조선을 즉시 투입하겠다"더니, 눈 빠지게 기다려도 통영함은 진도 앞바다에 위용을 드러내지 않았다. 뒤늦게 국방부는 "장비가 제 성능을 발휘할 수 있는지 확인되지 않았기 때문"이라고 핑계를 댔다.

구조 장비가 성능을 발휘할 수 있는지 없는지 확인도 하지 않고 즉시 투입하겠다고 보고했다는 뜻이다. 성능 여부가 확인되지 않았다는 사실조차 뒤늦게 확인했다는 뜻이다.

"마지막 한 명까지 구하겠다"는 대통령의 약속은 최초의 한 생명도 구하지 못한 채 허언이 되고, 시간은 빠른 속도로 흘러가고 있다.

여건은 각기 다르지만, 인명이 달린 위급상황에 각기 다르게 대응하는 리더들의 모습이다. 테닛과 부시 스토리는 졸역『부시는 전쟁 중』에 나오는 내용을 축약한 것이다. 대테러센터장 이름은 가명이다. 충무공 이야기는 우리 시대의 문사 김훈의『칼의 노래』가 원전이다. 마지막 상황은 구출의 골든타임을 놓친 세월호가 바닷물 속으로 사라지는 비극적 순간이다.

이 가운데, 윤석열의 리더십 스타일은 어느 쪽에 가까울까.

부챗살 리더십

살아 있는 권력에 대한 수사는 부메랑이 되기 십상이다. 4년마다 의회권력이 바뀌고 5년마다 대통령이 바뀌는 상황에서 죽은 권력에 대한 수사도 언제 칼이 되어 돌아올지 모른다. 이것이 잘나가는 검사들의 숙명이다. 영욕이 교차하는 윤석열의 경력이 증거하는 것도 얼음장같이 냉엄한 권력의 현실이다. 후배들은 자신들도 다칠 수 있다는 것을 알면서도 그를 따른다. 윤석열의 리더십에는 특별한 구석이 있다.

그는 폭넓게 기회를 준다. 능력만 있으면 중용한다. 엘리트 조직에는 다양한 스펙이 있다. 거미줄처럼 얽히고설킨 인맥도 존재한다. 윤석열도 스펙이나 추천을 무시하지는 않는다. 그는 그러나 능력 이외에 한 가지를 더 본다. 열정이다. 열정은 결핍에서 나오기도 하고, 기회만 주면 꼭 해내겠다는 오기의 소산일 때도 있다.

그에게 1순위는 같이 일하면서 실력과 열정을 확인한 사람이다. 대표적인 인물이 특수부 수사를 총괄한 3차장 한동훈이다. 동고동락하며 난관을 헤쳐 나왔으니 어찌 보면 당연한 일이다. 2순위는 같이 일한 적은 없어도 다들 인정하는 특수통들이 추천하는 후배다. 동향이나 동문, 누구의 아들, 누구의 며느리 따위는 기준이 되지 않는다. 그러나 역차별 하지는 않는다. 수사 능력과 직업적 소명, 그리고 열정 이외의 것은 고려 대상이 아닐 뿐이다.

윤석열이 서울중앙지검에 부임한 지 한 달여 만에 윤대진 부산지검 2차장이 중앙지검 1차장으로 발령 났다. DJ 2남을 비리 혐의로 구속해 특수통으로 이름을 날린 윤 차장은 현대차 비자금, 신정아 학력 위조, 저축은행 비리를 수사하며 윤석열과 호흡을 같이한 사이다.

검찰 조직을 좌우할 수 있는 것은 인사권이다. 대검 중수부의 막강한 힘은 전국에서 가장 수사를 잘하는 검사를 파견 받을 수 있던 인사의 우선권에서 나왔다. MB 사건 등을 파헤쳐 검찰의 성가(聲價)를 올린 특수부장들의 면면을 보면 고향과 학교가 다 다르다. 동향도 아니고 동문도 아닌데 윤석열을 중심으로 부챗살처럼 활짝 펼쳐져 각자의 영역에서 따로 또 같이 한 몸처럼 움직였다.

우산 리더십

윤석열은 소탈하다. 그의 의외성은 탈권위에 있다. 국감장에서 의원들의 질타에도 물러서지 않고 논쟁을 벌이는 모습이 권위적이고 고압적으로 비칠 수도 있지만, 한번 인정한 후배는 무한 신뢰한다. 수사 중인 부장이 이견을 보이거나 반박을 하더라도 논리가 정연하고 사건에 대한 열정 때문이라면 오히려 좋아한다.

그는 우산이나 방패 역할을 자처한다. 선배들이 그러했던 것처럼, 아니면 그 반대의 상황에서 선배들에게 실망했던 경험이 있는 윤석열은 정치적 고려 없이 '나오는 대로 간다'는 원칙을 실천할 수 있게 후배들을 격려하고 지원한다. 지검장이 된 뒤 '리틀 윤석열'을 전격 발탁했지만, 특수수사를 지휘하는 3차장 자리는 한동훈에게 돌아갔다.

두 가지 강점 때문이었다. "강직하고 추진력 있는 엔진이 필요한 윤석열에게 한동훈이 가장 적임자였다"는 것이 그의 지인이 꼽은 첫째 이유다. 두 번째 이유가 더 그럴듯하다. "'노'라고 할 수 있는 배짱이 있어야 수사가 균형을 잡을 수 있는데, 윤석열은 한동훈을 '내가 부탁해도 안 들어 줄 검사'라고 평합디다."

한동훈은 특수수사 기량뿐 아니라 윤석열의 참모로서도 높은 평가를 받았다. 공식적인 기자간담회에서도 검사장의 말을 자르고, 워딩을 조정하거나 의미를 희석시키는 일도 그가 맡은 역할이었다. 윤석열 우산 아래에서 수사팀은 항상 국민의 눈높이를 맞추기 위해 최선을 다했다. 그 전면에 한동훈과 특수부장들이 있었다.

그는 박 대통령의 1심 결심 공판에도 참석하여 구형을 직접 했다. "1987년 헌법 개정으로 직선제가 도입된 이래 최초로 과반수 득표를 한 대통령임에도 헌법을 수호할 책임을 방기했다"며 "우리 사회의 양극화를 해소하기 위한 재벌개혁, 반칙과 특권을 해소하길 바라는 국민 열망에 찬물을 끼얹었다. 서민 쌈짓돈으로 형성된 국민연금을 삼성 경영권 승계에 동원해 말로 표현할 수 없는 충격과 공분을 안겼다"고 지적했다.

선고공판에도 참석했다. 전직 대통령에 대한 예우였다. 한 차장은 기자들에게 "끝까지 예를 갖춰서 최선을 다할 것"이라고 소감을 밝혔다.

무소 리더십

특수수사의 생명은 속도다. 상대방이 눈치 채기 전에 압수수색에 나서야 한다. 영장이 필요한데, 법원을 설득하기에 증거가 부족할 때도 있다. 이럴 경우 뒷배가 돼주는 것이 여론이다. 정치적으로나 사회적으로 파장이 큰 사건일 경우, 법리적으로 문제점을 완벽하게 제시하기는 어려워도 사회통념상 문제가 큰 내용이 영장청구 전후에 기사화 되면 설득이 용이하다. 혐의사실을 일부 언론에 흘리는 관행은 이런 데서 연유했다.

여론의 힘을 빌리는 것은 달리는 기차에 올라타는 것과 같다. 무서운 속도로 질주할 수 있지만, 그 이상의 후폭풍을 부르기도 한다. 특수통들이 여론에 민감한 이유다. 윤석열도 마찬가지다. 한 언론에서 수사 현황을 전하면서 "수사가 지지부진하다"는 지적이 나오자 윤 총장이 "열심히 하고 있는 것은 알고 있지만 더욱 매진해 달라"고 주문했다는 일화도 있다.

윤 총장은 기사 하나도 허투루 보지 않고 여론과 같이 가지만, 인재를 등용할 때는 세간의 시선을 고려하지 않는다. 신자용과 송경호가 대표적 케이스다. 신자용은 MB 정부의 민간인 불법사찰 의혹 수사에서 정권 눈치를 봤다는 이유로, 송경호는 수입 쇠고기 문제를 다룬 MBC 'PD수첩' 광우병 사건을 수사했다는 이유로 참여연대로부터 '정치검사'라는 비난을 받았다.

윤석열은 지검장에 취임하고 특수1부장 자리에 신자용을 앉혔다. 2부장은 송경호에게 돌아갔다. 특수1부는 인지 수사를 담당하는, 특수부 중 특수부다. 통상 3차장이 사건을 배당하지만, 주요 사건의 우선권은 특수1부에 돌아가는 게 관례다. 정치검사라는 비난을 받는 검사를 특수1부장에 임명하는 것은, 여론의 비난을 감수하더라도 쓸 사람은 쓰겠다는 윤석열의 의지였다.

"소리에 놀라지 않는 사자처럼, 그물에 걸리지 않는 바람처럼, 진흙에 더러워지지 않는 연꽃처럼, 무소의 뿔처럼 홀로 걸어가라." 법정 스님이 마음에 담고 있던 숫타니파타 말씀이다. 친박이나 '대깨문' 같은 원리주의자들의 공격논리에 휘말리지 않으려면, 이익단체나 토호세력 같은 압력집단의 방어논리에 휘둘리지 않으려면, 공인들도 가슴에 새겨두어야 할 경구다.

5 선우후락(先憂後樂)

■■■ 두루미 다리와 프로크루스테스의 침대

인간에게는 '자유의지'가 있다. 운명을 '숙명(sorte)'으로 받아들이고 앉아서 기다리는 사람에게는 기회가 오지 않는다. 준비하고 도전해야 한다. 인간은 완전한 존재가 아니다. 성공의 반은 행운의 여신 '포르투나(fortuna)'가 좌우한다. 여신은 변덕이 심하다. 포말보다 더 빨리 사라진다. 여우와 같이 교활하고 사자와 같이 강인한 남성적 덕성 '비르투(virtu)'를 갖추어야 한다.

성공한 군주가 되기 위한 또 하나의 조건은 '필연성(necessita)'이다. 조선의 개혁 정치가 조광조와 비슷한 시대를 살았던 니콜로 마키아벨리가 『군주(Il Principe)』에서 주장한 내용이다. 시오노 나나미는 네체시타를 시대정신으로 이해한다. 500년 전 마키아벨리의 용어를 우리가 무엇이라고 재해석하든 "불확실성을 인정하는 것이 정치의 시작"이라는 전제나 "불확실성 속에서 가능한 한 최선을 만들어내는 것이 정치의 본질"이라는 그의 정언은 여전히 귀 담아둘 만하다.

문 대통령은 정치에 입문한 이래 포르투나의 축복을 받았다. 4년간 세계질서를 제 멋대로 흔들고 간 트럼프나 인민의 피와 땀과 눈물로 정권을 유지하는 김정은조차 그에게는 축복이었다. 겉으로 나타난 현상만 보면 4월 재보선 직전까지만 해도 "포르투나는 밀물과 썰물보다 더 쉽게 변한다"는 마키아벨리 말이 그에게는 통하지 않았다.

그에게는 비르투를 연마할 필요도, 비르투를 발휘해야 할 역경도 없었다. 기본적으로 강인한 추진력이나 냉철한 결단력이 부족한 참모형 퍼스낼리티인 데다 비르투가 없으니, 결국 행운이 불운을 부른 것이 4월 재보선이요, 레임덕이요, 최저점을 갱신하고 있는 현재의 지지율이다. 탄핵 과정에서는 시대정신을 제대로 잡았으나 집권한 뒤에는 "성공한 군주가 되기 위해서는 목표 자체가 선해야 필연성을 충족할 수 있다"는 충고를 외면한 것도 패인의 하나다.

마키아벨리가 설정한 '선한 목표'는 질서와 안정성이었다. 문재인 정부는 반대로 갔다. 두루미의 다리가 길다고 한 쪽 다리를 자르고, 짝이 안 맞는다고 다른 쪽을 자르며 민주주의와 법치를 파괴했다. 침대보다 발이 길면 발을 자르고, 침대보다 발이 짧으면 억지로 늘려 자본주의적 시장질서를 교란했다. 아테네 교외 강가에 살면서 나그네를 집에 초대해 다리를 자르거나 늘렸던 프로크루스테스는 그리스의 영웅 테세우스에게 자신이 저질러온 짓과 똑같은 수법으로 최후를 맞았다.

LH 사태로 여론이 악화될 대로 악화됐던 3월 말, 민주당 대표를 역임한 이해찬은 어용 미디어에 나와 "위에는 맑아지기 시작했는데 아직 바닥에 가면 잘못된 관행이 많이 남아 있다"며 "그런 것까지 고치려면 재집권해야 그런 방향으로 안정되게 오래 간다"고 주장했다. 부패를 전 정권 탓으로 돌리고, 4월 재보선에서 승리해야 우리 사회에서 부패가 척결된다는 자기합리화였다.

　그가 내세운 꿈은 100년 정당을 만들어 20년 집권하는 것이다. 하루아침에 갑자기 세운 목표가 아니다. 노무현 정부에서 교육부 장관을 맡은 것은 전교조를 부추겨 학생들에게 진보적인 생각과 좌파적 행동양식을 심어주기 위한 장기 포석이었다.

　보수 언론에 재갈을 물리고 기자들을 '기레기'라고 매도하며 특정 언론의 보도는 거짓이라는 인식을 지속적으로 심어준 것도 마찬가지다. '막말 정치인'이라는 낙인을 찍어 야당의 투쟁성을 봉쇄한 것도 100년 정당, 20년 집권 플랜의 일환이다. 검찰을 와해하는 것이나, 컨트롤하기 쉬운 경찰에 힘을 실어주어 국민들을 감시 카메라 안에 묶으려는 음모 또한 장기집권을 위한 사전 포석이다.

　이해찬 이전에 100년 정당, 50년 집권을 꿈꾼 사람들이 있었다. 박철언과 청와대 참모들이다. 여소야대 정국에 고민하던 노태우 대통령에게 JP가 "민정당과 신민주공화당이 손을 잡고 보수 연정을 하면 국회 의석의 과반을 확보할 수 있다"고 제안하자, 박철언은 YS가 이끄는 통일민주당까지 끌어들여 민자당을 만든다. 보-혁 구도로 정계를 개편하여 호남을 고립시키면, 일본 자민당과 같이 반(半) 영구집권이 가능하다는 그랜드 플랜이었다.

　'노태우 정부 황태자'의 꿈은 YS가 대통령으로 당선되는 순간 산산조각이 났다. 정치 9단의 감과 촉에 거슬리는 박철언은 기피인물 0순위이었던 것이다.

　이해찬의 꿈도 반쯤은 물거품이 된 것으로 보인다. 국회에서 개헌선에 가까운 의석을 보유한 데다 전국 자치단체장과 지방의회까지 장악하고 있어서 아직은 실감이 안 나겠지만 4.7 재보선에서 민주당은 호남을 제외한 전 선거구에서 대패했다. '호남 고립'이라는 박철언의 정치적 음모를 31년 2개월 만에 문재인 정권이 실현시켜준 셈이다.

실제로, 재보선이 치러진 전국 21개 지방자치단체 가운데 민주당이 이긴 곳은 전남북 지방의원 4명뿐이다. 서울 25개구와 부산 16개구에서는 어느 한 곳도 야당 후보를 앞서지 못했다. 전국의 바닥민심이 완전히 돌아섰기 때문이다. 결국, 뿌린 대로 거둔 것이다.

잃어버린 10년

민주당이 4월 재보선에 뛰어든 순간, 게임은 결판난 것이나 다를 바 없었다. 조국 사태로 포르투나는 등을 돌렸고, 백신 확보가 거짓으로 드러나는 순간 비르투가 없다는 사실이 국내외에 공인됐다. 서울과 부산 시장이 둘 다 성추행으로 물러난 것도 모자라, 민주당에 귀책사유가 있는 재보선에는 공천을 하지 않는다는 당규를 만든 주인공이, 대통령이 된 뒤 단숨에 당규를 짓밟았으니 네체시타도 사라졌다.

후보를 내지 않고 깨끗이 포기하는 선택을 했다면, 지는 게 이기는 것이라는 정치의 역설을 보기 좋게 증명했을 것이다. 한 곳이라도 잡으려다 실리도, 명분도, 명예도, 체면도 다 날려버렸다. 휴브리스에 빠져 야당을 무시하고 자기편만 챙기는 사이에 포르투나는 국민을 향해 미소를 짓고 있었던 것이다.

한 학년 수업을 마치는 날, 수학교사는 시험에 나오지 않을 질문을 한다. 두 아이가 굴뚝으로 올라갔다. 청소를 마친 뒤에도 한 아이는 얼굴이 깨끗하다. "어느 쪽이 얼굴을 씻을 것 같은가?" 한 학생이 "얼굴이 더러운 아이"라고 답한다. "틀렸다. 얼굴이 더러운 아이는 다른 아이를 보고 자기도 얼굴이 깨끗하다고 생각하기 때문에 씻지 않는다." 다음에 같은 질문을 하자 눈치 빠른 학생들이 이번에는 "얼굴이 깨끗한 아이"라고 답한다. 교사는 이번에도 틀렸다고 한다.

조세희 단편「뫼비우스의 띠」도입부다. 내가 생각하는 결과도 소설과 같지만, 이유는 다르다. 깨끗한 사람은 깨끗함을 유지하기 위해 늘 청결에 신경 쓰는데, 성격이든 외모든 더러움에 익숙한 사람은 청결에 관심이 없다. '깨진 유리의 법칙'과 같은 논리다. 깨진 유리창을 방치하면 다른 유리창도 곧 깨어지기 마련이다. 사고가 발생하는 원리나, 사회가 굴러가는 원리, 정권을 운영하는 원리도 마찬가지다.

권력은 10년을 못 가지만, 우리나라와 우리 국민은 때가 묻은 상대 얼굴을 보고 내 몸을 씻어가며 뫼비우스의 띠와 같이 연면히 이어나가야 한다. 하나님의 부름을 받는 날까지 YS는 자기 손으로 북핵문제를 해결하지 못한 것을 가장 안타깝게 여겼다. 담판을 앞두고 김일성이 갑자기 사망한 것도 무척 아쉬워했다. 그에게 북핵은 대한민국의 장래를 좌우할 수도 있는 톱 리스크였다.

"클린턴이 김일성을 친다고 했을 때 내가 나서서 말리지 말았어야 하는 기라. 민주계가 JP를 흔들 때도 최형우 대신 내가 직접 담판을 지어서 JP를 민자당에 잡아 놨어야 하는 긴데. 그랬으면 DJ한테 정권이 안 넘어갔을 거 아이가?"

JP가 탈당하여 DJ와 손을 잡는 바람에 영원한 라이벌인 DJ가 대통령이 됐고, DJ 정권의 햇볕정책이 북한의 핵무장을 용인했다는 삼단 논법이었다.

김일성에서 김정일을 거쳐 김정은으로 북한 정권이 대물림 되는 동안 남한은 보-혁 정권이 교차 집권했다. '문재인 보유국'은 결국 금수산궁전에 '핵무기 보유국'이라는 명패를 헌납했다. 8천만 한겨레는 핵의 인질이 되어 내일이 불안한데, 시진핑 주변만 기웃거리는 정권은 한-미 양국의 합동 군사훈련에도 부정적이다. 북한의 환심을 사는 것이 정책의 우선순위라 국가보위라는 헌법적 책무는 늘 뒷전이다.

국가 지도자는 역경의 산물이다. YS를 키운 것은 박정희 정권의 유신통치였다. DJ를 키운 것은 전두환 정권의 강권통치였다. 문재인 정권은 좌충우돌하며 윤석열을 키웠다. 지도자의 근본덕목은 선우후락(先憂後樂)이다. "천하가 걱정하기 전에 먼저 걱정하여 위기를 예방하고, 국민들이 결과에 만족하고 즐거워한 다음에 즐거워해야 한다 (선천하지우이우 후천하지락이락 先天下之憂而憂 後天下之樂而樂)."

우리 국민에게 지난 10년은 '잃어버린 세월'이다. 시류에 가장 민감한 돈의 흐름이 그 사실을 증명하고 있다. 한-중-일 3국 가운데 한국은 국내 설비투자 증가율은 가장 낮고, 해외직접투자 증가율은 가장 높다. 지난 10년 간 트렌드를 조사한 전국경제인연합회 최신 리포트의 요지다. 20년 잃어버린 세월을 겪은 일본보다도 해외 투자 증가가 빠른 것은, 일본 정치가 우리보다 안정됐다는 방증이다. 리더십의 기본도 모르는 '파파걸'과 '마마보이'가 경쟁적으로 다이내믹 코리아를 뒷걸음질 치게 한 결과다.

　순간의 실수를 용납하지 않는 안보는 더 위기다. 사소한 실수가 치명적 결과를 부를 가능성도 배제할 수 없다. 김정은은 인민들의 밥도 해결하지 못하는 폭군이지만, 영악하고 냉철한 적장이다. 제2의 박정희가 되겠다며 대권에 도전했던 이인제 대표나 김형오 국회의장 같은 보수정객들이 글을 쓰고 책을 펴내며 천년 제국 비잔틴을 역사의 뒤안길로 몰아넣은 오스만투르크의 군주를 탐구하고 경계하는 이유다. 야심과 배포, 탁월한 전략, 거대한 대포가 핵무기를 손에 쥔 김정은과 여러모로 중첩되기 때문이다.

　콘스탄티노플 점령은 오스만투르크를 전성기로 이끈 분기점이다. 250년간 번영의 문을 열어준 것은 제7대 술탄 메흐메트 2세. 조선으로 치면 단종의 나이에 술탄이 되었다가 의심 많은 부왕에 의해 퇴위되고, 부왕이 세상을 뜬 1451년 열아홉 살에 다시 즉위한 약관의 군주다. 2년 뒤 그는 콘스탄티노플을 향해 진격명령을 내린다. 11세에 즉위한 조카의 왕권을 노리고 수양대군이 김종서를 쳐서 실권을 장악한 바로 그해다.

　비잔틴은 노쇠한 왕국이었다. 광대한 영토를 다 잃어버리고 남은 건 수도뿐. 하지만 콘스탄티노플은 3면이 바다로 둘러싸인 천연 요새였다. 육지 쪽은 3중의 방호벽을 갖춰 난공불락이었다. 술탄이 8만의 군사를 동원하여 육지 지하 바다, 3방향으로 파상공세를 취하자 비잔틴 황제 콘스탄티누스 11세는 7천밖에 안 되는 병력을 효율적으로 지휘하여 성채를 방어했다.

어려서부터 알렉산드로스 대왕이나 율리우스 카이사르 같은 불세출의 영웅들에게 매료됐던 메흐메트 2세는 기상천외한 작전을 구사한다. 산으로 배를 끌어올리는 역발상이었다.

골든혼 만에는 입구에 쇠사슬 방호벽이 설치돼, 함대의 진입이 원천적으로 차단됐다. 술탄은 방호탑 후면의 산을 깎아 길을 내고 나무로 레일을 깐 뒤, 바퀴 달린 장대한 차에 전함을 실어 황소로 끌고 올라가게 한다. 이런 방식으로 72척의 전함을 골든혼 바다에 띄우는 작업이 겨우 이틀 만에 끝났다. 문자 그대로 전광석화처럼 해치운 것이다.

전함 투입은 공방을 주고받던 전황에 획기적인 변화를 가져왔다. 그러나 공성의 백미는 헝가리 포병 전문가 우르반이 특별히 주조한 거대한 대포였다. 우르반은 콘스탄티노플에 무기제조 기술을 팔러 갔다가 문전박대 당하고 아드리아노플로 술탄을 찾아왔다. 메흐메트는 우르반이 콘스탄티누스에게 요구했던 금액의 3배를 보수로 지급하며, 수염이 덥수룩한 기독교인 기술자가 무시로 궁전을 드나들 수 있는 특권을 부여했다.

5월 29일 새벽, 육중한 대포가 드디어 불을 내뿜었다. 가공할 만한 신무기 앞에서 비잔틴 제국 최후의 황제는 장난감 같은 칼을 휘두르다 죽었다. 며칠 동안 자행된 학살 과정에서 기독교도 주민 대부분도 노예가 되거나 목숨을 잃었다. 역사의 한 구절은 당시의 참상을 이렇게 묘사했다.

"갑작스럽게 폭풍우가 휩쓸고 지나간 도랑에 빗물이 흐르듯, 도시에 피가 흘렀다."

V
대한민국의 오늘과 내일

위대한 지도자들의 한결같은 특징은
기꺼이 그 시대 모든 사람들의 가장 큰 걱정거리와
당당하게 맞서는 것이다.

— 존 케네스 갤브레이스

All of the great leaders have had one characteristic
in common:
it was the willingness to confront unequivocally
the major anxiety of their people in their time.

1 스푸트니크 모멘트

■ ■ ■
역사적 변곡점

 안보의 적은 나태와 방심이다. 1957년 10월 4일, 소련이 인류 최초로 인공위성을 우주에 쏘아 올리자 미국인들은 패닉에 빠졌다. 원자탄이 증명했듯, 과학기술과 군사력에 관한 한 절대 우위라고 믿고 있다가 잠깐 방심하는 사이 치명적인 허를 찔린 것이다. "수소폭탄을 실은 대륙간 탄도미사일을 보유하고 있다"는 다혈질의 허풍쟁이 니키타 흐루쇼프의 경고는 단순한 엄포가 아니었다.

 '동반자(Sputnik)'라는 이름과는 딴판으로, 미국과 소련이 치열하게 군비경쟁을 하던 냉전시대에 지름이 58cm에 불과한 알루미늄 공(ball)이 서방세계에 던진 파장은 대단했다. 2차 대전의 영웅 드와이트 아이젠하워는 대통령 직속으로 항공우주국(NASA)을 창설하는 것으로 초기 대응을 마쳤다.

 드라마틱하게 위기를 기회로 반전시킨 지도자는 존 피츠제럴드 케네디. 우주를 새로운 프런티어로 정한 패기만만한 대통령은 1961년 취임하자마자 건곤일척의 승부수를 띄운다. "10년 안에 인간을 달에 보낸 뒤 무사히 지구로 돌아오는" 유인 탐사 계획이 그것이다. 실제로 '아폴로 프로젝트'는 NASA 내에서도 실현 가능성을 의심할 만큼 놀라운 프로그램이었다.

그는 첫 임기도 마치기 전에 안타까운 최후를 맞지만, 케네디우주센터에서 발사된 아폴로 11호 우주선은 역사상 최초로 인간을 달에 착륙시킨다. 야심찬 그의 계획이 결실을 맺은 1969년 7월 20일, 미국 동부시간 오후 4시 17분 40초는 스푸트니크 쇼크가 스푸트니크 모멘트라는 멋진 반전을 거쳐 문명 발전의 기폭제로 떠오른 역사적인 순간이다.

케네디에게 인생의 스푸트니크 모멘트는 1945년 여름 유럽 취재였다. 어린 시절부터 대통령 감으로 키우던 큰아들이 전사하자, 둘째를 대타로 내세우기 위해 해군장관 제임스 포레스털을 동원하여 부친이 급조한 플랜이었다. 단기간에 집중적으로 국내외 정치현장을 경험하며 인맥과 스펙을 쌓게 한 뒤 존을 정계에 데뷔시키는 것이 '속성 과외'의 목표였다.

졸역 『대통령이 된 기자(Prelude to Leadership)』에 수록된 취재메모를 보면, 독일에서 소련군의 만행을 보며 공산주의의 실체에 분노하고, 빵을 위해 몸을 파는 백인 여성들을 보며 "대학에서 강의를 하거나 신문에 칼럼이나 쓰며 인생을 즐기겠다"는 계획을 수정한다. 주영대사를 지낸 부친 조셉의 복안이 예상보다도 빨리 결실을 맺은 셈이다.

포츠담 회담은 냉혹한 국제질서에 눈을 뜨게 된 최고의 기회였다. 트루먼 대통령과 유럽연합군 총사령관 아이젠하워가 회담을 앞두고 세계대전 종전의 그림을 그리는 자리에 동석하여 고급 정보를 접하며 부잣집 책상물림은 서서히 정치의 길로 접어든다. 당시에는 하느님밖에 몰랐지만, 포레스털이 주최한 그날 조찬은 초강대국의 현직 대통령과, 그의 뒤를 이어 차례로 백악관에 입성하는 미래의 두 대통령이 세계전략을 논의한 세기적인 회동이었다.

항아가 살고 토끼가 방아를 찧던 달님의 얼굴에 닐 암스트롱이 처음으로 인간의 흔적을 남긴 1969년은 대한민국 현대사에도 변곡점이 된 해다. 민주공화당은 3선 개헌안과 국민투표법안을 통과시켰다. 2년 뒤로 다가온 대선에 박정희 대통령이 3번째 출마하는 길을 터주기 위해서였다. 비법은? 야당이 점거하고 있던 본회의장을 피해 별관에서 도둑고양이처럼 이루어진 날치기였다.

3년 뒤 유신체제로 이어지는 3선 개헌은 박정희가 이승만의 발자국을 그대로 따라가는 비극의 서곡이다. 전국에서 반대투쟁이 벌어져 검거선풍이 불고, 정국은 얼어붙었다. 무함마드 나기브 장군을 주모자로 내세워 왕조체제를 뒤엎은 뒤 그를 축출하고 실권을 잡은 가말 압델 나세르 소령의 1952년 '이집트 혁명'을 모델로 5.16 시나리오를 짠 김종필 중령의 꿈도 3선 개헌과 함께 뜬구름처럼 사라졌다.

정치권에 희비가 교차했다. 국민의 입장에서는 양날의 칼이었다. 3선 개헌의 핑계거리를 제공한 닉슨 독트린 자체가 양면적이었다. 핵위협을 제외한 분쟁은 아시아 각국이 스스로 대처하고, 5~10년 내에 집단안보체제를 구축하라는 것이 미국 외교의 새로운 기조였다. 분단국가에 사는 국민들의 귀에는 나라마다 '핵심이익(core interest)'과 역사적 배경이 다른 아시아 실정을 무시한 탁상공론으로 들렸다. 무장한 북한 게릴라가 청와대 근처까지 기습했던 사건이 일어난 게 불과 1년 반 전이라 충격은 더 컸다.

박정희 정권은 10%를 오르내리는 경제성장률로 국민의 불만을 다독였다. 이듬해 경부고속도로를 개통하여 수출입국의 기초를 닦았다. 새마을운동을 전개하여 "잘살아 보자"는 결의와 "하면 된다"는 자신감을 국민의 마음속에 정착시켰다. 자칫 실패하면 나라가 휘청할 만큼 거대한 프로젝트에 과감하게 투자하여 중화학공업을 중추산업으로 육성한 것도 그 무렵이었다.

정치인 박정희에 대한 평가는 현재도 진행 중이다. '박정희 대통령은 대한민국 경제를 반석 위에 올려놓아 북한의 국력을 능가하고 세계로 뻗어가는 기틀을 만들었다.' '박정희 정권은 민주적 헌정질서를 파괴하고, 계획경제와 병영문화는 지금까지도 우리 사회가 해결해야 할 숙제로 남아 있다.' 그를 부르는 호칭부터 다르지만, 그 시대가 반세기 이후 지금까지도 우리 국민의 먹거리를 책임지는 산업화의 기반이 되고, 역설적으로 민주화가 싹트는 터전이 됐다는 사실만큼은 누구도 부인하기 어렵다.

미국에서도 손꼽히는 명문가의 귀공자와, 자식을 더 이상 낳지 않으려고 모친이 간장을 달여 먹어 얼굴이 검다는 빈농의 천덕꾸러기 ― 집권 원년에 백악관에서 조우했을 당시 두 나라의 국력 차이만큼이나 여러모로 달랐지만, 케네디와 박정희는 같은 해에 태어나 같은 해에 권력을 잡고, 같은 방식으로 생이 마감됐을 만큼 라이프 사이클이 닮았다. 그리고 그들은 서로 다른 리더십 스타일로 그들의 조국에 기여했다. 한 사람은 50년 뒤 버락 오바마 대통령이 '새로운 스푸트니크 모멘트'라며 그의 업적을 상기시켰을 만큼 역사적으로. 또 한 사람은 사후 40여 년이 지난 지금까지도 찬반이 갈리는 논쟁적 방식으로.

■■■
영웅을 부르는 위기상황

1992년 한-중 수교 이전, 공산주의 냄새가 물씬 풍기는 중국을 취재한 적이 있다. 대사관 개설을 준비 중이던 베이징 주재 대한민국 대표부에서 북한 전문가를 소개해줬다. 6.25 당시 인민일보 소속 종군기자로 전쟁터를 누빈 원로 언론인이었다. 그가 한두 마디 우리말을 섞어가며, 전쟁 발발 40주년 기념으로 북한의 초청을 받고 평양을 방문했던 소감을 들려주었다.

"북조선? 그게 나라요? 말이 좋아 인민공화국이지, 그건 사회주의도 아니고, 공산주의도 아니오. 그저, 그냥 한마디로 거지왕국입디다. 배급이라고 달걀 몇 알 주고, 파 몇 뿌리 주는 게 무슨 정권이고, 무슨 나라요? 공연히 그런 정권을 도와준다고 남의 땅에서 피 흘린 우리 인민의 군대만 불쌍하게 됐지."

그보다 1년 전 평양으로 취재를 갔을 때 나를 안내했던 김일성종합대학 역사철학부 교수 말이 생각났다. 점잖은 외모에 언사가 정중한 신사가, 눈에 띄는 건 다 궁금하고 모든 게 시빗거리였던 내 입을 막았다. "남녘 동포들이 더 자유롭고 더 잘산다는 거 다 압니다. 창영 선생, 우리 논쟁하지 말고 동포애를 발휘하여 3박 4일 동안 잘 지내봅시다."

　동족 이전에, 인간에 대한 예의도 아니지만, 내 눈에는 평양에서 만난 사람들 대부분이 분재로 보였다. 지위가 높을수록 우듬지가 더 잘리고 팔다리가 멋대로 비틀린 분재 분위기가 물씬 풍겼다. 입이 있어도 말을 못하고, 두세 번 주위를 두리번거린 뒤에야 한마디 겨우 하는 거대한 수용소. 누구에게 물어도 앵무새처럼 똑같은 답을 하던 아이들이 가부키 배우처럼 화장하고 무대에 올라 공연하는 모습을 보는데, 곰 같은 잠파노에게 매일 학대를 당하면서도 북을 치며 춤을 추는 젤소미나가 생각났다.

　"모든 동물들은 평등하다. 그러나 어떤 동물들은 다른 동물들보다 더욱 평등하다"는 목표를 내걸었던 '동물농장(Animal Farm)'은 공산당의 1당 독재로 귀결됐다. 모든 인민이 평등한 세상을 내걸었지만 실상은 불평등한 자유민주주의 흉내도 내지 못하는 정권이라면, 수탈당하고 핍박받는 인민의 편에 서는 것이 정의인가? 독재자의 편에 서서 분단을 더 고착화하는 것이 정의로운 선택인가?

　인터넷 서점에서 김일성선집을 마음대로 살 수 있는 나라, 사통팔달 훤하게 뚫린 광화문에서 현직 대통령 하야를 외치는 나라가 민주국가 아닌가? "먹고 살아야 했기 때문에 대본이 성경 같았다"면서도 "너무 '1등', '최고' 그러지 말고 그냥 같이 살면 안 되나? 오스카상 탔다고 윤여정이 김여정이 되는 것도 아닌데"라는 중견 배우 말에 박수치고 감동하는 사람들이 훌륭한 시민 아닌가? 이런 나라의 대통령이, 제대로 먹이지도 못하면서 인민을 동물처럼 다루는 김정은에게 쩔쩔 매는 것은 국민을 배신하는 행위다.

자유롭고 민주적인 대한민국. 정의와 공정의 가치만 보완하면 국력에 걸맞은 국가의 품격을 갖출 수 있는 나라가 졸지에 두 번 다시 경험해 보고 싶지 않은 나라가 돼버렸다. '사람 사는 세상'을 만들겠다는 정권 때문이다. 그들이 말하는 사람은 국민이 아니라 자기편뿐이고, 그들의 평등과 정의와 공정은 우리 국민들이 보편적으로 생각하는 평등과 정의와 공정과 의미가 달랐기 때문이다.

천안함을 폭침시킨 조선노동당 중앙위원회 부위원장이란 자가 "자중하라"고 한마디 하자 국방장관을 경질하는 정권. 김정은을 비판하는 삐라에 김여정이 발끈하자 특별법을 만들어 국민의 표현의 자유를 억압하는 정권. 그 법이 반민주적이라는 국제사회의 비판에는 아랑곳하지 않으면서, 김여정이 눈만 흘겨도 통일장관과 외교장관을 바꾸는 정권. 그러고도 갖은 욕을 다 얻어먹으면서 침묵하는 정권. 이것이 문재인 정부의 정체다.

탄핵 역풍이 불어 '탄돌이'가 대거 입성한 17대 국회보다도 질이 뒤처지는 입법부 구성원들이야 재론할 가치도 없지만, 문재인 정부는 사법부라고 예외가 아니다. "재판은 정치"라고 믿는 국제인권법연구회 소속 판사들이 대법원의 요직을 장악하고, 법관 인사를 좌우하는 법원행정처에도 40% 넘는 자리를 점령하고 있다. 초대 회장이 대법원장으로 부임하여 동아리 회원들을 살뜰히 챙겼기 때문이다.

사법농단을 이유로 전임 대법원장을 심판하는 와중에도 하늘 무서운 줄 모르고 사조직 회원들에게 꽃보직을 나눠준 장본인. 대법원장 지명 받은 다음 날 시외버스와 지하철을 번갈아 타고 오며 한껏 청백리 코스프레를 하더니 뒤로는 새로 단장한 공관에 아들 가족까지 입주시켜 아파트 분양 대금에 일조한 사람이니, '거짓말의 명수'라는 힐난도 그에게는 과분하다.

사법부 이상으로 엄정 중립이 요구되는 선거관리위원회는? '보궐선거 비용은 누가 보상하나'라는 1인 시위조차 선거법 위반에 해당될 수 있다며 제재하고 '내로남불'이라는 말도 금지시킬 만큼 고무줄 잣대를 들이대더니 전 직원 3,170명의 소송비용을 보전해 주기 위해 보험회사를 고르고 있다. 줄소송이 두렵기 때문이다. 보장기간이 2015년 1월 1일부터 2021년 말인 것을 보면, 그 기간에 치러진 선거에 불공정 요소가 있다고 자인한 셈이다.

문재인이 약속한 '한 번도 경험해 보지 못한 나라'는 4년 만에 허경영의 나라가 됐다. 모든 문제를 국고를 털어 돈으로 해결하면서도 겁이나 두려움이 없다. 서울시장 보선에 나선 허 후보는 그래도 "나라에 돈이 없는 것이 아니고 도둑놈이 많은 것"이라고 사태의 정곡을 찔렀다. 문재인과 조국이 만든 나라는 꼬리가 몸통을 흔들고 사람이 개를 무는 비정상 국가 말기로 가고 있다.

기본과 원칙이 무너지고 민주주의의 대의가 훼손된 위기상황에서는 자기 직분에만 충실해도 달라 보인다. 윤석열이 그렇고, 최재형이 그런 경우다. 몰상식한 정권은 정의와 공정에 국민이 새롭게 눈을 뜨게 했다. 극도의 위기상황이, 위기정국을 타개할 영웅을 부른 것이다. 국가발전에 현 정권이 공헌한 게 있다면, 그 점이 유일하다. 국민들은 지금 "정치를 외면한 대가(불이익 penalties) 중의 하나는 당신보다 열등한 자들에 의해 지배당하는 것"이라는 플라톤의 경구를 공유하며 윤석열의 결단을 촉구하고 있다.

2 시대정신과 비상지인

■■■
사악한 축복

마크 램지어는 명문대 교수 명함을 악용하여 가장 가난한 나라의 가장 가련한 소녀들의 마지막 자존심을 짓밟은 파렴치한이다. 전쟁이라는 인류 최대의 폭력 앞에 희생된 식민지 시절 국민에 대해 인격살인을 저지른 반인륜적 패륜아다. 세계 도처에서 반발이 일어나고, 학자와 전문가들이 집단적으로 반박을 해도 그는 물러서지 않고 있다. 학자적인 양심보다 일본 전범기업 미쓰비시에서 지원을 받는 석좌교수 타이틀이 더 실리가 있기 때문이다.

논리적 근거는 물론 사실 확인조차 제대로 하지 않았다는 명백한 증거가 드러났는데도 꿈쩍도 않자 국제적인 반향은 더 커졌다. 세계 유수의 언론들이 앞 다투어 사태의 전말을 다룰 만큼 국제적인 이슈로 증폭됐다. 램지어의 사실 왜곡은 '성노예'로 인생을 희생당한 할머니들에게는 죽음보다 더 큰 고통이겠지만, 제국주의 시대 일본의 만행을 인류의 양심 앞에 다시 폭로했다는 점에서는 일대 쾌거였다. 결과적으로는 '악의적인 축복'이었던 셈이다.

하지만 우리나라 국가와 정부에 남긴 교훈과 숙제는 적지 않다. 하버드라는 국제적 평판 이외에는 내세울 게 별로 없어 보이는 일개 교수도 돈벌이에 혈안이 되면 대한민국의 현대사와 국제적 위상을 뿌리째 흔들 수 있다는 점, '토착왜구'니 '죽창'이니 시대착오적인 구호로 전쟁을 독려하던 정부나, '정신대'를 팔아 돈과 권력을 차지한 여성을 보유한 여당이나 막상 문제가 불거지니 속수무책이었다는 점, 적어도 과거사 문제만큼은 우위를 점했던 나라가 어느새 독도 문제까지 수세에 몰리고 있다는 점 등은 뼈아픈 대목이 아닐 수 없다.

국정운영이라는 큰 틀에서 보더라도 사건의 전개 과정과 그것을 핸들링 하는 과정은 크고 작은 문제의 연속이었다. 근본적으로 국제적인 홍보전과 외교전에 미숙하여 발생한 사건임에도 정부나 시민단체는 전혀 역할을 하지 못했다. 국내정치와 보조금 수령에만 능한 우물 안 개구리인 데다 공적 조직을 운영해본 경험이 없기 때문이다. 정치력(statesmanship) 부재로 독도 문제에서 번번이 밀리던 한-일 간의 수 싸움이 램지어 사태에도 고스란히 드러난 것이다.

3권 분립은 견제와 균형을 통한 민주적 국정운영이 근본 목적이지만, 유기적인 역할분담을 통해 국가발전에 기여하는 것이 최종 목표다. 사법부가 과거에 있었던 일의 적법성을 판단할 때, 행정부는 적시적인 정책대응으로 현재를 관리하고, 입법부는 예산편성과 법적 뒷받침을 통해 국가의 미래를 만들어가야 한다. 큰 틀에서 이것을 조정하고 통할하는 것이 대통령의 역할이다.

현 정권은 대통령이 3부 이외에도 헌재와 선관위까지 5부를 장악하고 군림하고 있지만, 체계적이고 효율적인 정치력을 보여주는 데는 실패했다. 적폐와 싸우고, 일본과 싸우고, 보수와 싸워 지지기반을 확대하고 선거에서 연승을 거두었지만, 집 안에 물이 새고 서까래가 썩어가는 줄은 모른 것이다.

비상한 시기다. 비상한 인물이 나타나지 않으면 나라의 기틀을 바로잡기 매우 힘든 비상시국이다. 천년 사직이 기울어갈 무렵, 진성여왕에게 '시무 십여 조'를 올려 비상대책을 촉구한 통일신라 말기 최치원의 심정이 이해가 가는 상황이다. 시무책은 전하지 않으나 비상한 인재의 필요성을 기술한 고운 선생 글은 고금의 명문을 모은 『동문선(東文選)』에 실려 있다.

"비상한 인재를 등용해야 비상한 일처리가 이루어집니다. 비상한 일처리를 한 연후에야 비상한 성공을 거둘 수 있습니다(유비상지인 연후 유비상지사 유비상지사 연후 유비상지공 有非常之人 然後 有非常之事 有非常之事 然後 有非常之功)."

고운보다 1천 년 전에 태어나 같은 글을 올린 사람이 있다. 한나라의 문장가 사마상여다. 한문 투로 직역하면 대략 이런 뜻이다.

"세상에는 반드시 비상한 사람이 있은 연후에 비상한 일이 있고, 비상한 일이 있은 연후에 비상한 공로가 있습니다. 비상이란 보통 사람들이 이상하게 여기는 것입니다. 비상한 사람이 처음 나오면 사람들은 두려워합니다. 그렇지만 그가 성공을 거두면 하늘 아래 모든 인간이 편안해집니다."

그 뒤에 전개된 역사는 딴판이다. 한나라는 주변 세력을 제압하고 융성해진다. 관직을 주고 서쪽 1백리를 다스리게 한 고조선 임금을 배반하고 집권세력으로 등장한 부족장 위만의 땅에는 BC 108년 한 사군이 설치된다. 사마상여가 세상을 뜨고 10년 뒤의 일이다. 통일신라는 고운에게 6두품이 오를 수 있는 최고의 벼슬을 주었으나, 망국 풍조가 팽배한 조정에서 여섯 번째 계급인 아찬에게 부여된 권한으로 비상시국에 처한 나라를 살리기에는 역부족이었다.

진성여왕은 노모를 위해 노비로 팔려간 효녀에게 집을 마련해주고 선정을 베풀었으나, 오래 지나지 않아 정치에 흥미를 잃었다. 측근들의 정치 개입이 늘어나자 부작용이 생겼고, 즉위 직후 1년 간 세금을 면제해준 것도 역효과가 났다. 줄어든 세수를 만회하려고 흉년에 징세를 강행하자 반발이 커지고, 반란으로 번진 농민봉기는 정권을 위협했다.

여왕 생전에 왕위를 물려받은 효공왕은 체격이 크고 용모가 뛰어나 백성들의 기대를 모았다. 그러나 빈부격차를 해소하여 서민들 불만을 잠재우기에는 무능했고, 견훤과 궁예와 대적하기에는 용기가 없었다. 지방의 성주들에게 그가 내린 지시라고는 "함부로 나가서 싸우지 말고 성을 굳게 지키라"는 것이 고작이었다. 의지할 곳 없는 백성들은 외로운 구름처럼 떠돌고, 김씨에서 박씨로 왕권이 넘어갔으나 무능하기는 마찬가지였다.

부채와 부패, 국가의 굴레가 되다

정권이든, 문명이든 생장소멸은 피할 수 없다. 영고성쇠는 인간의 생로병사만큼이나 자연스러운 현상이다. 재물을 가지면 인성이 드러나고, 권력을 가지면 근본이 드러난다는 말도 여전히 참이다. 민주로 위장하고 공정으로 포장한 현 정권도 어느새 페인트가 벗겨지고 녹이 슬어 간판을 내려야 한다.

민주사회의 역성혁명은 선거다. 선거는 과거에 대한 심판이고, 미래에 대한 선택이다. 대선을 1년 앞두고 서울과 부산에서 분출된 분노는 본선을 위한 임계철선일까, 카타르시스를 거쳐서 김이 빠진 사이다일까. 섣부른 예단은 금물이지만, 좌천과 손해를 무릅쓰고 원칙과 상식을 온몸으로 지킨 '정의의 사자'냐? 정의를 입에 달고 공정을 파는 '민주 호소인'이냐? 진짜와 가짜 사이의 선택은 어려워 보이지 않는다. 문제는 집권 이후의 과제다.

목수는 자기가 살 집을 짓지 않는다. 다리를 놓는 사람은 혼자 물을 건너려고 돌을 나르는 것이 아니다. 샘을 파는 사람도 그렇고, 나무를 심는 사람도 그렇다. 조림을 하는 사람은 3대, 100년 뒤를 생각한다. 정치는 내일의 희망을 팔아 오늘 당장 국민들 마음을 사야 하는 고난도 비즈니스다. 미래를 내다보고 지금 이 시간을 감내하자고 설득해야 한다. 웬만한 신뢰도로는 감당하기 어려운 과제다.

물러나기 전인데도 현 정권이 남긴 짐은 너무도 많고 무겁다. 새로운 정권에게는 장밋빛 비전 제시보다 더 시급히 해결해야 할 숙제들이다. 감사원이 들춰내고 검찰이 확인하고 있는 의혹만 해도 한 트럭이다. 허물어진 민주주의 토대를 다시 쌓고, 줄줄 새는 곳간을 막는 것으로 새 정권은 임기를 시작해야 한다. 거들먹거리며 가마 타고 가는 꽃길이 아니라 가시관을 쓰고 걸어가야 할 고행길이다. 돌부처처럼 왕관의 무게를 견디고, 즉각적인 효과를 기대하는 국민들을 설득시킬 수 있는 자만이 풀 수 있는 과업이다. 발등에 떨어진 불이 국가

부채와 권력형 부패다.

　국가가 지고 있는 빚이 2,000조 원을 넘었다. 지난해만 241조 원 넘게 불어나 연말 기준 1,985조 원을 기록했다. 증가 속도로 보나 규모로 보나 역대 최고치다. 코로나와 선거 때문에 크게 늘어난 정부지출을 빚으로 때운 결과다. 4월 6일 국무회의에서 의결한 '2020회계연도 국가결산 보고서' 내용이니 정부의 공식 자료다.

　국가 재무제표에는 우울한 숫자가 가득하다. 국가부채는 1,924조 원을 기록한 GDP 규모보다도 많다. 대한민국 역사상 처음 있는 일이다. 나날이 신생아가 줄어드는 마당에 미래세대에게 큰 빚을 떠넘기고 있다는 뜻이다.

　공기업 부채에도 빨간 불이 켜졌다. 2019년 기준 비금융공기업들의 총부채는 395조 8천억 원. OECD 주요 회원국 가운데 가장 높은 수치다. "재무구조를 개선하려고 노력하지 않는 공기업과 무리한 정책사업을 공기업에 떠넘기는 정부의 도덕적 해이가 결합한 결과"라는 게 KDI의 해석이다. 공기업 부채는 사실상 정부 부채다. 유사시 책임져야 하므로 통합관리가 필요한 형편인데도 기획재정부는 KDI 제안에 반대하고 있다. 정권도 끝나가는 판에 책임질 일은 하고 싶지 않다는 뜻이다.

　장하준 케임브리지대 교수가 "한국경제 상황은 국가 비상사태"라고 규정한 게 2018년 말인데, 개선은커녕 사태가 더 나빠지고 있다. 진짜 위기는, 위기인 줄 모르는 현 정부의 안일한 현실인식이기 때문이다.

　부패도 심각한 수준이다. 세계 각국의 부패 유형을 네 가지로 나눈 미국 정치학자 마이클 존스턴에 따르면, 한국은 이탈리아 아르헨티나와 함께 '엘리트 카르텔' 부패국가다. 인맥을 중시하는 사회에 나타나는 유형으로, 국회 행정부 청와대 군대 등 공적 기구의 엘리트가 학연과 지연을 통해 부당이익을 취하는 게 특징이다.

부패는 대통령까지 두 손이 묶이고 수의를 입는 사유가 됐다. 현 정권도 부패로부터 자유롭지 못하다. 권력의 핵심부터 주변까지 똘똘 뭉쳐서 윤석열을 겁박하고, 현행법을 어겨가면서 정권을 보위해 온 이성윤을 막판까지 윤 총장 후임자로 믿었던 것도 사법처리에 대한 두려움 때문이었다. 모래시계처럼 권력이 샐수록 '게이트' 이름이 붙은 부패사건들은 연이어 터져 나오게 돼있다.

"문재인이 정권재창출에 성공한다면 6개월 안에, 반대쪽에서 집권하면 1년 안에 검찰 포토라인에 설 겁니다. 5년 동안 언론에 등장한 빈도와 똑같은 순서로 실세 노릇을 한 사람들이 불려 갈 테니 내 말이 맞는지 틀리는지, 두고 보시오."

국내외 정치현실에 밝은 원로 학자의 예측이다. 내부에서 권력이 승계될 경우에 사법처리가 더 속도를 낼 것으로 보는 이유를 그는 노무현 사례에서 찾았다. 노 대통령은 정권이 안정되기도 전에 야당의 대북송금 특검 제안을 받아들여 DJ 사람들을 쳤다. 지지기반이 겹칠 경우에는 전임자를 조속히, 단호하게 쳐내야 기득권층과 기업인들이 제 발로 권력 안으로 들어오기 때문이다. '물태우'로 불리던 노태우 대통령도 '오야붕'처럼 모셨던 전두환 무리를 조기에 제압하여 곁불을 제거했다. 권력의 속성은 다 비슷하다.

3 정의와 상식이 통하는 정상국가

■■■
정의의 비용

인간의 협력을 연구하는 실험 중에 '공공재 게임(public goods game)'이란 게 있다. 참가자들이 일정 금액을 내면 같은 액수를 공동체에서 보상하고, 그것을 각기 나눠 갖게 하는 게 게임의 시작이다. 4명이 1,000원씩 내서 4,000원이 되면 8,000원을 만들어주는 매칭 펀드 방식이다. 8,000원을 각자 나누면 1,000원씩 이득을 본다. 이 돈을 개인에게 나눠주지 않고 공공재에 투자하면 공동체의 전체 이익으로 귀속된다.

게임을 반복하다 보면 제한된 합리성을 갖고 있는 누군가는 이렇게 생각할 수 있다. '내가 내지 않아도 돌아오는 몫이 있겠구나.' 그 결과 3명만 1,000원씩 내면 공동체에서 만들어지는 돈은 6,000원이 된다. 넷이 나눌 경우 각자 몫이 1,500원이니, 시드 머니를 내지 않은 사람에게는 1,500원의 불로이득이 생긴다.

동일한 조건에서 참여자 모두 공정한 룰을 지키면 공동체 이익이 일정하게 증가되는데, 이기심이 끼어들면 무임승차라는 도덕적 해이가 발생한다. 참가자가 많아지고 액수가 커지면 부정수급의 유혹은 더 커진다. 사회에 기여를 하지 않은 사람들이 더 이득을 보는 불합리한 경우의 수가 더 많아지는 것이다.

흥미로운 것은 그 다음이다. 게임 참여자들이 무임승차한 사람이 있다는 것을 알면 더 이상 참여를 안 하거나, 그 사람에게 페널티를 원하게 된다. 계속 참가하면 처음보다 배분이 줄어들더라도 약간의 이득이 생기지만, 불쾌감이나 정의감이 본능적으로 발동되는 경우가 더 많다.

만약 합리적인 제재가 가해진다면 게임은 지속될 수 있다. 합리성을 기하기 위해 정부나 믿을 만한 기관 등 외부의 권위를 빌릴 수도 있다. 그러나 모든 제도에는 사각지대가 발생하기 마련이다. 외부의 권위를 빌려 다 처리할 수도 없다.

여기서 필요한 것이 문화설계다. 예컨대, 처벌은 하되 공동체의 구성을 해칠 만큼 무분별하게 할 수는 없으므로 처벌을 원하는 사람은 100원을 내게 하고, 처벌을 받는 사람은 200원을 벌금으로 내게 하는 방식이다. 어떤 상황에 대한 부당함을 고발하여 공적인 이익을 얻으려면 어느 정도 자기희생이 전제돼야 한다는 논리다. 인간에게는 이기심도 있지만 이타심도 있어 처벌 과정에서 조성되는 돈을 공동체를 위해 쓴다면 자발적으로 해결할 수 있다.

게임을 설계한 스위스 취리히대 교수 에른스트 페르와 동료들은 자신이 다소 손해를 보더라도 타인에게 처벌을 가할 때 기쁨과 만족의 두뇌회로가 활성화된다는 사실에 착안, 소액으로 벌금을 이끌어내는 방식으로 인간의 이기심을 제어했다. 약간의 손해를 감수하며 돈을 들이더라도 복수에서 오는 쾌감을 즐기는 인간의 심리를 활용한 해법이다.

이기주의자의 얌체 짓을 세금으로 보전해주며 이기주의자를 제도적으로 양산하는 것이 포퓰리즘이다. 자신의 개인적 욕심을 위해 약속을 어겼으면 페널티를 받아야 하고, 공공재를 마련하려는 시드 머니를 낼 수 없으면 게임에서 빠지는 게 정의인데, 국민의 돈으로 게임비용을 대신 내주고 열등감을 자극하여 승부욕을 조장한다. 돈맛에 길들여진 이기주의자들은 지속적으로 악의적인 포퓰리스트에게 표를 던지게 된다. 사회가 아무리 비난해도 포퓰리즘이 줄어들지 않는 이유다.

포퓰리즘은 다수결을 근간으로 하는 민주주의의 암이다. 트럼프는 포퓰리즘의 명수였다. 러스트 벨트에서 과거의 호황을 그리워하는 백인 노동자들을 부추겨 '국뽕 애국심(chauvinism)'을 조장하고, 경기부양을 명분으로 돈을 뿌렸다. 오랫동안 작동해온 국제질서를 흔들고 건강한 시민의식을 갉아먹으며 백악관을 점령하자 트럼프 식 포퓰리즘은 새로운 정치모델처럼 전 세계로 확산됐다. 트럼프 이상으로 포퓰리스트 성향이 강한 푸틴은 물론, 아베와 시진핑 같은 패권주의자들은 포퓰리즘으로 권력 기반을 다진 트럼프의 아류들이다.

캠페인 과정부터 트럼프는 민주주의의 기본 메커니즘을 존중하지 않고 관행을 파괴하며 뜨내기 장사꾼처럼 표를 모았다. 당선된 뒤에도 세계평화를 지키는 글로벌 경찰국가라는 미국의 전통적 가치를 외면하고 멕시코 국경을 가로막았다. 실리에 따라 돌변하는 전형적인 정상배 행태다. 상속세 폐지 같은 부시의 감세정책에 반대한 빌

게이츠의 부친이나 버핏처럼 미국을 움직여온 부유층의 자존심과는 극명하게 대비된다. 천박한 자본가의 부도덕한 기업관행은 세계정치를 퇴행으로 몰고 갔다.

선거와 정치를 경마장 도박판으로 만드는 과정에서 트럼프가 실증했듯이, 포퓰리즘은 인간의 이기심에 영합하여 정권을 잡고, 돈에 길들여진 대중을 활용하여 장기집권을 도모하는 가짜 민주주의다. 국민을 둘로 나눈다. 권력 쪽에 줄을 선 사람들만 '진짜 국민'이다. 이들을 앞세워 갈등을 조장하고, 이들을 살찌워 정권의 전위부대로 만든다. 포퓰리즘은 '민주의 탈을 쓴 독재(dictatorship disguised as democracy)'다. 포퓰리즘이 국가와 사회에 해악을 끼치는 진짜 문제점이 바로 여기에 있다.

윗물이 맑은 정치문화

트럼프 행정부와 닮은꼴이라는 점에서 문재인 정부도 예외가 아니다. 4대강 사업을 '토건족의 삽질'이라고 매도한 사람들이 표가 필요한 곳에는 모두 대형 건설 프로젝트를 약속하고, 다양한 이름을 붙여 '진짜 국민'에게만 이권을 분배한다. '민주화운동'에 독점권을 부여하여 돈과 명예를 나눠주고, 법을 만들어 비판을 봉쇄하고 민주화 제단에 성을 쌓는다. 그리고 권리와 명예의 세습을 도모하며 영구집권을 꿈꾼다.

포퓰리즘이라는 말 자체가 '인민(populus)'에서 나왔지만, 그것을 정치적으로 악용하는 사람들에게 인민은 정치의 주체가 아니고 조건반사적 지지를 대가로 사육되는 개돼지나 가붕게일 뿐이다. '레그나트 포퓰루스(Regnat Populus).' — 주민이 스스로 다스리게 하라는 것과 같은 고상한 목표는 클린턴이 주지사로 일했던 아칸소주 같은 곳에서나 기능하는 고급 슬로건이다.

포퓰리즘이 복지라는 이름 덕에 공적 명분을 얻은 것이 보편적 복지다. 빈부의 격차가 심하고 저성장이 지속되면서 사회적 약자가 늘어나는 상황에서 복지수요는 증가할 수밖에 없다. 보-혁의 이념을 떠나 정부가 나서서 사회적 그물망을 더 촘촘히 짜고 계층 간의 이동이 용이하도록 사다리를 놓아줘야 한다. 더불어 사는 따뜻한 사회, 공정하고도 정의로운 나라를 만드는 것은 국민이 주인인 민주주의의 정신이요, 주권자에게 대리 통치권을 위임받은 정권의 책무다.

포퓰리즘과 복지정책의 경계는 예산의 범위 안에서 집행이 가능한 규모의 적정성 여부와 사업의 적합성과 타당성, 그리고 타이밍이다. 선거가 1년 앞으로 다가오자 지자체 단체장까지 포퓰리즘에 가세했다. '어르신 공로 수당'으로 표를 모으자 '어린이 용돈 수당'으로 엄마 표를 노리는 곳도 생겼다.

포퓰리즘의 선두주자는 경기도다. "외국 빚에 의존하지 않는다면 나랏빚은 곧 민간자산"이라는 이재명의 논리는 달러가 기축통화인 미국에서나 통할 수 있는 제안이다. "1조 달러짜리 금화를 발행하여 국채를 청산하자"는 폴 크루그먼에게 영감을 받았다면, 그는 하나만 알고 둘은 모르는 소피스트다.

재보선에서 엄중한 심판을 받은 뒤에도 여당 잠룡들은 라스베이거스 카지노 라운지를 독차지한 중동 부호들 부럽지 않게 치고받으며 판을 키우고 있다. 포퓰리스트 게임에는 누구보다 이골이 난 이재명이 대학 안 가는 학생들에게 해외 여행비 1천만 원을 주겠다고 하자, 이낙연은 3천만 원, 김두관은 5천만 원, 정세균은 1억 원을 베팅했다. 불공정한 정치행태 때문에 떠나간 20대 표심을 되돌리겠다면서도 해법은 여전히 청년들의 미래를 저당 잡히고 표를 챙기겠다는 '떴다방' 식 야바위 짓이다.

포퓰리즘은 가장 비열한 방식으로 국가를 좀먹는 정치인이 가장 큰 이득을 보는 불공정하고 부정직한 매표행위다. 부패한 정치인들이 포퓰리스트 프로젝트에 매달리는 또 하나의 이유는, 표 이외에도 돈이 되기 때문이다.

여객기는 고사하고 헬리콥터 운행도 어울리지 않는 곳에 거액의 예산을 끌어들여 '유학성 공항' '김중권 공항' '한화갑 공원'을 왜 지었겠는가. 오래 전 폐기된 가덕도 신공항 계획을 선거 핑계로 다시 끄집어낸 근원적 이유는 무엇이고, 착공도 하기 전에 '오거돈 공항'이라는 조롱이 따라다니는 연유는 또 무엇이겠는가.

위로부터의 부패, 권력층의 패거리 부패, 기득권층의 짬짜미 부패의 가장 큰 피해자는 국민이다. 그 가운데서도 청장년세대의 의식 속에 잠재적으로 기생하는 부패증후군이다. 조국 사태로 나라가 둘로 갈라졌던 2019년 12월 흥사단 투명사회운동본부 윤리연구센터가 정직과 관련된 윤리의식을 조사한 결과를 보자.

'10억 원이 생긴다면 잘못을 저지르고 1년 정도 감옥에 들어가도 괜찮다' '이웃의 어려움과 관계없이 내가 잘살면 된다'는 것과 같은 예시를 주고 답을 수치로 환원하니 초등학생 87.8점, 중학생 76.9점, 고등학생은 72.2점이 나왔는데 20대 51.8점, 30대 55.6점, 40대 58.7점, 50대 이상 66.5점으로 나타났다. 무서운 결과다. "조국 사태와 가짜 뉴스 등을 통해 부정부패와 거짓이 넘쳐나고 정직하지 못한 모습들이 드러나면서 우리 사회의 정직과 윤리의식이 심각한 위기를 맞았다." 조사를 기획한 안종배 한세대 교수의 설명이다.

"가장 뛰어난 자들의 부패는 최악의 부패다." 중세 로마시대의 속담이다. "썩은 백합은 잡초보다도 냄새가 심하다." 윌리엄 셰익스피어의 비유다. 대통령과 같이 막강한 권력과 책무를 동시에 지는 공직자에게 정의감과 정직성 같은 가장 기본적이고 기초적인 인성이 요구되는 이유다.

"사회주의 경제를 10이라 하면, 현 정부는 이미 7~8까지 왔다"는 강성진 고려대 경제학과 교수의 진단이 달리 나온 게 아니다. 사회주의를 망하게 한 것은 이념이 아니라, 가장 힘 있는 자들의 부패였다.

'칸트와 괴테와 베토벤의 나라가 어쩌다 미치광이 히틀러에게 표를 몰아주어 2차 대전이라는 재앙을 인류에게 안겨주었을까?' '라인강의 기적'을 이룩하는 데 학문적 기초를 제공한 독일 경제학자 빌헬름 뢰프케가 평생 천착한 화두다. 그가 찾은 해법은 윤리적 귀족 —

계층질서 최상위에 '한 나라의 규범과 가치를 지키는 공동체의 수호자를 자임하고 그것을 엄격하게 실천하는 소수의 영향력 있는 지도자 그룹'을 조성하는 것이었다. 노무현 식으로 표현하면 '깨어 있는 시민들의 조직된 힘'이 바로 그것이다.

"나라의 장래가 아무리 암담하더라도 학문을 탐구하는 학자, 법을 수호하는 법관, 여론을 주도하는 언론인이 사회적 책임을 다하는 이상 희망은 있다." 그의 말이다.

검찰만 바로서도 부패가 설 곳이 없고, 선거법만 엄격히 적용해도 포퓰리즘이 활개 칠 공간이 없다. 고대 이집트가 전성기를 누리던 람세스 시대에는 '진실만을 말하는 자'라는 직책이 있었다. 옴부즈맨 제도를 강화하여 실질적으로 권력을 감시하고 공공기관의 준법성을 강화한다면 우리 사회도 점차 윗물부터 맑아질 것이다.

4 글로벌 프런트 러너

■■■
일론 머스크도 이민 오고 싶은 나라

포퓰리스트 정권의 가장 큰 죄악은 청년들의 희망을 빼앗고 부채를 떠넘겨 2중, 3중의 고통을 가중하는 것이다. 청년들의 건강한 사회의식과 도덕성을 마비시키는 부작용도 작은 범죄가 아니다. 고르디우스의 매듭처럼 단칼에 끊어지는 굴레도 아니다. 쉽게 표를 사는 포퓰리스트 관행을 답습하지 말고, 공돈에 익숙한 근성을 버리도록 국민을 설득해야 한다. 올곧은 정신을 가진 비상지인이 아니라면, 결단이 쉽지 않은 난제다.

시대가 공정과 정의를 앞장서 실천할 지도자를 부르는 데에는 다 이유가 있다. 새로운 정부는 여기에서 시작해야 한다. 자상한 손길로 산업화의 그림자를 치유하고, 단호한 자세로 민주화의 숙제를 풀어나가려면 관심과 배려, 용기와 결단이 필요하다. 정치는 타협의 산물이지만, 정책은 상상의 산물이다. 가덕도 신공항에 드는 건설비를 미래를 위해 투자한다면 부산과 울산, 경남을 동시에 살릴 수 있는 프로젝트를 100개, 1,000개도 만들 수 있다.

사법이 과거를 처리하고 행정이 현재를 처리할 때 국가지도자는 미래를 준비해야 한다. 반대와 투쟁이 주특기인 민주당과 소통하고, 여당 체질이 몸에 밴 웰빙 야당의 공감을 얻어가며 미래를 설계하는 것은 용이한 일이 아닐 것이다. 정책으로 승부하고, 국민을 상대로 지지를 구할 수밖에 없다.

산업화와 민주화의 장점을 계승하고 단점을 보완해 나가면서 우리가 지향해야 할 길은 '글로벌 선두주자(Global Front-runner)'다. 30년 넘게 식민지 지배를 받고, 식민지배에서 해방된 뒤에는 분단의 아픔을 겪고, 분단의 아픔도 모자라 동족끼리 전쟁을 치르고도 반쪽짜리 땅에서 세계에 우뚝 선 경제력을 일군 자랑스러운 한민족. 다음 단계는 교육과 문화, 연구와 개발에 인력과 예산을 집중하여 세계로, 미래로, 우주로 뻗어나갈 과학기술을 발명하고 인류의 문화를 리드하는 글로벌 선도국으로 거듭나는 것이다.

글로벌 선두주자라고 해서 대한민국이 반드시 세계 1위일 필요는 없다. 국가의 순위보다 중요한 것이 국민의 삶의 질과 국가의 품격이다. 인간의 존엄성이 무엇보다 우선하는 자유롭고 정의로운 나라, 국민이 주인 대접을 받는 당당하고 행복한 국가가 1등보다 더 의미 있다. 양보와 배려, 참여와 연대를 통해 건전한 사회적 기풍을 진작하고, 홍익인간 정신을 되살려 콩 한 쪽도 나누어 먹던 공동체의식을 복원하는 것이 전 세계 트렌드를 선도하는 글로벌 1류 국가, 글로벌 프런트 러너로 가는 지름길이다.

대선후보 케네디의 정책자문 그룹은 엘리트로 가득했다. 예비내각과 백악관을 구성할 인재풀 안에서 MIT 교수는 빛이 나지 않았다. 존

케네스 갤브레이스 같은 쟁쟁한 자문교수들이 화려한 대안을 제시할 때, 그는 끈질기게 한 가지 아이디어만 제시했다. 그의 고집에 굴복한 케네디가 어느 날 메모 한 장을 받아 안주머니에 넣었다.

침대에서 메모를 꺼내 본 케네디는 흥분을 감추지 못했다. 거기에는 '뉴 프런티어(New Frontier)'라는 제목 아래 간략한 전략이 적혀 있었다. 그 다음날 당장 새로운 개척정신을 호소하자 유세장이 환호로 뒤덮였다. 어린 시절 소설과 역사책을 읽으며 기숙사와 병원에서 보낸 시간이 수업 시간보다 더 많았던 병약한 소년이 평생 독서를 통해 터득한 미국의 청사진은 2차 대전의 잔재가 남아 있던 미국인의 심장을 다시 뛰게 했다. 아이디어의 저작권자는 월트 로스토. '경제성장 5단계 설'을 주창한 저명한 경제학자였다.

1979년 미국에서 덩샤오핑이 받은 충격은 컸다. 몇 해 뒤 "중화인민공화국 건국 100주년이 되는 2049년까지 부유하고 강력한 중국을 만들자"는 제안을 했지만, 중국인조차 흔히 듣는 공산당 선전문구로 웃어넘겼다. 1970년대 말 중국의 사정은 말 그대로 미래가 보이지 않았다. 문화대혁명이 남긴 후유증이 엄청난 데다 사상학습에 정신적으로 피폐해져 내일을 생각할 겨를이 없었다.

'흑묘백묘 론'은 실크로드를 개척하여 동서양을 이은 고대 중국의 상술이 뒷받침되지 않았다면 공산주의자 입에서 나올 수 없는 실용주의 노선이었다. 서구에서 받은 충격만큼이나 중국에 미친 업적도 크다. 외국자본을 끌어들여 경제를 개발하는 사상 초유의 실험은 멋지게 성공을 거뒀다. 그의 원대한 비전은 사상적 갈등과 사회적 분열을 잠재우며 거대한 용을 꿈틀거리게 만든 모티브였다.

글로벌 프런트리더로 가는 첫 걸음이 과학기술과 문화의 발전이라면, 두 번째 걸음은 사회 구성원들이 함께 믿고 따르는 규칙과 관례, 구성원 상호간의 신뢰와 동질성을 확충하는 것이다. 이러한 사회 공동의 무형자산을 '사회적 자본(social capital)'이라고 부른 미국 정치학자 로버트 퍼트넘의 설명을 굳이 빌릴 것도 없이, 구성원 상호간의 융화와 통합이야말로 민주주의와 시민사회, 그리고 경제를 성장으로 이끄는 견인차다.

억만장자 숫자가 미국을 능가했다지만 중국을 선진국이라고 생각하는 사람은 없다. 경제력으로는 중국과 2위 자리를 다투지만, 일본을 민주주의 선도국가로 존중하는 사람도 많지 않다. 중국은 인권보다 당권을 중시하고, 일본은 집단의식이 강해 사회적 자본이 보편적 기준에 미달하기 때문이다.

"성서를 읽는다는 명목으로 촛불을 훔치지 말라"는 산업화 시대의 초심으로 돌아가야 한다. 한겨울에 촛불을 들었던 시민들이 열망했던 제도의 민주화, 의식의 민주화, 행동의 민주화를 이룩해야 한다. 이것이 국가의 품격을 높이고 사회적 성숙도를 높여 글로벌 프런트러너로 나아가는 디딤돌이다.

국경과 국격

국경은 생물이다. 국력이 강해지면 국토가 넓어지고 국경이 늘어난다. 반대의 경우도 심심치 않게 벌어진다. 정치상황에 따라 국경은 높아지기도 하고 낮아지기도 한다. 팬데믹 때문에 각국이 출입국을 제한하는 바람에 국경이 높아지고 통행은 줄어들었다.

국제관계의 변화를 능동적으로 이끌어내든지, 우리의 자주적 노력에 의해 통일이 이룩된다면, 현재의 국토는 배 이상 늘어나고 인구는 반이 더 늘어 국운이 획기적으로 상승할 것이다. 천문학적 통일비용이 든다고 지레짐작하지만, 남쪽의 기술과 자본, 북쪽의 인력과 자원을 결합하면 세계시장에서 대박을 칠 수 있다.

눈에 보이지 않는 기대효과는 더 크다. 반세기 넘게 독재의 공포와 기아선상에서 신음하는 동포를 해방시켜 다 같이 잘사는 나라를 만들 수 있다.

국토를 넓히고 국경을 늘리는 또 하나의 방법은 인력과 기술과 자본의 적극적인 해외진출이다. 세계 모든 나라는 전문인력과 투자와 기술 유입에 적극적이다. 세계경제가 침체된 지금이야말로 국토와 국경과 국력을 동시에 키울 수 있는 획기적인 찬스다.

북핵보다 더 심각한 문제는 인구절벽이다. 저출산과 고령화가 빚어낸 고질병이다. 2012년만 해도 결혼하면 1억 원을 지급하겠다는 허경영 공약에 세상이 다 웃었지만, 2006년부터 15년간 무려 225조 원이 넘는 돈을 저출산 대책에 쏟아붓고도 인구가 감소되는 현실을 감안한다면, 코미디 같은 공약이 오히려 혜안이었던 셈이다.

2002 아시아-유럽 정상회담(ASEM)과 때맞추어 덴마크 코펜하겐에서 열린 아셈민간포럼(ASAEM People's Forum)에 참석하여 나는 "각국이

외국인에게도 국적 선택의 자유를 보장하고, UN이나 UN 산하기구에서 일정한 기준을 정해 세계 공통의 '월드비자'를 발행하여 통행권과 주거권을 보장하면 세계평화가 앞당겨질 것"이고 제안한 적이 있다.

당시는 아프간전쟁 중이라 국제정세가 불안하고, 세계의 이목을 끌만한 행사나 주제발표자가 아니었기 때문에 단지 각국의 NGO 리더들 앞에서 세계평화를 위한 하나의 시안을 제시한 것에 불과하다. 그러나 지금도 나는 세계인이 모두 거주국가를 선택할 수 있는 자유가 주어진다면, 모든 나라가 자국민의 유출을 막고 양질의 외국인들 유입을 위해 좋은 정치를 할 것이고, 분쟁 우려만 있어도 엑소더스가 일어날 것이므로 평화 유지에 기여할 것이라고 믿고 있다.

공자의 생각도 비슷했던 것 같다. 논어에 나오는 '근자열 원자래'라는 말은 원래 "정치가 무엇이냐"는 초나라 섭공의 물음에 대한 공자의 답이다. 그 당시는 춘추전국시대라 전쟁이 빈발하고 인심이 흉흉하여 국경을 넘나드는 사람이 많았다. 인구가 줄어 고민을 하던 섭공이 "성을 쌓아 이탈을 막는 것이 좋겠느냐"고 묻자 공자는 오히려 국경 밖에서 인구가 유입될 수 있는 대안을 제시한다. 정치를 잘하면 다른 나라 국민도 오게 돼 있다는 묘책이다. 만리장성도 진나라를 지켜주지 못한 것을 보면, 국토를 지키고 국경을 넓히는 지름길은 선정이라는 공자의 혜안은 진리였던 셈이다.

우리나라가 미국 수준의 소프트웨어를 갖추고 코리안 드림의 가능성을 높여 김정은과 김여정 패밀리도 살고 싶은 나라, 일론 머스크도 이민 오고 싶은 나라를 만든다면, 인구절벽도 해소하고 세계적인 고급 두뇌도 유치할 수 있다. 전제조건은 한반도의 주인으로 우리 국민들이 국적과 언어와 피부색이 다른 사람들에 대한 이질감을 해소하고, 개방적이고 진취적인 사고를 갖는 것이다. 야구장에 응원가서 얼굴이 까만 자기 편 외국 선수에게도 똑같이 박수치는 것과 같은 열린 마음이 필요하다.

크고 센 것이 이기는 아날로그 시대는 갔다. 빠르고 정밀하면 통하던 디지털 시대도 저물고 있다. 지금은 작은 것이 아름답고 간편한 것이 대세인 스마트 시대, 부드럽고 유연한 것이 세상을 이끄는 '소프트 파워(soft power)' 시대다. 승자가 시장을 독식하는 독점구조를 개선하고, 강자가 독주하는 정글사회를 공유와 상생에 바탕을 둔 따뜻한 공동체로 전환할 때다.

산업화의 업적을 내세워 장기간 여의도를 장악했던 후기산업화 세력은 탄핵으로 막을 내렸다. 민주화의 업적에 힘입어 손쉽게 집권한 후기민주화 세력도 실패의 길로 접어들었다. 우리는 거듭된 정치적 실패 위에서 부활해야 한다. 코페르니쿠스적 인식의 전환을 통해 과거 지향적 정치문화를 청산하고, 콜럼버스적 발상으로 미래를 개척한다면 오늘의 역경은 내일을 위한 축복으로 반전될 것이다.

변화의 조짐은 곳곳에서 나타나고 있다. 4월 재보선에 표출된 2030 유권자들의 성향 변화도 긍정적이다. 주체적으로 생각하고 비판적으로 접근하는 것이 바로 청년정신이다. 남들이 다 양지로 갈 때 동토를 마다하지 않는 용기와 역발상이 청년정신의 근간이다. 스타

트업을 키워 크고 작은 재산을 일군 기업인들이 줄지어 사회공헌에 나서는 것 또한 대한민국의 기업문화를 바꾸고 국가의 품격을 높이는 고무적 현상이다.

2045년, 대한민국이 해방 100주년을 맞을 때 비교해 보라. 다른 민족을 총칼로 핍박하고도 자라나는 세대에게 거짓말을 가르칠 만큼 정치적으로 타락한 나라와, 이역만리에서 풍찬노숙을 하고서도 문화를 으뜸으로 치는 선열의 얼이 살아있는 도덕적인 나라 가운데, 어느 쪽이 세계인의 존경을 받고 있는지. 백범 선생의 '나의 소원'은, 모든 것이 전무한 환경에서 글로벌 프런트 러너로 등장할 조국의 미래를 일찍이 예상하고, 오늘의 우리를 위해 선각자가 준비해준 나침반이다.

"나는 우리나라가 세계에서 가장 아름다운 나라가 되기를 원한다. 가장 부강한 나라가 되기를 원하는 것은 아니다. 내가 남의 침략에 가슴이 아팠으니, 내 나라가 남을 침략하는 것을 원치 아니한다. 우리의 부력(富力)은 우리의 생활을 충족히 할 만하고, 우리의 강력(强力)은 남의 침략을 막을 만하면 족하다.

오직 한없이 가지고 싶은 것은 높은 문화의 힘이다. 인류의 정신을 배양하는 것은 오직 문화다. 나는 우리나라가 남의 것을 모방하는 나라가 되지 말고, 이러한 높고 새로운 문화의 근원이 되고, 목표가 되고, 모범이 되기를 원한다."

5 자유롭고 정의로운 나라

■■■
땅과 땀

세상에서 변치 않는 진리는, 세상에 변치 않는 것은 없다는 사실뿐이다. 세상은 빠른 속도로 변화를 거듭하는데, 유독 변치 않는 것은 정치와 철밥통뿐이다. 주변국과 주요국을 둘러봐도 다들 비슷한 것을 보면, 정치가 발목을 잡는 것은 우리만의 현상도 아니다. 남이 나를 대신하는 대의정치, 정당정치의 한계다. 문화가 바뀌고 문명이 진보해도 선의와 욕심이 날실과 씨실처럼 짜인 인성은 여간해서 안 바뀌기 때문이다.

농경시대 이래 땅은 의식주를 동시에 해결할 수 있는 생산수단이자 생활수단이었다. 땅 위에 땀을 쏟으면 집이 지어지고 밥과 옷이 나왔다. 인간의 기초적 욕구를 만족시키는 기본적인 재산이자, 재생산이 안 되는 유일한 자산이 땅이다. 집도 절도 없다는 말은, 잘 데도 살 데도 없는 절망적인 상태라는 호소다.

땀 한 방울 흘리지 않고 불법적 방식으로 땅에서 이득을 챙긴 사건에 전국적으로 분노가 폭발한 것도 땅이 가진 특별한 의미 때문이다. LH 사태로 요약되는 일련의 부동산 범죄는 아파트 값 폭등에 좌절

한 서민들의 배고픔과 배 아픔을 동시에 자극하고, 양식 있는 국민들에게는 공정을 내세우는 정권의 위선과 배신을, 우리 사회에는 부정부패에 쉽게 빠지는 권력층의 타성이 여전함을 보여준 복합적인 사건이다.

남도를 점령한 인민군이 땅을 '무상분배' 하자 환호하던 농민들이, 세금을 매기려고 낱알을 세자 수군거리며 반발한다. 영화 「태백산맥」의 한 장면이다. 이념보다 앞서는 게 땅이다. 여우가 살아온 굴을 향해 마지막 눈을 감고, 연어가 태어난 강으로 돌아와 몸을 풀 듯, 농경문화의 정서가 남아 있는 우리에게 땅은 평생 발을 붙이고 살다가 영원히 돌아가는 정신적 고향이다.

정치란 현실에 바탕을 두지만, 본질적으로는 이상을 지향한다. 사회가 상하로 요동칠 때 균형을 잡아주는 평형수 같은 역할, 이념이 좌나 우로 편향될 때 중심을 잡아주는 저울추 역할을 해야 한다. 인간은 누구나 결점이 있지만, 한쪽으로 너무 기울어지거나 인성이 메마르고 성격이 강퍅해서 제 집안도 다스리지 못한 사람이 국가를 경영하겠다고 나서는 것은 본인을 속이고 사회를 속이고 국민을 속이는 위선이 아닐 수 없다.

대통령은 국토를 지켜 국가를 보위하고, 국민의 땅을 지켜 재산을 보호하며, 땅의 가치를 고양하여 경제를 살찌우는 국정의 최종 책임자다. 막강한 권한에다 명칭까지 크고 강한 글자를 세 개나 붙여 대-통-령이라 부르니 굉장한 자리로 보이지만, 실상은 세심하게 민생을 살펴 굽은 것은 펴고 막힌 것은 뚫어주는 국민의 심부름꾼이다. "큰 나라를 다스리는 것은 작은 생선을 요리하는 것과 같다(치대국 약팽소선 治大國若烹小鮮)"는 『도덕경』의 가르침과 같은 맥락이다.

노무현 정부가 하루가 멀다 하고 새로운 대책을 내놓던 2006년 교수들은 '약팽소선'을 그해를 상징하는 말로 선정했다. 도덕경은 노자가 지었다고 전하는 책이니 2,500여 년 전 춘추전국시대가 배경이다. 오늘날의 상황도 그 당시와 크게 다를 바 없으니 우리가 사는 현대, 우리가 뿌리를 내린 이 땅은 얼마나 위태한가. 정치는 또 얼마나 구태의연한가.

봉건시대에는 모든 것을 아우르는 통치자를 최고로 쳤다. 만승(萬乘)의 수레를 가진 중국의 천자는 만기친람(萬機親覽)이 덕목이었다. 제정러시아의 차르도 마찬가지였다. 그 가운데 하나가 니콜라이 1세다. 한 손에는 영토확장과 경제성장이라는 당근, 다른 손에는 채찍을 쥐고 러시아를 제압했다. 전쟁터에서는 병사, 광산에서는 엔지니어 노릇을 해야 직성이 풀리는 그에게 어울리는 전설이 있다.

모스크바와 페테르부르크 사이에 철도를 설계하던 1842년, 그는 두 도시를 가장 가깝게 연결하라고 지시하며 직접 자를 들고 지도 위에 금을 그었다. 공교롭게도 자 위로 차르의 약지가 비죽이 삐져나와 있었다. 기술자들은 연필로 그려준 그림대로 철로를 놓았다. 2001년 교량을 건설하여 궤도가 달라지기 전까지 노브고로드 주 무스타 강 부근을 달리는 철길이 손가락 끝처럼 둥글게 휘어졌던 연유다.

정부의 적극적인 시장 개입 논리를 개발하여 대공황을 극복하는 이론적 틀을 제공한 메이너드 케인즈는 "이 시대 경제학자가 할 일은, 정부가 해야 할 일과 하지 말아야 할 일을 구분하는 것"이라고 강조했다. 경기가 과열되면 긴축정책을, 경기가 침체되면 확장정책을 쓰되 수정자본주의라는 명분 아래 과도하게 간섭해서는 안 된다는 조언이다. 우리나라처럼 대통령의 심기에 따라 기업이 위축되고 경기가 영향을 받는 나라에서는 유념해야 할 금언이 아닐 수 없다.

자본주의는 위기에 직면할 때마다 진화를 거듭해온 고등생물이다. 땅이 모든 것이던 농경 시대 이후 시장이 가치를 결정하던 자유방임 시대를 지나고, 정부와 시장이 공존하던 수정자본주의 시대를 지나고, 정보가 생산과 소비를 좌우하던 지식산업 시대를 지나, 지금은 이른바 자본주의 4.0 시대. 개인의 이기심에 바탕을 둔 자본주의가 사회적 이익과 어떻게 접점을 찾을 것인가, 시장의 '보이지 않는 손'과 정부의 '보이는 손'은 어디서 접점을 찾을 것인가. 해답을 모색해야 한다.

하나의 대안은, 사회구성원의 합의와 공감을 이끌어내 지속적 성장을 추구하고, 낙오자도 인정하는 경쟁, 실패자도 수긍할 수 있는 기회를 보장해주는 '공감 자본주의'다. 문명의 발달을 연구하는 미국의 경제학자 제레미 리프킨이 『공감의 시대(The Empathic Civilization)』에서 제시한 방식이다. "도덕적으로 완벽한 정권"이라는 말로 비웃음을 산 이명박부터 문재인까지 전-현직 대통령들이 실패한 원인의 8할은 민심과 동떨어진 코멘트와 공감하기 어려운 리더십이었다.

새로운 시대에는 총리와 장관의 역할을 제고하고, 청와대와 여당은 설득과 공감 능력을 발휘하여 여-야, 노-사, 빈-부 등 갈등세력

간의 이기적 경쟁을 이타석 협력으로 전환해야 한다. 반목과 분란이 초래한 고비용-저효율 구조를 저비용-고효율 구조로 바꾸고 정치 경제 사회 문화 등 제반구조를 유기적으로 혁신해야 대한민국에 희망이 있다. 다음 5년은 잃어버린 10년을 만회하고 세계의 변화를 이끌 것인지, 미-중의 경쟁 속에서 등이 터지는 새우로 전락할 것인지, 대한민국의 진퇴와 명운이 결정되는 중대한 분기점이다.

지역신문에 불과하던 워싱턴포스트를 세계적인 미디어로 키운 캐서린 그레이엄의 경영철학을 밥 우드워드는 이렇게 정의했다. "눈은 뜨고 손은 떼다(Eyes on hands off)." 세상의 흐름을 면밀히 관찰하고 보도의 방향을 세심히 살피되 편집권에는 관여하지 않는 여장부 리더십에 대한 칭찬이다. 실제로, 전쟁터에서 벌어지는 일상적인 상황은 최고의 전문가에게 맡기고, 회장은 전체적인 방향을 제시하고 경영을 총괄하는 컨트롤타워로 역할을 나눈 것이 절묘한 성과를 낳은 비결이다.

아마존의 재력을 바탕으로 워싱턴포스트는 지금 서울과 런던에 '글로벌 속보거점'을 구축하고 있다. 뉴욕타임스는 이미 '글로벌 디지털허브'를 홍콩에서 서울로 옮겼다. 글로벌 미디어가 먼저 대한민국의 잠재적 위상을 간파한 것이다. 시대가 요구하는 대통령은 공장으로 마을로 쫓아다니며 현장을 지도하는 김정은 식 '올드 리더'가 아니라 '올 뉴 코리아'의 CEO로 미래를 기획하고, 우리 국민이 모두 각자의 자리에서 제 몫을 다하도록 공감하고 응원하는 '치어리더'다. 분주한 머리에는 기대할 것이 없다.

■■■
밥과 법

밥은 하늘이다. 내일 당장 포도청에 끌려가더라도 목으로 밥을 넘겨야 하루를 날 수 있다. 노동시인 박노해의 하늘은 "우리 세 식구의 밥줄을 쥐고 있는 사장님"이다. 밥은 삶이다. 봄날보다 짧은 삶을 그린 영화에서 '아름다운 청년 전태일'이 여공에게 건네는 풀빵은 사랑이다. "돈 15원 남은 걸로 10원" 주고 산 노트에 "목숨을 걸고 사랑을 해도 못 맺을 사랑"이라고 적힌 1967년 하루치 기억이 목에 걸린 생선 가시같이 통각을 자극한다.

전태일의 누이들로 대표되는 여성 노동자들은 부양과 사랑의 대상이 아니라 집안의 생계를 책임지던 실질적 가장이었다. 손가락에 바늘을 찔려가며 한 푼 두 푼 모은 돈이 오라비의 학비가 되고 아비의 비료 대금이 되었다. 사회적인 인식과 대우는 방직기계 부품과 다를 바 없었다. 19년 뒤 경기도 부천 여성 노동자 '허명숙'이 경찰 조사 중 성고문을 당했다고 호소할 때는 외면하다 '서울대생 권모 양' 이름으로 사건이 폭로되자 격하게 들끓은 게 부박한 우리 사회의 자화상이다.

같은 사건에도 정반대 반응을 보였던 사회는 지금 권인숙씨에게 국회의원 배지를 달아줄 만큼 변화했지만, 그들이 떠난 자리를 메우고 있는 이주노동자들에 대한 인식과 대우는 과거와 별반 달라진 것이 없다. 메이데이를 앞두고 이주민 단체들이 "노동자들이 8시간 노동을 외치며 피 흘리고 싸운 지 131년이 지났지만, 한국의 이주노동자들은 여전히 저임금과 장시간 고강도 노동을 하고 있다"며 개선을 요구한 것도 그 때문이다.

그들이 주최한 '이주노동자 기숙사 사진전'에 걸려 있는 풍경은 종전 직후 촬영된 청계천 모습만큼이나 열악하다. 작업장과 붙은 비닐하우스와 컨테이너 숙소는 채광과 환기도 안 되고, 농수로 위 컨테이너는 새집처럼 위태롭다. 지난겨울 비닐하우스에서 잠을 자던 캄보디아 노동자가 사망한 이후에도 달라진 것은 없다. 메이데이 사진은 우리에게 묻고 있었다.

'이것이 세계 10위권 경제국, 대한민국의 맨얼굴입니까?'

우리나라 전체 생산업체 숫자의 99%를 차지하고 생산량은 88%에 이르는 중소기업은 대한민국 경제의 중추다. 재벌에게 목줄이 잡힌 하청업체가 대부분이지만, 근로자를 상시 고용하고 그들 가족들의 밥줄까지 책임지는 중소기업 경영자들이야말로 우리 경제의 영웅이다. 그 가운데 상당수는 경기침체에 코로나가 겹쳐 빚을 내 직원들 봉급을 충당할 때가 비일비재하다.

사우디에 대규모 건설 근로자를 파견하고 서독에 나간 광원들과 간호사들이 벌어들인 돈으로 국가경제를 일으킨 나라에서 외국 노동자들을 열악한 근로조건에 방치하는 것은 부끄러운 일이다. 그러나 그 책임을 영세 사업자에게 전가하는 것은 옳은 방법이 아니다. 이럴 때 필요한 것이 정부의 적극적인 재정 지원이다. 포퓰리즘을 남발하는 민주당 잠룡들이 이주노동자에게 관심을 보이지 않는 단 하나의 이유는 — 투표권이 없기 때문일 것이다.

자유와 정의는 결코 멀리 있지 않다. 자유롭고 정의로운 나라는 눈물 젖은 밥을 먹는 사람, 억울한 사람이 없는 나라다. 양부모에게 학대받고 의붓아비에게 매를 맞는 아이가 없는 나라다. 내국인이나 외국인이나, 단군의 자손이나 다문화 가족이나 똑같은 인간으로 대우하고 서로 존중하는 나라다. 말 못하는 짐승을 해코지하고 삶이 어려워져 가족같이 키우던 반려동물을 버리는 일이 없는 나라다. 경제적 자유가 없으면 다른 자유는 의미가 없다.

'단일민족'이라는 핏줄의식은 배타적인 민족감정으로 흐를 수도 있다. '단군 자손'이라는 일체감에 '홍익인간'이라는 건국정신이 어우러져야 코리안 드림이 가능해진다. 혁신적인 변화를 이끌어내려면 사회적 합의가 전제돼야 하고, 사회적 합의를 이끌어내려면 국민적 인식전환이 선행돼야 한다. 그때 비로소 대한민국은 월드 클래스 프런트 러너로 거듭날 수 있다.

좁은 땅에서 나오는 농산물로는 자식들 입도 감당이 안 돼 강제로 산아제한을 하던 나라가 지금은 남아도는 쌀을 먹을 사람이 모자라는 나라가 됐다. 해외에 자리 잡은 교포보다 이 땅에 살고 있는 다문화 여성과 이주민이 더 귀한 세상이다. "지금까지의 저출산 대책은 실패했다." 취임한 해 연말에 문 대통령이 한 말이다. "마지막 골든타임이 지금"이라며 저출산 문제 해결에 강한 의지를 보였지만, 지금은 증가율이 마이너스로 떨어져 역대 정부 가운데 최악이다.

우리나라의 저출산 문제를 '코리안 신드롬'이라고 비하하고 인구감소로 '세계에서 맨 먼저 사라질 나라'로 한국을 꼽은 것은 옥스퍼드대 인구학자 데이비드 콜먼 교수였다. 현재 출산율은 2006년 당시보다 더 떨어져서 3년 연속 1.0 미만을 기록하고 있다. 지구상에 한국이 유일하다. 2021년 세계인구보고서 예측도 198개국 중 198위로 2년 연속 꼴찌다. 콜먼의 예측보다 감소세가 더 가파르다.

지난 3월, 그가 다소 긍정적인 입장을 내놓았다. "한국이 소멸하지는 않을 것"이라는 예측이다. 전망의 실현 여부는 불투명하지만, 미혼모에 대한 부정적 인식을 저출산 이유 중 하나로 꼽은 문제의식은 정확해 보인다. "출산율이 1.6 이상인 선진국에서는 최소 30%의 어린이가 혼외로 태어나지만, 한국에서는 미혼모를 대중이 쉽게 받아들이지 못 하는 게 문제"라는 지적이 바로 그것이다.

인구가 아무리 넘치는 상황이라도 이 세상 모든 생명은 고귀하고, 이 땅에 태어난 영유아는 모두 당당한 인간으로 대우해야 한다. 더구나 출산율이 최악인 상황에서 미혼모나 비혼여성이 낳은 아이라고 사회에서 냉대하고 국가가 책임지지 않는 것은 명백한 직무유기다. 이런 상황에서 출산 의사가 없는 여성들에게 자식을 낳아서 국가에 기여하라고 강요하는 것은 얼마나 이율배반적인 대책인가.

법 이전에 밥의 관점에서 보더라도 또 하나 시급히 해결해야 하는 문제는 굶주림에 시달리는 북한 동포들이다. 그들은 통일의 대상이기 이전에, 더불어 살아가야 하는 한민족이다. 핵시설과 핵무기만 국제적인 감시체제 아래 투명하게 관리된다면 북-미 수교를 주선하여 정권의 안전을 보장하고 국제무대에서 경쟁력을 갖추도록 지원해야 한다. 북한을 국제질서 속에 편입해야 비로소 법이 지배하는 나라, 사람 사는 나라로 전환이 가능하다. 통일 전에는 최소한의 동포애를 발휘하고 통일 이후에는 충격을 완화할 수 있는 길이기도 하다.

스승의 도덕률이 다르고 아비의 도덕률이 다른 게 인간사회다. 굶주림에 지친 조카들을 둔 삼촌의 정의와 고상한 삶을 영위하는 주교의 정의는 다를 수밖에 없다. 녹두장군 전봉준에게 "정의는 곧 애민(愛民)"이었다. 자베르에게 정의는 법이었지만, 장발장에게 "최고의 법은 양심"이었다. 우리 시대 최고의 정의는 양심이다. 정의를 잃은 정치는 독재다. 이것이 바로 빅토르 위고가 "독재가 현실이 되면 혁명은 권리가 된다"고 설파한 까닭이다.

말과 칼

말 등에서 국경이 결정되던 고대 이래 권력은 칼에서 나왔다. 칼이 권력이고, 칼이 정의였다. 마오쩌둥이 "모든 정치권력은 총구에서 나온다"고 선언하기 전부터 공산당의 권력은 투쟁에서 얻은 전리품이었다. "펜은 칼보다 강하다"는 금언은 펜을 잡은 사람들에게는 무척 위로가 되는 말이었지만, 전두환 시대만 해도 그것은 영어 교과서에서나 진실한 문학적 수사에 지나지 않았다.

백악기 지구를 장악한 공룡 티라노사우루스 같은 참주(tyrannos) 아래 음모와 금권과 철권이 난무하던 시대에 솔론 같은 철인(哲人) 정치인이 있었다는 것은 고대 그리스 인들을 위해서나 후대 민주주의를 위해서나 참으로 다행스러운 일이다. 그는 아테네 최초의 성문법인 드라코 법전 대신 솔론 법전을 편찬했다. 피 냄새 나는 냉혹한 법전을 사람 냄새 나는 법전으로 개조했다. 자신의 업적을 기록한 글은 100여 년 뒤 중국에서 태어난 공자의 덕치(德治)를 떠올리게 한다.

"나는 가는 곳마다 곳곳에 박혀 있는 저당 표석을 뽑아내 예속됐던 땅을 자유롭게 했다. 정당하든 부당하든 팔려간 사람들, 빚의 멍에를 피해 달아나 먼 곳에서 방랑하던 사람들을 아테네로 되돌아오게 했다. 노예로 고통 받으면서 주인의 변덕에 시달리던 사람들도 자유롭게 해주었다."

언어는 권력이다. 병자호란 때 용골대 통역을 맡은 정명수가 이성구에게 "대감의 입에서 나온 말이 내 똥구멍에서 나온 소리보다 못하다"고 모욕을 준 것은, 그의 뒤에 청나라 군대가 있었기 때문이다. 그런 수모를 당하고도 영중추부사라는 자가 일개 통역에게 거금을 바친 것은, 그의 말 한마디가 그 이상의 이용가치가 있었기 때문이다.

하늘 아래 새로운 말은 없다. "물은 배를 띄우지만 배를 엎을 수도 있다"며 군주의 왕도를 가르친 순자의 명언부터 "인민의 인민에 의한 인민을 위한 정치"에 이르기까지 고래로 동서양의 백성들이 한두 뼘씩 확장해온 자유와 민주의 지평은 칼에 대항하여 말이 거둔 고귀한 승리의 결과다.

지금은 '칼보다 말이 힘이 센(the word is stronger than the sword)' 민주주의 시대. '투표용지가 총알보다 힘이 센(the ballot is stronger than the bullet)' 대의 민주주의 시대. 전국의 유세장이 전쟁터고, 광화문이 아고라다. 언론환경이 변화하고 스마트폰이 보편화된 뒤부터는 다양한 SNS가 말의 전쟁에 가세했다. 민주주의가 내 손 안으로 들어왔다.

박정희 정권의 압축성장은 급속한 경제발전을 가능케 했으나, 승자독식 문화와 전투적 삶이 일상이 됐다. 모든 것을 숫자로 정형화하고, 실적에 따라 석차를 매겼다. 아파트 평수는 긍지가 되고 자녀들 등수는 자랑이 됐다. 컨베이어 벨트처럼 돌아가는 고속성장에 쉽게 편승한 계층과 소외된 계층 사이에 소득과 자산의 격차가 커졌다. 경쟁은 갈등을 낳고, 갈등은 반발을 불러 사회가 안정을 찾기 어려웠다.

돈이 말을 하면 인간은 침묵한다. 돈으로 인격을 평가하고 돈 가진 사람이 '갑질'을 하는 세상에서는 차별이 제도가 된다. 금권-관권-정권이 카르텔을 형성하여 특권과 반칙을 일삼다보니 '유전 무죄 무전 유죄'라는 자조에 힘이 실릴 수밖에 없다. 박근혜 정부가 촛불 앞에서 힘없이 무너진 것은 박정희 시대 이래 우리 사회에 누적된 불공정과 불평등에 대한 폭넓은 공감 때문이었다. 60년 빛나던 산업화 역사는 결국 모래 위에 지은 누각이었던 셈이다.

우리 사회는 지금 새로운 형태의 리더십과 대결하고 있다. 상표는 수십 년 익숙한 '민주' 그대로인데 은연중 드러난 발톱의 실체는 사회주의나 전체주의에 더 가까운 권위주의적 통치행태다. 2016년 이래 올해 4월 7일 재보선 직전까지 큰 선거에서 현 정권이 번번이 이긴 것은, 민주화라는 화려한 트로피 덕분이었다.

우리나라 양대 도시 유권자들이 먼저 정권의 실체를 알아차리고 냉혹한 심판을 내린 뒤에도 대통령은 궤도를 수정할 기회를 제 발로 차버렸다. 그는 마지막 내각 개편까지 막장드라마로 일관했다. 총리부터 장관들까지, 모든 후보자가 수없이 과태료를 체납하고 잡범 수준의 범행에 연루된 '여자 조국' '남자 윤미향' 일색이다. 밀수 논란을 빚은 배우자도 있다.

온 국민이 반세기 동안 피땀으로 이룩한 민주제도를 파괴하는 데 걸린 시간은 불과 4년. 화려해 보이던 대한민국의 민주화 역시 모래 위에 세운 금자탑이었던 것이다.

패거리끼리 챙겨주고 제 배를 불린 것 이외에는 업적이 없는 데도 현 정권이 버티고 있는 것은 박근혜 시절 민주당과 같은 투쟁력 막강한 야당이 없고, 촛불시위를 주도했던 민노총이나 참여연대처럼 깨어 있는 시민들의 조직된 힘이 보수사회에는 없기 때문이다.

일찍이 마하트마 간디가 개탄했던 일곱 가지 사회악이 우리 사회에는 골고루 갖춰져 있다. 원칙 없는 정치, 노동 없는 부, 양심 없는 쾌락, 인격 없는 지식, 도덕성 없는 상업, 인간성 없는 과학, 희생 없는 종교. 우리 사회를 망치는 또 하나의 사회악은 비판의식 없이 리플리들에게 휘둘리는 어용 시민조직이다.

'어디서부터 잘못됐을까.' 영화 「태백산맥」에서 "당은 절대 틀리지 않는다"고 굳게 믿었던 골수 공산주의자 염상진은 공산당의 실체와 마주하며 오류의 원인을 되짚어본다. 마르크스 책에 그려진 우상과 인민을 투쟁의 수단으로 쓰는 현상과는 너무도 괴리가 컸다.

스스로 생각하는 대신 김일성 노선을 따르고, 떼 지어 몰려다니며 이권을 챙긴 한국의 진보는 도덕성까지 파탄났다. 어둠 속에서 촛불처럼 빛나던 이념은 진흙탕에 떨어졌다. 문재인 정부는 40년 누적된 가짜 진보의 적폐를 낱낱이 보여주며 드디어 황혼 속으로 지고 있다.

6 자유롭고 정의로운 나라로 가는 길

■ ■ ■
#1 디지털 민주주의

투표는 힘없는 민초들이 가장 강력한 힘을 발휘할 수 있는 민주주의의 꽃이다. 참기름도 진짜와 가짜를 가리고, 점심 한 그릇을 먹어도 맛집을 찾는 사람들이 기표소 안에만 들어가면 즉흥적이고 감성적으로 돌변하는 행태가 정치를 3류 수준에 머물게 하는 첫 번째 원인이다. 초등학생 때부터 학원에서, 은행에서 경제교육 금융교육을 시키며 재테크를 가르치는 젊은 부모들이 올바른 나라를 만드는 정치교육을 소홀히 하는 것은 난센스다. 제 몫을 다 못하는 건 정규 교육도 마찬가지다.

"선거는 좋은 후보들 가운데 가장 좋은 후보를 고르는 것이 아니라, 최악의 인간을 피해 차악을 고르는 과정이다." 정당과 선거를 학문의 대상으로 승격시킨 프랑스 정치학자 모리스 뒤베르제의 정언이다. 우리 사회도 상황은 비슷하다. 인간성 반듯하고 전문성을 갖춘 사람들은 여간해서 낯선 사람들에게 머리를 조아리다 권력을 잡으면 얼굴이 달라지는 정치를 직업으로 선택하지 않는다.

프랑스나 우리나라나, 그렇고 그런 사람이 국민의 대변자라고 나서는 것이 정치판이다. 그렇다고 아예 투표를 포기하고 벚꽃놀이 가는 순간 어떤 결과가 벌어지는지를 우리는 2020년 선거 이래 지금까지 적나라하게 목격하고 있다. 엘리트들이 정치를 외면하면 저열한 자들의 페널티를 각오해야 한다는 플라톤의 경고는 유권자의 경우라고 예외가 아니다.

선거와 투표에 대한 인식을 바꿔야 한다. 경-부 보선은, 재정적으로 돈이 많이 들고 유권자들 시간을 빼앗는 번거롭고 불편한 요식행위가 아니라 국면을 전환하는 멋진 이벤트라는 사실을 똑똑히 보여주었다. 두 선거에만 800억 원 이상의 세금이 지출됐지만, 국민들에게 한 줌의 집권세력에 대한 열패감을 씻고 자유와 민주의 소중함을 다시금 각성시켜준 효과는 돈으로 계산할 수 없는 우리 사회의 자산이 됐다. 민주주의의 모든 문제는, 선거가 답이다.

대의민주주의는 인구가 증가하고 참정권이 확대됨에 따라 불가피하게 도입된, 직접민주주의의 보완재다. 대의민주주의의 핵심은 정당정치다. 이념에 따라, 신분과 지역현실에 따라 분화된 정당에 투표하여 자신의 이해관계를 대신 표출하게 한 것이 정당정치의 시작이다. 하지만 사회와 지향하는 가치가 다양화되고 개인의 취향이 존중되는 현대사회에서 정당은 더 이상 민의를 효율적으로 담보하는 조직은 아니다.

내 손안에 들어온 민주주의는 직접민주주의를 가능케 하는 최신 병기다. 수백만 원, 수천 만 원도 스마트폰을 통해 거래하는 마당에 투표라고 꼭 일정한 장소에서 해야 할 필요가 있는가. 블록체인 같은 최신기술을 활용하면 스마트폰 투표가 얼마든지 기술적으로 가능할 것이다.

후보가 마음에 들지 않더라도 주의 깊게 골라서 반드시 투표하는 것이 깨어 있는 시민의 첫 번째 권리이자 의무다. 현행 제도만 몇 가지 보완해도 정당정치의 결함을 줄이고 조금 더 나은 후보를 고를 수 있을 것이다. 선출된 권력을 효율적으로 통제할 수도 있다.

내가 생각하는 개선책은 대략 다음과 같다. 투표의 의미를 높여 국정에 민의를 적극 반영하고, 국가의 주권자로서 국민이 좀 더 능동적으로 국정을 이끌고 적극적으로 감시하자는 게 첫 번째 취지다.

스마트폰 투표를 통한 국민투표 활성화

선거는 가장 효율적인 정치교육의 장이자 정치실험의 무대. 역량을 갖춘 신인이 등장하여 정치를 혁신할 수 있는 등용문도 선거다. 비용만 크게 문제되지 않는다면, 자주 할수록 정치발전과 사회혁신에 도움이 된다. 비용을 대폭 줄이고 참여를 높일 수 있는 대안이 디지털 방식을 활용한 온라인 투표다.

스마트폰이나 IT 기술을 활용하여 투표장까지 가지 않고 가장 편한 곳에서 투표한다면, 국민의 참여가 높아져 훨씬 더 많은 민의가 훨씬 더 쉽게 선거 결과에 반영될 것이다. 선거일을 휴일로 지정하지 않아도 되므로 국가경제에도 긍정적 영향을 미칠 것이다. 관련법을 손질하고 약간의 보안시스템만 강화한다면 특별한 문제점은 없어 보인다.

투표가 용이해지고 비용이 절감되면, 헌법 규정을 폭넓게 해석하여 여-야가 첨예하게 대립하는 사안이나 중대한 선거공약을 개폐할 경우 등등 심각한 국면을 국민투표로 해결할 수 있다. 국민투표를 통해 집단지성의 힘을 빌리면 국정이 안정되고 효율적인 정책대안을 모색할 수 있을 뿐 아니라, 여소야대 상황도 슬기롭게 극복할 수 있을 것이다.

국회의원 결선 투표 및 비례후보에 대한 개별 투표

국민의 직접투표에 따라 여러 번 정권교체가 이루어지고, 더 많은 선거법 개정으로 표의 등가성이 상당히 확보됐으나, 특정 지역의 특정 정당 선호는 개선되지 않고 있다. 다소간의 차이는 있지만, 민주주의를 더 먼저 도입한 정치 선진국에도 지방색이 있으므로 크게 문제 삼고 있지 않으나, 정치발전의 측면에서 볼 때 바른 방향은 아니다.

30여 년 간 대한민국 정치를 주무른 '3김씨'가 세상을 뜬 지금까지도 비례대표 후보는 정당대표나 선대위원장의 이권이나 특권의 다른 이름일 뿐이다. 다수당의 경우, 10번 이내의 순번을 배정 받는 순간 자동으로 임명된 것과 마찬가지다.

국민이 정당 선호에 따라 가부를 표시할 수밖에 없는 현재의 제도는 불합리하다. 비례대표에 대해서도 당이 정한 순번과 관계없이 별도로 투표하고, 후보별 득표율에 따라 당락이 결정되도록 제도를 바꿔야 당대표의 전횡을 막을 수 있다.

아울러, 전국의 선거구에서 1, 2위로 결정된 후보에 대해 결선투표를 도입하면 특정지역의 쏠림 현상을 완화하고, 국민의 원성을 사는 토호가 지역기반을 바탕으로 대한민국 국회의원으로 선출되는 상황도 막을 수 있다. 국회를 지역 대표가 아니라 명실 공히 국민의 대표로 구성해야 정치가 한 걸음 앞으로 나아갈 수 있다.

국민발안 및 국민소환

현행 국회는 민주주의에 대한 기본소양이 부족하고 애국심을 '국뽕'과 혼동하는 의원들이 다수를 점하고 있다. 국민의 감시와 참여가 어느 때보다 필요하다. 국민발안은 국민이 직접 헌법 개정안이나 법률안을 제안할 수 있는 제도다. 역사상 처음으로 국민투표에 의해 개헌이 확정된 1962년 헌법에는 이 제도가 있었으나 곧 없어졌다.

지방자치단체장과 지방의원에 대해서는 주민소환 제도가 있으나, 국회의원에 대한 국민소환은 현행 법제 아래 불가능하다. 천생배필도 마음이 바뀌면 갈라서고 멀쩡하게 타던 차도 결함이 있으면 바꿔주는 것이 자유민주주의 시스템인데, 잘못 뽑은 의원을 소환할 수 없다는 것은 주권재민의 원칙에 어긋난다.

국민소환에 관한 법률안은 21대 국회에도 4건이 접수된 상태다. 자치단체장과 지방의원에 대한 주민의 감시와 통제의 길을 열어놓은 나라에서 국회의원이 소환 대상에서 제외된 것은 의원들이 스스로에게 부여한 특권일 뿐 아니라 입법권 남용이며 법 앞의 불평등을 인정하는 것과 다름없다. 선출권을 가진 국민에게 소환권을 보장해야 비로소 참다운 의회정치가 가능해진다.

사법부와 검찰에 대한 문민 통제

워터게이트 사건이 터지고 특별검사가 수사에 나섰을 때 가장 큰 쟁점은 닉슨의 도청 지시를 입증해줄 백악관 녹음테이프의 법원 제출 여부였다. 대통령의 헌법상 지위와 권한을 들먹이며 닉슨은 자신이 임명한 대법원장에 기대를 걸었다.

워런 버거 연방대법원장이 닉슨을 봐주려고 애쓰는 꼴을 본 재판연구관이 동료들에게 의견서를 돌렸다. "닉슨은 사기꾼입니다. 누군가 저 개자식(SOB)을 교도소에 처넣어야 합니다."

시리즈로 게재된 워싱턴포스트 기사는 사실관계로나 법률적으로나 정밀했고 '개자식' 의견서가 도는 분위기에선 대법원장도 손을 쓰기 어려웠다. 대법원은 증거물을 제출하라고 판결했다. 대통령은 사임했다.

노무현 대통령이 탄핵심판 당시 변호를 맡았던 이용훈을 대법원장 후보자로 지명하여 코드 인사, 보은 인사 논란을 자초했을 무렵, 미국에서는 아들 부시가 보수 법관 존 로버츠를 연방대법관으로 지명하여 찬반 운동이 대선 규모 버금가게 커졌다. 처음 대통령이 될 때 재검표 소송까지 치러서 "렌퀘스트 법원이 뽑은 대통령"이라는 말까지 나왔기 때문에 양측의 싸움이 더 격렬했다.

거짓말의 명수가 사법부를 장악하고 있는 현실을 보며 뇌리에 오버래핑 된 미국의 유사 케이스다. 정치제도의 민주화를 이룩하고 대한민국 민주화가 완성됐다고 자부해온 것은 환상이었다는 사실을 문재인이, 김명수가, 586 국회의원들이 일깨워주고 있다.

국회가 행정부에 대한 견제 구실을 못하고, 대통령은 인사청문회를 무력하게 만들고, 사법부 수뇌부가 청와대 하수인으로 전락한 꼴을 보면, 깨어 있는 시민들이 다시 힘과 지혜를 모아 정치 민주화, 경제 민주화와 함께 입법 민주화, 사법 민주화를 추진하는 것 이외엔 획기적 개선방안이 없어 보인다.

총칼을 든 군대를 문민이 통제하듯, 법전과 칼을 든 사법부와 검찰의 문민 통제 방안을 마련할 필요가 있다. "전쟁이 너무나 중대한 문제이기 때문에 장군들에게만 맡겨둘 수 없듯이, 연방대법원의 일도 너무나 중요해서 법조인이나 법학자들에게만 맡길 수 없다." 『대법원의 역사(A History of the Supreme Court)』를 저술한 미국의 법학자 버나드 슈워츠의 견해는 미국보다 우리나라에 더 절실해 보인다.

공수처법을 개정하여 처장의 임명권을 야당에게 주고, 선출직 공무원의 범죄에 대해 임기 이후까지 집중 수사하게 한다면, 권력형 비리의 척결은 물론 예방에도 도움이 될 것이다. 집중 수사의 무게를 견디지 못하는 자, 아예 정치권력 근처에도 범접하지 못하도록.

#2 자유롭고 정의로운 나라를 위하여

국가부주석이던 2009년 12월 서울을 방문한 시진핑이 집무실과 공관에서 정운찬 총리와 회담과 오찬을 같이한 결과를 언론에 브리핑하며, 중국의 가버넌스를 부러워한 적이 있다. 어린 시절 공산당청년단에 들어가 체계적인 이념 교육을 받고, 중앙과 지방정부를 오가며 행정 이론과 실무를 익히고, 단계마다 치열한 경쟁을 통해 부주석으로 발탁되어 5년간 국정운영을 경험한 뒤 주석으로 취임하는 제도는 정책의 지속성과 정권의 안정성에 최적화한 제도로 보였다.

사회주의와 자본주의가 절묘한 조화를 이룬 중국의 국정 책임자 선발 방식이 자본주의의 정상을 달리는 미국의 대표기업 GE와 유사하다는 것은 경이로운 일이다. 20년 장기집권한 잭 웰치 회장은 체계적인 인재 육성과 치열한 경쟁을 거쳐 제프리 이멜트를 후임 CEO로 선발했다. 부주석 시절부터 양국 현안에 대한 해박한 조예와 당당한 풍모를 자랑하던 시진핑은 9년 뒤 결국 헌법을 고쳐 장기집권의 길을 열었다.

개헌 전에도 부주석 5년과 주석 10년 연임을 합치면 15년 권력을 누릴 수 있는 중국의 권력 시스템에 대한 부러움을 버리고, 5년 단임을 규정한 1987년 체제에 고마움을 갖게 된 것은 현 정권 덕분이다. 대통령이 마음만 먹으면 우리나라 민주화라는 것을 얼마나 간단히 무너뜨릴 수 있는지, 현 정권은 우리 국민에게 훌륭한 반면교사가 돼 주었다. 조국과 그의 무리들은 도덕성이 뒷받침 되지 않은 권력은 자신도 부패하고 사회도 썩게 한다는 사실을 손수 입증해주었다.

기회든 위기든, 세상 모든 일은 양면적이다. 모든 것이 다 좋은 경우도, 모든 것이 다 나쁜 경우도 흔치 않다. 무능과 부패를 넘어 자유민주주의의 기반을 허무는 반민주세력으로 실체가 드러났지만, 정치에 무관심했던 국민까지 투표장으로 이끌어내고, 자유와 민주의 소중함과 정의와 공정의 필요성을 재인식하게 해준 것은 문재인과 민주당의 공이다. 희망도 기대도 다 접은 지금, 가장 다행스러운 것은 대통령 임기가 1년밖에 남지 않았다는 사실이다.

불의한 정권에는 저항하라고 우리 국민들에게 가르친 분은 3.1운동 직전 독립정신을 고취해준 석호필 선생이었다. 이승만 대통령 초청으로 1958년 '국빈'으로 다시 발을 디딘 한국은 독립국가가 분명했으나, 조선이 일제치하에 있던 시절 이 박사가 미국에서 석호필에게 약속했던 민주정치와는 본질적으로 달랐다.

석호필은 언론 인터뷰와 강연을 통해 이승만 정권이 부패를 청산하고 민주정치에 충실하도록 촉구했다. 3.1운동 40주년을 계기로 동아일보와 조선일보에 기고한 그분의 글은 독재정권의 노예 생활을 청산하고 나라의 주인 노릇을 하라며 우리 국민에게 제2의 3.1운동을 부추기는 격문이나 다를 바 없었다.

"3월 1일이 되면 우리는 일신의 안전을 하찮게 여기고 압제자들의 폭력에 대항하여 신념으로 자유와 독립을 선언한 당시의 남녀노소에게 고마움을 금할 수 없다. 그들은 대부분 해방을 보지 못하고 세상을 떠났으나, 우리는 지금 그들이 생사를 걸고 싸운 자유를 물려받아 살고 있다. 그들의 용기와 신념을 찬양하고 공경하는 오늘, 우리는 우리가 물려받은 귀중한 자유의 선물을 길이 보존하도록 새로운 결의를 가다듬어야 하겠다.

'고통 받는 자, 약한 자를 위해 말 못하는 사람, 그는 노예니라. 생각해야 할 진리 앞에서 입을 다물고 뒷걸음칠 뿐, 증오도 조소도 욕도 못하는 사람, 그는 노예니라. 옳은 일이건만 두세 명이라고 해서 동조하지 않으려는 사람, 그도 노예니라. ─ 탓셀 로웰(Tassel Lowell)'"

그 다음 달, 학생들이 주동이 된 시민혁명은 이 땅에 민주주의를 다시 뿌리 내리는 대장정의 시발점이었다. 4.19혁명에 밀려 정작 미국으로 쫓겨 간 것은 이승만 정부가 눈엣가시처럼 여겨 여러 번 추방하려고 시도했던 석호필이 아니라 고령의 대통령, 그 자신이었다. 일제강점기에는 세브란스에서, 해방 이후에는 서울대에서 세균학과 수의학을 가르친 석호필에게 학생이란 "채워야 하는 그릇이 아니라 댕겨야 하는 불꽃"이었다. 우리 국민도 마찬가지였다.

석호필 선생이 가장 댕기고자 했던 불꽃은 정직성과 애국심이었다. 영어 성경반을 만들어 경기고 학생 김근태와 정운찬 같은 꿈 많은 청소년들에게 국제현실에 대한 냉엄한 인식과 올바른 인성을 심어주려고 무진 애를 쓴 것 역시 자유롭고 정의로운 나라를 만들라는 염원 때문이었다. 다음은 성경반 학생들에게 들려준 선생의 설교 한 토막.

"1938년 3월 오스트리아를 점령한 독일이 체코슬로바키아로 눈을 돌렸어요. 독일계 주민이 많이 살고 있는 지역이라 탐이 난 거지요. 독일이 두려운 영국과 프랑스는 타협안을 받아들이기로 했어요. 네빌 체임벌린은 소련에 가서 조지프 스탈린을 만나고, 독일에 가서 아돌프 히틀러를 만난 뒤 개선장군처럼 돌아왔어요.

'이제 영국에는 전쟁이 없소.'

의기양양하게 승리를 선언한 그는 에든버러에 있는 대주교를 불렀어요.

'영국에 있는 모든 교회가 평화의 종을 울리도록 하시오. 캐나다 교회까지 동원하여 일제히 종을 울리며 하나님께 감사 기도를 올리시오. 동시에 영국에 전쟁이 일어나지 않도록 기도하시오.'

결과는? 여러분이 아는 그대로예요.

전략상 유리한 발판을 얻은 나치독일은 이듬해 폴란드를 침공했어요. 전쟁이 벌어진 거지요. 불행히도, 그것은 세계대전의 서막에 불과했어요.

폴란드는 영국과 프랑스라는 동맹이 있었으니 든든했겠지요. 나치와 소련이 불가침조약을 맺은 다음날, 체임벌린은 폴란드 방위 약속을 지키겠다고 선포했어요. 즉각 철군을 요구하는 최후통첩을 독일이 거부하자 선전포고도 했지요. 프랑스도 함께했어요. 그러나, 말뿐이었어요. 아무도 동맹을 위해 자기 목숨을 내놓으려고 하지 않았기 때문이에요.

동맹들이 머뭇거리는 동안 독일은 마지노선을 돌파하고 유럽을 불바다로 만들었어요. 1,660만 명이 학살당한 제1차 세계대전이 막을 내린 지 30년도 안 돼서 인류는 또다시 전쟁에 휩싸인 거지요. 폭탄에는 눈이 없어요. 아이들도, 여성들도, 나 같은 장애인도 독일의 폭탄세례에 이리저리 도망 다녀야 했어요.

여러분, 왜 그랬을까요?

그들의 기도가 하나님께 올라가지 못 했기 때문이에요. 체임벌린이 히틀러와 비밀조약을 맺을 때, 히틀러가 체코슬로바키아를 침공하는 걸 묵인하면서 영국의 안전만을 도모했기 때문이에요. 불의를 범한 체임벌린 정부에 영국 교회가 동조했기 때문이에요.

체임벌린 말년에 영국에 갔을 때, 나는 총리와 대놓고 싸운 적이 있어요. 이런 기도를 나쁜 기도라 하는 거예요. 여러분, 잘 기억해 두세요. 어둠이 내리면 내 그림자도 나를 버리는 법이에요."

#3 평화로운 세계를 위하여

3.1운동의 뒤치다꺼리를 마치고, 쫓기듯 조선을 떠나 캐나다에서 안정된 생활을 하면서도 석호필은 진심으로 한국을 그리워한 것 같다. 그는 월급의 3분의 1을 쪼개 10년 뒤 한국을 다시 찾겠다는 장기 계획을 세운다. 애써 배운 말을 잊어버리면 오랜 친구들 대할 면목이 없을 것 같아 한글 공부도 게을리 하지 않았다. 길을 걸으며 이상한 말을 중얼거리는 것을 본 동료 교수가 같이 적금을 부어줘 6년 만에 여비가 모였다.

4개월 항해 끝에 경성에 다시 돌아온 것은 6.10만세운동이 일어나고 보름 뒤. 나라를 팔아먹은 임금과 가족은 일본 작위를 받고 호의호식을 누렸지만, 착한 백성들은 이름뿐인 임금의 상여가 종로를 지날 때 일제히 만세를 부르며 격문을 살포했다.

전국으로 다시 번진 만세운동으로 1천여 명이 체포되거나 투옥되었다는 소식을 듣고, 선생은 우리 민족에게 희망과 용기를 북돋아준다. 이갑성 선생의 주선으로 광화문 명월관에서 열린 환영회 자리에 서였다.

"지금 세계의 가장 큰 결함은 과학도 아니요, 발명도 아니요, 도덕적 결함입니다. 그 결함을 구하는 사명은 여러분, 한국사람 손에 달려 있습니다. (…) 영국은 직조품을 세계에 주고 미국은 강철을 줍니다. 한국이 줄 것은 위대한 인격자입니다. 세계에서 가장 강한 나라의 압박 밑에 있던 유태에서 예수 같은 인격자가 난 것같이 한국은 오늘의 세계를 위하여 큰 인격자를 낼 사명을 가지고 있습니다. 한국이 할 수 있는 일이 많겠지만, 그 모든 일 가운데 가장 큰일은 이것입니다."

'강자에게는 범과 같이, 약자에게는 비둘기같이' 용감하고 자애로운 선생의 인품이 우러나오는 격려사다. 대한민국은 석호필 선생이 국립현충원에서 영원한 안식에 든 1970년보다 눈부신 발전을 거듭하여 직조품을 수출하고, 철강을 수출하고, 지금은 전자 조선 자동차 산업에서도 세계시장을 선도하고 있다. K-팝을 비롯한 대중문화 수출도 활발하다.

삼성전자를 세계 최고 반열에 올려놓은 이건희 회장의 유산을 물려받은 유족들이 10조 원 넘는 돈을 상속세로 납부하고, 아트 컬렉션과 1조 원을 사회에 기부하기로 한 것은 글로벌 기업다운 결정이었다. 삼성그룹은 대한민국 산업화와 족적을 함께하고 있으나, 선대 회장들이 비리에 휘말려 '사업보국'이라는 창업이념이 훼손된 것도 사실이다.

이재용 부회장의 결단으로 "지금 사회가 우리에게 기대하고 있는 이상으로 봉사와 헌신을 적극 전개할 것"이라는 부친의 삼성그룹 회장 취임 당시의 약속을 끝까지 지켜준 것에 찬사를 보낸다. 세상에 나쁜 경험은 없다. 지금 겪고 있는 역경을, 지금까지 그가 살아온 날들을 성찰할 수 있는 더 없이 좋은 기회로 삼는다면, 삼성의 다른 계열사들도 글로벌 초일류 기업으로 발돋움하는 계기가 되고, 오늘의 선택이 우리나라의 기업문화를 혁신한 스푸트니크 모멘트로 기록될 날이 반드시 올 것이다.

척박한 땅 스코틀랜드에서 태어나 열세 살 때 미국으로 이민 가, 1주일에 1달러 20센트씩 받고 섬유공장에서 일하던 꼬마가 강철왕이 되어 재산의 90%를 공공의 이익을 위해 헌납한 것은 '아메리칸 드림'이라는 말로 간단히 설명할 수 있는 미담이 아니다. 노조 탄압이 흠이라지만, 흑인을 노예 취급하던 격동기에 천지개벽 못지않은 사업을 벌이면서 한두 가지 결점 없는 사람이 어디 있겠나.

미국 캐나다 영국 호주 뉴질랜드 같은 영어 사용국에 3천 개의 도서관을 지어주고, 대학을 만들고, 공연장과 박물관을 개설하여 시민들에게 새로운 세계를 선물한 것도 대단하지만, 전운이 감돌던 인생의 황혼 무렵 '카네기 국제평화기금'을 만들어 세계 평화와 전쟁 방지에 심혈을 기울인 마지막 업적을 보면 알베르트 슈바이처나 알프레드 노벨을 넘어서는 거인의 풍모가 느껴진다.

1차 대전이 일어나 명맥이 끊긴 앤드류 카네기의 국제평화기금 정신은 40여 년 뒤, 뉴 프런티어 정책의 일환으로 케네디 대통령이 만든 '평화봉사단(Peace Corps Volunteers)'으로 부활했다. 개발도상국에 민주주의를 전파하고 농업과 과학 기술, 위생상태 등을 개량하기 위해 정부에서 파견한 청년 봉사자들이다. 집권 첫 해, 16개국에 1,000명을 파견한 것을 시작으로 지금도 140여 개 국가에서 다양한 봉사활동을 벌이고 있다.

"부자로 죽는 것은 부끄러운 일"이라는 신념으로 카네기가 보여준 박애정신은 수많은 미국 기업인들을 자선으로 이끈 복음이자 지금까지도 프로테스탄트적 기업가정신을 지탱하는 근간이다. 인종 차별과 총기 사고로 성조기에도 종종 오점이 남지만, 1세기 가까이 '팍스 아메리카나(Pax Americana)'가 지속되는 데에는 베풀고 나누고 절제하고 솔선하는 부유층의 노블레스 오블리주 힘이 크다.

"다른 시대, 다른 곳에서 태어났다면 나는 어느 짐승의 한 끼 점심거리에 불과했을 거요."

점심 한 끼 같이하며 투자와 인생에 대한 조언을 듣는 데 수백만 달러 경매가 붙지만, 평소에는 햄버거와 콜라를 즐긴다는 버핏의 말에는 현재라는 시간과 미국에 대한 고마움이 가득 배어 있다. 세계적인 거부들은 이런 농담을 주고받으며 구체적인 사업을 구상하고, 감사하고 배려하는 마음으로 거액을 쾌척하여 인류사회에 공헌하고 있다. 이런 것이 선진국을 만든 저력이다.

#4 피스 코리아

행복을 느끼는 데 행운이 꼭 필요한 것은 아니다. 그러나 전후 시대에, 자유대한에 태어난 것만으로도 우리는 여간 큰 행운을 잡은 것이 아니다. "다리가 잘린 사람을 보기 전까지는 신발이 없는 것을 불평했다"는 어느 고대 외국 속담처럼, 동족을 비하하는 것으로 들릴까 싶어 조심스럽지만, 북녘 땅에서 노예처럼 살면서 이념과 현실 사이의 괴리 때문에 정신적 고통을 겪는 지식인만큼 내게 강한 연민을 느끼게 한 사람도 많지 않다.

우리가 민주주의의 소중함과 투표의 중요성을 다시 한 번 절실히 인식할 수 있었던 것은, 부산에서 태어나 조선로동당 일당독재를 모면하고, 대한민국 최고위직에 오르고서도 끝까지 국민의 기대와 반대로 가는 문제인 대통령과 민주당, 그리고 사납고 거친 문파 덕이다. 실패한 대통령이 남긴 숙제를 풀고 새로운 시대를 열어갔으면 갈채를 받을 대통령이 또 다른 숙제를 남기고 있으니 정권이 바뀌더라도 우리나라가 마주할 미래는 결코 쉬운 국면은 아니다.

"영웅을 필요로 하는 시대는 불행하다. 그러나 영웅을 낳지 못하는 시대는 더욱 불행하다"는 독일 극작가 베르톨트 브레히트의 말대로라면 우리는 불행한 시대에 살고 있는 것이 분명하다. 그러나 시대가 낳은 영웅이 있으니, 아주 불행한 것은 아니다.

잃은 것도 많지만, 더 이상 산업화 세력에도 민주화 세력에도 진 빚이 없으니 국민들은 이제 아무런 부채의식 없이 새로운 미래를 고를 수 있게 됐다. 실체가 전혀 없는 '민주'라는 말에 현혹되어, 명확한 근거도 없이 '보수'라는 말이 낡아 보이던 도착적 정치의식을 치유했다면, 그것만으로도 큰 수확이 아닐 수 없다. 이제는 좌와 우, 진보와 보수라는 이념적 프레임에서 벗어나 자유와 민주라는 인류의 보편적 가치, 정의와 공정이라는 새로운 시대정신을 선택할 때다.

우리나라와 청장년층의 창조적인 미래를 위해 새 정부에 권하고 싶은 일이 있다. 국가의 품격과 '코리아'라는 내셔널 브랜드의 가치를 높이는 것과 동시에, 청년들과 은퇴한 전문직 종사자들에게 새로운 세계를 경험하고 저개발국들이 활로를 개척하도록 도움을 주는 다목적 프로젝트다.

일제강점기 이후 오늘에 이르기까지 우리나라는 어려울 때마다 외국으로부터 엄청난 유무형의 지원을 받았다. 6.25 때는 남아메리카와 아프리카에서도 전투병과 의료진을 보내주어 자유를 지키고 생명을 구할 수 있었다. 경제가 성장기에 접어든 뒤부터는 우리나라도 해외에 인적 물적 지원을 하고 있다. UN 평화유지군에 참여하여 한국전쟁 당시 받았던 도움을 갚기도 한다.

이제는 해외에 대한 지원을 대폭 확대하고 체계적으로 관리하여 대한민국의 국제적 위상에 걸맞은 역할을 모색할 때가 됐다. 2030세대와 60대 청장년층을 대상으로 저개발국에 한국어와 한국문화, 경제개발의 노하우, 산업 기술과 의료 서비스 등을 전수할 자원봉사자들을 선발하여 '피스 코리아' 이름으로 세계 각국에 파견하는 것이 개괄적인 아이디어다.

우선은 '피스코' 모델을 원용하여 KOICA를 확대 개편하는 것도 하나의 방법이다. 개도국들을 대상으로 재정을 지원해온 대외경제협력기금(EDCF)과 KOTRA를 같이 연계하면, 전 세계를 무대로 상호유대와 경제협력을 다양하고 지속적으로 추진할 수 있을 것이다.

취지는? 다원적이다. 오랫동안 선진국에서 받은 다양한 지원과 후원을 저개발국을 통해 대신 갚음으로써 인류의 삶의 질을 향상하고, 청년과 장년 세대에 해외봉사와 해외시장 개척 기회를 줌으로써 대한민국의 국력과 국경를 확대하고, 좁은 국토에 한정된 국민들의 시야와 감각을 전 세계 곳곳으로 확산함으로써 사고와 행동의 폭을 확장하며, 코리언의 이미지와 코리아의 브랜드를 개선하는 1석 5조의 결과가 대략적인 목표와 기대효과다.

케네디 정부는 '피스코' 프로젝트의 항구적 시행을 위해 입법을 하고 특별회계를 편성하여 추진기구를 별도로 설립했다. '피스 코리아'라는 가칭의 유래는 거리 응원이 뜨겁던 2002년 월드컵 당시로 거슬러 올라간다. 우리가 외치는 '오, 필승 코리아' 구호가 외국인들 귀에는 '오, 피스 코리아'로 들렸던 모양이다. "분단국에 사는 사람들이 얼마나 평화를 염원하면 축구경기를 응원하면서도 '피스 코리아'를 연호할까 싶어 감동을 받았다"는 외국인이 한둘이 아니었다.

피스 코리아 프로젝트는 실질적인 지원과 상호 협력을 통해 세계 평화에 이바지하고, 인적 물적 자원의 공동개발을 통해 국익에도 이바지함과 동시에 국가의 품격과 대한민국 국민으로서의 보람을 증대하자는 것이 발상의 단초다.

이태석 신부가 하느님의 부름을 받은 뒤에도 아프리카 어린이들에게 준 감동은 식지 않고 국내외로 퍼져나가고 있다. 짧은 생애 동안 추진하던 사업을 국가 차원에서 국제적으로 계승하고 발전시키는 프로그램도 권할 만하다. 그분 이름을 붙여 '이태석 월드 프렌드십'이라고 부른다면 아프리카 친구들이 더 친근감을 느낄 것이다.

석호필 박사가 염원했던 '인격자'에 어울리는 현자를 찾아, 그분들의 다양한 공헌을 기려 다각도로 기념사업을 벌이는 것도 효과적이겠다. 시대가 달라, 아프리카까지 원정을 간 명나라 장군 정허(鄭和)에는 못 미치지만, 일본과 중국과의 해상무역을 주도한 장보고 장군 이름을 딴 프로젝트를 진행하면 꿈을 잃은 청소년들에게 세상을 달리 보는 안목을 열어줄 수도 있을 것이다.

#5 이름 없는 영웅들의 낙원

내전으로 폐허가 된 남수단 오지에서 학교와 병원을 운영하다 마흔 여덟에 세상을 떠난 '수단의 돈 보스코' 신부를 다룬 영화 「울지마 톤즈」를 보고 나니 「부활」이라는 영화가 잇달아 떴다. 요한 리가 선종한지 10년 뒤, 그의 제자들을 찾아 나선 독립영화다.

영화를 만든 구수환 감독에 따르면, 이 신부와 같은 길을 걷기 위해 이미 의사가 됐거나 의대생이 된 제자가 57명에 달한다. 톤즈에 뿌린 한 알의 밀알이 수십 그루 밀로 자라난 것이다. 구 감독은 SBS 인터뷰에서 이렇게 말했다.

"어느 날 정진석 추기경이 감사패를 주신다고 해서 방문을 한 적이 있습니다. 대화 중에 '저는 톤즈 마을에서 예수를 보았다'고 말했습니다. 이상하잖아요, 불교 신자가 예수님을 보고 왔으니까요. 제가 본 예수님은 대단한 분이 아니었습니다. 그분은 제 마음에 있는 분이었습니다. 톤즈에 있는 성당은 허름하고 벽은 포를 맞아 구멍이 뚫렸는데, 성당만 들어오면 사람들 얼굴이 밝아지는 걸 봤습니다. 그게 바로 예수의 힘이라고 생각했습니다."

사비를 털어 제작비용을 댔지만, 그는 적자라고 생각하지 않는다. "신부님 삶을 대중들에게 알릴 수 있는 기회를 갖게 돼 개인적인 기쁨을 넘어 숙명적으로 해야 하는 일"이라고 여기기 때문이다. 그에게 이 영화는 고발 영화다. 그에게 가장 강력한 고발은 사랑이다. 모든 종교에는 사랑이 있다. 그러나 사랑에는 종교가 없다.

높은 산들로 둘러싸인 계곡 마을 오두막집에 엄마와 마주앉은 소년이 오래 전부터 전해 내려오는 얘기를 듣고 있었다. 언덕배이 큰 바위에 새겨진 얼굴을 닮은 아이가 마을에서 태어나 훌륭한 인물이 될 것이라는 전설이었다. 어니스트는 커서 그런 사람을 만나보고 싶다는 소망을 가지고 진실하고 겸손하게 살아간다.

세월이 흐르는 동안 객지에서 성공하여 이름을 떨친 부자와 장군 정치인 시인이 줄지어 고향을 찾아왔다. 그러나 큰 바위 얼굴처럼 훌륭해 보이는 사람은 없었다.

어느 날 석양 무렵, 어니스트의 설교를 듣던 시인이 소리친다. "어니스트씨가 바로 큰 바위 얼굴입니다." 하지만 말을 마친 그는 자기보다 더 현명한 사람이 큰 바위 얼굴과 같은 용모를 하고 마을에 나타나기를 바라며 집으로 돌아간다. 우리 때는 교과서에도 실렸던 미국 작가 너새니얼 호손의 단편 「큰 바위 얼굴」 줄거리다.

지구는 둥글지만, 세상은 둥글지 않다. 둥글지 않은 세상에서 기적이란 바다를 걷는 게 아니고 땅 위를 똑바로 걷는 것이다. 성공이란 스스로 약속한 것을 지키는 것이다. 호손이 그린 훌륭한 인물은, 나를 생각할 때 남을 같이 배려하고 얼과 말, 말과 글, 글과 꼴의 편차가 크지 않은 사람이다.

자신에게 진실하고 범사에 감사하며 사는 것도 쉽지 않은 게 우리네 인생이다. 하늘은 먹거리 없는 사람을 내지 않고 땅은 이름 없는 풀을 키우지 않는다지만 언제 어디든, 사람 사는 사회는 다 녹록치 않은 게 사실이다. 오죽하면 지상에서 가장 무거운 이름은 가장(家長)이라고 하겠나. 머지않아 가장이 되고, 크고 작은 사회의 구성원이

돼야 하는 식솔이라고 삶의 무게가 그리 가벼울 수 있겠나.

국가는 이러한 사람들의 집합체다. 인생이라는 적재중량을 어깨에 짊어지고 있는 국민을 보호하는 울타리다. 정부는 국민의 민생을 보살피는 일꾼이고, 정치는 경쟁과 타협을 통해 국민을 섬겨야 하는 고도의 서비스업이다. 정부가 실패하든지 정치가 무능하면, 가장 먼저 피해를 입는 것은 민초들이다. 한강 제방이 터지면 작은 나무가 먼저 잠기는 이치와 다를 바 없다.

빈부 격차가 가장 크게 벌어진 것은 외환위기 당시다. 그 다음이 노무현 정권의 정책 실패로 부동산 가격이 하늘 높은 줄 모르고 치솟았을 때다. 현 정부는 노 정권이 세운 기록을 가볍게 뛰어넘었다. 정부 공식 자료다. 삽을 들고 제방을 손질하고 아파트 공급을 늘려 원인을 제거해야 할 때, 망치를 들고 닥치는 대로 대못을 박았으니 문제가 더 커질 수밖에 없다.

정치와 행정 경험이 풍부한 김부겸 총리가 취임하자마자 "집값이 오른 것은 불로소득"이라는 말을 한 것은, 망치를 들면 모든 것이 못으로 보이기 때문이다. 똑같은 집에 살면서도 세금을 더 내야하는 국민들의 고충과 분노 따위는 더 이상 눈에 들어오지 않기 때문이다. 부자와 강자를 패서 약자와 소외계층의 배 아픔을 풀어주자는 편 가르기 식 사고방식, 중산층이 무너지고 빈곤층이 늘어나면 민주당에 불리할 게 없다는 표 계산이 이런 발상을 하게 만든 원인이다.

정치를 투쟁으로 여기는 사람들에게 결여된 것이 있다. 조국에 대한 감사와 인간에 대한 연민이다. 우리나라가 여기까지 올 수 있었던 것은 이름 없이 살다 간 수많은 영웅들의 피와 땀과 눈물 덕분이다. 인간은 누구나 자기 삶의 주인공이다. 그러나 누구도 섬처럼 홀로 존재할 수 없다. 세상은 하느님의 형상을 한 사람들, 형상은 달라도 하늘 위 하늘 아래 가장 존귀한 생명들이 더불어 살아가는 공동체다.

미국 조지아주 고등학교를 졸업하는 시드니 팔러라는 학생의 졸업생 대표 연설이 화제다. 코로나 유행으로 학교생활은 엉망이 되고, 행사와 여행은 취소됐다. 그래도 그녀에게 끝까지 희망을 준 것은 "내 인생을 이끄는 것은 바로 내 자신이라는 것을 잊지 말라"는 BTS 멤버 제이홉(J-Hope)의 유튜브 영상 메시지였다. 팔러는 "내가 내 삶의 리더이고, 새 희망의 원천을 찾는 힘도 나에게 있는 것을 항상 기억했다"며 나눌수록 커지는 희망의 힘을 찬양했다.

불가에는 "한 사람의 목숨을 구하는 것이 칠 층 석탑을 세우는 것보다 낫다"는 말이 있다. 나는 개와 고양이도 행복한 나라를 꿈꾸지만, 내가 소망하던 정치는 우리 시대 이름 없는 영웅들이 행복한 세상을 만드는 것이었지만, 온몸을 부려 밥을 버는 이웃들이 발 뻗고 잠들 수만 있어도 좋은 정치다.

문태준 시 '맨발'에 나오는 어물전 개조개같이 이 동네 저 동네, 이 집 저 집 뛰어다니며 온종일 발품을 판 가장이 카스텔라 한 상자, 옛날식 통닭 한 마리 사들고 집으로 돌아가며 내일을 기약할 수만 있어도 좋은 세상이다.

어물전 개조개 한 마리가 움막 같은 몸 바깥으로 맨발을 내밀어 보이고 있다

죽은 부처가 슬피 우는 제자를 위해 관 밖으로 잠깐 발을 내밀어 보이듯이 맨발을 내밀어 보이고 있다
  펄과 물속에 오래 담겨 있어 부르튼 맨발
  내가 조문하듯 그 맨발을 건드리자 개조개는
  최초의 궁리인 듯 가장 오래하는 궁리인 듯 천천히 발을 거두어 갔다
  저 속도로 시간도 길도 흘러왔을 것이다
  누군가를 만나러 가고 또 헤어져서는 저렇게 천천히 돌아왔을 것이다
  늘 맨발이었을 것이다
  사랑을 잃고서는 새가 부리를 가슴에 묻고 밤을 견디듯이 맨발을 가슴에 묻고 슬픔을 견디었으리라
  아— 하고 집이 울 때
  부르튼 맨발로 양식을 탁발하러 거리로 나왔을 것이다
  맨발로 하루 종일 길거리에 나섰다가
  가난의 냄새가 벌벌벌 풍기는 움막 같은 집으로 돌아오면
  아— 하고 울던 것들이 배를 채워
  저렇게 캄캄하게 울음도 멎었으리라

VI
당신이 대통령입니다

쓰디쓴 경험을 반복하며
먼 곳을 여행한 자는 곧바로
닥치는 고통까지도 즐길 줄 안다.

— 호메로스

A man who has been through
bitter experiences and travelled far
enjoys even his sufferings after a time.

구업

이 책을 기획한 것은 1년 반 전. 조국 사태가 정점으로 치닫고 있을 때입니다. 윤석열 총장이 걸어온 인생의 궤적과 자유민주주의의 가치를 공유함으로써 정의와 공정에 목마른 독자들에게 우리나라가 가야할 길은 따로 있다는 사실과, 내가 변하면 우리 사회도 변한다는 인식을 같이 키워나가자는 것이 기획 의도였습니다.

자료를 모으고 그를 잘 아는 지인들과 인터뷰를 진행하고 있을 때, 봉준호 감독 옆에 앉아 파안대소하는 문 대통령 부부 모습이 뉴스에 나왔습니다. 올림픽 메달리스트들이 가두행진을 벌이던 시절도 있었으니 봉 감독이 올린 국제적 성과를 축하해줘도 무리는 아니겠지요. 그날은 그러나 '우한 폐렴'이 '대구 폐렴'이 되고, 국내에서 첫 사망자가 발생한 날이었습니다.

우애 좋은 남매가 학력을 위조하여 주류사회에 진입하고, 기생충 노릇을 하던 사람들이 마침내 숙주로 깃들어 있던 가족에게 폭력을 행사하는 영화에서 자극이라도 받은 듯, 대통령이 완력으로 민주질

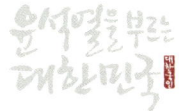

서 파괴에 나선 것은 두 달 뒤 총선에서 압승한 뒤였습니다. 정치부 기자로, 당직자로 역대 정권을 가차 없이 비판한 적도 많았지만, 폭주하는 정치현실에 절망한 것은 그 무렵이 처음이었습니다.

져야 마땅한 선거에서 압승을 거두자 자기편만 이끌고 동굴의 이돌라로 들어가 힘이 정의라고 믿은 거지요. 내가 느낀 절망과 분노의 원천은 한 줌 권력이 아니라, 권력에 포위되어 초심을 잊어버리고 정의를 불의라 우기는 대통령의 만용, 그리고 권력에 맹종하며 불의를 정의라 외치는 어용 지식인들의 굴종이었습니다.

평전으로 시작했던 집필 취지를, 이념에 편향된 정치의 위험성을 알리고 우리나라가 지향해야할 방향을 모색하는 쪽으로 선회한 것은 그때입니다. 정당의 부대변인과 대변인으로 일하는 동안 구업을 많이 지은 터라, 나는 오래 전부터 정치권의 비사를 써달라는 요구를 정중하게 거절해 왔습니다. 그럼에도 한 번 더 구업을 짓기로 한 것은 그 때문입니다.

무언

대선을 코앞에 둔 1997년 12월 어느 날 퇴근 무렵 운정 김종필 총재가 "남산 설경이 좋은데 첫눈 맞이 술 한잔 하자"고 비서관을 통해 연락을 했습니다. 운치를 같이 즐길 만한 언론인 서넛에게 전화를 하고 신라호텔 골목을 찾아가니 '삼화'라는 상호가 작게 붙은 빨간 2층집 요정이 나왔습니다.

반쯤 비워진 밸런타인 17년을 앞에 놓고 JP가 10.26을 회상했습니다.

"이태원에서 언론인들과 저녁을 들고 있는데 민정수석한테 전화가 왔어. 다급한 목소리로 '큰일 났으니 빨리 들어오라'는 거야. 전화를 끊기도 전에 엉엉 우는 소리가 들리더군. 한걸음에 달려갔지. 한눈에 상황이 들어오는데, 짐작했던 그대로야. 하얀 보에 덮인 박 대통령 시신을 보니… 갑자기 케네디 부검의가 쓴 글이 떠오르더군. He looked so big…(그는 평소보다 더 커보였다)."

뒷말을 마무리하는 대신 그분은 입에 술을 털어 넣고 빈 잔을 돌렸

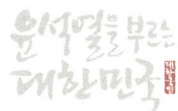

지만 내 귀에는, 권력이 빠져나간 박 대통령 몸은 평소보다 더 작아 보였다는 뜻으로 들렸습니다.

이듬해 JP는 두 번째 국무총리가 되고, 그 이듬해 DJP 연대의 전제조건이었던 내각제 개헌 약속을 스스로 깨서 DJ를 정치적 굴레에서 풀어주었습니다.

그 바람에 나는 김용환 수석부총재와 자민련을 탈당하고, 그 덕에 정당도 만들어보고, 출마도 하고, 보기 좋게 떨어져 다른 길을 걸으며 그분과의 정치적 인연을 정리했지만, 심중에 있는 말은 다 하는 게 아니라는 무언의 가르침은 지금까지도 내 머릿속 깊숙이 사리처럼 박혀 효시로 남아 있습니다.

일상

갖은 고생을 거듭한 끝에 부처님나라에 다다른 삼장법사 현장이 석가모니를 알현하자, 세존은 노고를 치하하며 최고의 선물을 주라고 합니다. 여래께서 연꽃을 손에 들자 1천여 명의 제자 가운데 홀로 미묘한 뜻을 알아채고 미소 지었다는 마하카샤파가 고르고 골라 최고의 경전을 선물합니다.

삼배를 하고 물러나오는데, 의심 많은 손오공이 떠나기 전에 경전을 확인하자고 삼장법사를 조릅니다. 나무라던 법사가 입구에서 선물 보따리를 풀어보니, 아니나 다를까. 경전이란 것이 단 한 글자도 적혀 있지 않은 백지였습니다.

성질 급한 돌〔石〕원숭이가 여의봉을 뽑자 가섭존자는 빙그레 웃으며 두 번째 높은 경전을 줍니다. 저 유명한 명나라 판타지 소설 『서유기』에 나오는 일화입니다.

아주 큰 소리는 들리지 않습니다. 아주 강한 빛은 보이지 않습니다. 지구가 평평한 것은 우리 눈이 가늠할 수 없을 만큼 땅이 넓기 때문입니다. 최고의 리더는 치어리더요, 최고의 교육은 솔선수범입니다. 훌륭한 말씀은 길지 않습니다. 반야심경이 그렇고, 금강경이 그렇습니다.

삼장법사가 받은 금강경은 한문본으로 치면 5천여 자에 불과한데, 하루 한 끼 성에 들어가 구걸하여 밥을 먹고, 발 씻는 것으로 1장이 끝납니다. 세상을 일깨우는 일을 다 마치고 본처로 돌아가기 위해 다비를 기다리던 석가모니가, 뒤늦게 달려온 가섭에게 나무 관을 뚫고 내보인 것이 왜 하필, 평생 길을 걸어 생채기가 나고 군살이 박힌 두 발이었겠습니까.

부처님 법보다 귀한 것이 우리네 중생이 먹는 밥이고, 우리가 깨달아야 할 것은 글에 있지 않고 길에 있다는 가르침이겠지요. 열 마디 말보다 한 발이나 두 발로 실천하는 것이 더 소중하다는 뜻일 테고요. 행간의 함의야 짐작하기도 쉽지 않지만, 일상이 수행이고 일생의 번뇌가 열반의 뿌리라는 뜻일지도 모르고요.

감사

　산길을 가던 소녀가 거미줄에 걸린 나비를 구해줍니다. 인동초 꽃처럼 아름다운 나비였습니다. 가시덤불을 헤치고 나와 보니 손발 여기저기에 긁힌 자국투성이였습니다.
　양지쪽에 앉아 핏자국을 다독이고 있는데, 저 멀리 날아간 줄 알았던 나비가 다가와서 소원을 묻습니다.
　"행복하게 살고 싶어요."
　귓속말을 한 나비는 푸른 하늘로 날아가고, 시집을 가고 엄마가 되고 할머니가 돼서도 항상 행복하게 살았던 나비 소녀가 임종을 맞았습니다. 마지막 순간, 평생 미소를 잃지 않고 주변을 늘 행복하게 해주었던 비결을 이웃들이 물어봅니다.
　"나비가 그랬어요. 무슨 일을 당하든 늘 고마워하면 저절로 행복해진다고요."

　쉽고 가볍고 재미있게 쓴다는 것이, 거꾸로 귀결된 것 같아 마침표를 찍기가 망설여집니다. 그래도 훌륭한 범을 그리겠다고 작정한 당초의 계획 덕분에 고양이라도 그린 것 같아 다행입니다.

고양이를 그리는 데도 여러 책의 도움을 받았습니다. 맨 처음 우화는 프랑스 작가 앙드레 페르디낭 헤롤드가 쓴 『붓다의 생애(The Life of Buddha)』에 나오는 석가모니의 전생입니다. 고대 인도 베나레스의 임금 파드마카와 로히타 물고기 이야기를 주제로 삼고, 다른 책이나 구전으로 얻어들은 에피소드로 살을 붙였습니다. 가령 "착한 일 하지 마라"는 말에 "악한 일 하라는 말이냐"고 대드는 장면은 '불교가 무엇이냐'는 설총의 질문에 대한 원효의 답입니다.

그밖에도 원전이나 저자를 밝히지 않은 인용문이 여러 군데 나옵니다. 학술서가 아니므로 저자와 독자, 양측의 번다함을 줄이자는 뜻입니다만, 그래서 무한한 영감과 교훈을 받고서도 거명조차 못 해드린 동서고금의 현자들에게 미안하고 또 감사합니다.

온갖 모욕을 다 당하고서도 마지막 순간 "제게 날선 비판을 주셨던 분들 모두에게 감사드린다"는 윤석열 총장의 인성에도 감사합니다. 그 말이, 지난해 총선 예측은 터무니없이 빗나갔지만, 사람 보는 눈은 빗나가지 않았다는 안도감을 주었기 때문입니다.

새날

윤 총장이 전격적으로 정치 입문을 선언했을 때까지도 개인적 인연은 메신저로 대화를 나누는 것이 고작이었습니다. 사는 길과 걸어온 길이 달랐던 거지요. 2019년 8월 초 응원 문구로 시작한 것이 간단한 아이디어와 인용할 만한 글귀를 보내는 것으로 발전하는 동안, 그는 정권으로부터 다양한 형태의 모멸과 핍박을 받았지만, 응답은 빨랐고 간결한 메시지는 정중했습니다.

부친과는 일정을 잡아 윤 총장의 사나이다운 풍모와 지도자다운 일화를 들었습니다. 챕터 Ⅲ과 Ⅳ에 검사 윤석열, 지검장과 검찰총장 윤석열의 발자취와 언행, 그리고 검찰 내부의 생생한 목소리를 담을 수 있었던 것은 전적으로 10년 넘게 법조기자로 그를 밀착 취재해온 후배 덕입니다.

임기 마치고 다시 심신이 자유로워지면, 방배동 막걸리 집에서든 통도사 근처에서든 문 대통령에게도 술 한잔 살 수 있는 날이 오길 바랍니다. 당신 덕에 2030 청년들이 현실을 자각하고, 정권교체의 대의와 명분이 선명해졌습니다.

본문에 나오는 호칭과 직책은 사건 당시를 기준으로 삼았지만, 현

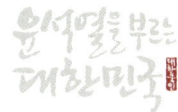

　직을 떠난 분들도 굳이 '전직'이라고 명기하지 않았습니다. 웬만하면 다들 아는 인물인 데다 생나무를 잘라야 종이가 되고 책이 되므로 한 자라도 줄여야 나무와 환경에 도움 될 것이라는 오랜 소신 때문입니다.

　나는 윤석열 같은 반듯한 인물이 박근혜가 실패한 산업화 이후의 산업화, 문재인이 실패한 민주화 이후의 민주화를 완성하여 글로벌 프런트 러너로 대한민국을 이끌어주기를 희망합니다.

　그러나 이 책의 목적은 그보다 더 근원적인 데 있습니다. 5,182만 1,669명이 모두 자유대한의 주인이라는 인식을 새롭게 다져, 다시는 대통령이나 권력 주변에 기생하는 부패세력에 휘둘리지 않는 나라를 만드는 데 한 알의 각성제가 된다면 더 바랄 게 없겠습니다.

　당신이 대통령입니다. 당신은 대통령, 그 이상의 대한민국 주권자입니다. 나라의 주인으로 늘 당당하고 늘 건승하길 빕니다.

　감사합니다.

2022년 2월 1일 설날 아침

김　창　영

윤석열을 부르는 대한민국

초판 1쇄 2021년 6월 10일
초판 5쇄 2022년 2월 15일

지 은 이 김 창 영
펴 낸 이 김 혜 승
펴 낸 곳 따뜻한손
디 자 인 차 창 익

등록번호 제13-1345호
등록일자 2002년 12월 7일

주   소 서울특별시 종로구 혜화로 35
전   화 02)574-1114
이 메 일 humandom@naver.com
I S B N 978-89-91274-69-3 03300